农产品流通组织化研究

韩喜艳 著

中国社会科学出版社

图书在版编目(CIP)数据

农产品流通组织化研究/韩喜艳著.—北京：中国社会科学出版社，2015.9
ISBN 978-7-5161-6663-5

Ⅰ.①农…　Ⅱ.①韩…　Ⅲ.①农产品流通—组织—研究—中国
Ⅳ.①F724.72

中国版本图书馆CIP数据核字(2015)第166954号

出 版 人　赵剑英
责任编辑　周晓慧
责任校对　无　介
责任印制　戴　宽

出　　版　中国社会科学出版社
社　　址　北京鼓楼西大街甲158号
邮　　编　100720
网　　址　http://www.csspw.cn
发 行 部　010－84083685
门 市 部　010－84029450
经　　销　新华书店及其他书店

印刷装订　三河市君旺印务有限公司
版　　次　2015年9月第1版
印　　次　2015年9月第1次印刷

开　　本　710×980　1/16
印　　张　15.75
插　　页　2
字　　数　276千字
定　　价　58.00元

目　录

前　言

农产品流通领域近年来备受政府关注，成为现阶段“三农”问题的重点。2010年中央农村工作会议提出在“十二五”期间要大力改善农产品流通和市场调控，努力保持农产品价格的合理水平，畅通农产品流通渠道，加快形成流通成本低、运行效率高的农产品营销网络；2011年的《政府工作报告》提出要加强农产品流通体系建设，积极开展“农超对接”，畅通鲜活农产品运输绿色通道；2012年中央“一号文件”提出，要创新农产品流通方式，探索建立生产与消费有效衔接、灵活多样的农产品产销模式，减少流通环节，降低流通成本；2013年中央“一号文件”将“提高农产品流通效率，完善农产品市场调控，提升食品安全水平”作为建立农产品供给保障机制的重要工作内容，进一步强调了完善农产品流通体系对于加快发展现代农业，增强农村发展活力的重要作用。

“蒜你狠”、“姜你军”、“豆你玩”这些新名词曾经在一段时间里是我们戏谑农产品价格飙升的流行语，而农产品滞销、农户亏本的新闻又屡见报端。如果农产品价格的暴涨暴跌只是农产品流通出问题的表象，那么深层的原因是什么？对于这个问题，目前大多数人认为，农产品流通环节冗长，农产品流通效率低下，流通成本过高是根源。同样，我最初在思考这个问题的时候也持这样的观点，顺着这个思路，研究的方向是如何减少农产品流通环节，如何提高农产品流通效率，如何降低农产品流通成本，但是这样的描述又是如此繁琐，于是用“组织化”一词来概括农产品流通中所有的要素配置，把上述问题归结为流通组织化程度低，这也是选用这个题目的最初想法。实际上，除了农产品价格问题外，流通主体多元而分散、流通过程冗长而松散是农产品流通中的现实。农产品流通主体组织化程度低，缺乏有效竞争与合作，农户分散经营、农民专业合作社和农产品企业规模和实力不足，农产品经纪人、运销商、批发商、零售商之间恶意竞争；农产品流通过程组织化程度低，农产品流通环节过多，各环节之间缺乏有效整合，市场信息滞后，流通效率低下。本书认为，农产品流通组织化程度低是导致中国农产品流通领域诸多问题的根源，所以诸如农产品流通效率低下，流通成本过高，农产品价格波动和农产品供求失衡等问题可以通过提高农产品流通组织化程度得到解决。

需要指出的是，农产品流通组织化从历史演进的角度理解则是农产品流通组织制度变迁进程的推进，而如果从时点上来理解则是农产品流通组织化程度的提高，本书侧重的是后者。我们希望将农产品流通组织化置于社会化大分工的市场经济条件下，从农产品流通主体、过程和服务三个方面的组织化角度研究如何提高中国农产品流通组织化的程度，从而达到提高农产品流通效率、畅通农产品流通信息渠道、保障农产品有效供给和稳定农产品价格的目的。农产品流通主体、流通过程与流通服务的组织化是农产品流通组织化的主要影响因素与内容，其中农产品流通主体的组织化是提高流通组织化程度的关键。众多的农产品流通主体之间的共同利益是推进组织化程度的动力，不同主体之间通过一定的方式进行合作与竞争，最终协调利益分配。农产品流通过程的组织与协调应该包括流通的组织一体化过程与农产品流通各环节的协调过程。通过农产品流通服务优化可以提高农产品流通组织化程度，只有完善而有效的服务配套才能保障农产品流通的高效。所以本研究用博弈的方法先研究影响农产品流通主体竞合行为的因素，进而讨论农产品流通的纵向与横向一体化组织途径，最后从农产品流通的商流、物流、信息流和资金流角度探讨农产品流通服务的优化对提高农产品流通组织化程度的重要作用。

目前，有关农产品流通组织化的研究多是对流通实体组织的研究，缺乏针对农产品流通组织化的过程和程度的研究，更缺乏相应的量化指标，流通组织化还是一个比较笼统和抽象的概念。实际上，农产品流通组织化是一个具体而且内涵丰富的研究范畴，本研究将农产品流通组织化过程作为研究对象，以马克思的流通理论、西方主流和非主流经济学中有关组织理论为指导，构建中国农产品流通组织化的评价模型，并描述与测度农产品流通组织化的现状与所处阶段，从影响组织化水平的农产品流通主体、过程和服务出发，分别研究农产品流通组织主体的竞合博弈，农产品流通过程的协调与组织以及农产品流通服务的优化。本书的创新性工作如下：

第一，赋予农产品流通组织化丰富的内涵。农产品流通组织化是农产品流通主体之间的合作与协调，整合再造流通环节和流通渠道，不断优化农产品流通服务的动态过程。其内涵主要体现在四个方面：农产品流通组织化是流通主体的竞合过程；农产品流通组织化是流通主体市场化与企业化的权衡；农产品流通组织化具有阶段性，是组织化程度由低水平向高水平发展的过程；农产品流通组织化是“自组织”与“他组织”共同作用的过程。

第二，构建了农产品流通组织化的评价模型。在整个农产品流通体系这一宏观层面上，构建一个可以测度农产品流通组织化程度的评价体系，以全面描述和综合评价中国农产品流通组织化的程度和进程。评价模型包括农产品流通主体组织化、农产品流通过程组织化和农产品流通服务组织化三个子系统。在三个子系统之下又划分了10个二级指标和38个三级指标，构成三个层次。利用模型，将农产品流通组织化程度分为初级、中级、较高和完全组织化四个阶段，并测度得出中国农产品流通组织化程度处于中级阶段。该模型不仅能体现对农产品流通组织化程度的测度，而且还能体现农产品流通组织化的发展趋势。通过模型的评价结果可以准确、客观地把握农产品流通组织化的现状和趋势，弥补目前理论界对此问题缺乏定量研究的不足，而且为农产品流通主体的微观管理和政府的宏观决策提供依据。

第三，用静态博弈与动态演化博弈的方法分析农产品流通主体的竞合过程。农产品流通主体组织化是农产品流通主体之间竞争与合作关系的博弈过程。农产品流通主体之间同时存在着竞争与合作的关系，合作可以实现资源互补，发挥核心竞争力，竞争可以有效配置资源，促进主体间的协调。因此，合作竞争强调合作，但并不排除竞争，是一种高层次的竞争，只是个体从自身发展的战略角度出发，基于共同的利益诉求，寻求合作和协调，在合作中实现了有效竞争，降低了交易成本，推进了社会资源的优化配置。首先，影响主体行为和合作稳态的主要因素是合作的成本与收益；其次，是长期契约和双方合作的信用和信心。在存在监督惩罚机制和利益分配机制等相关机制的约束下，博弈各方基于从长远利益考虑最终都会选择合作。农民专业合作组织、农产品经纪人等流通主体都有利于合作稳态机制的建立与持久。

第四，利用交易费用与产业组织理论分析了农产品流通过程的协调与组织，着重分析了农产品流通企业纵向与横向一体化的途径。农产品流通组织与协调过程包括各个农产品流通主体之间充分竞争与合作的过程；以大型农产品流通主体为核心的纵向与横向组织一体化过程；政府调控与规制下的农产品流通组织化过程。农产品流通纵向一体化主要是纵向兼并和纵向约束，纵向约束相比于纵向兼并，是较为松散的一体化，而且方式多样化，实施起来比较容易，关键是双方契约安排的稳定。农产品流通横向一体化主要是横向兼并、战略联盟，目前农民专业合作社和农民专业合作社联合社是较好的实践形式。

第五，从农产品流通中的商流、物流、信息流和资金流“四流”服务角度提出优化农产品流通服务体系的途径。完善农产品流通过程中的商流、物流、信息流和资金流“四流”的服务是农产品现代流通服务体系优化的主要内容，也是农产品流通组织化水平提高的体现。目前中国农产品流通服务存在的主要问题是农产品商流服务与资金流服务缺失、物流服务和信息服务有待提高与完善，农产品批发市场的服务功能远未得到发挥，农产品服务主体分散，专业化的服务机构缺乏，这些问题导致“四流”服务之间缺乏协同效应，服务质量和服务效率低下。优化农产品流通服务体系应以政府投入为主，同时，发展农产品流通服务的社会化力量，发挥农产品批发市场的“四流”服务一体化，合理专业化的“四流”服务分工以及发展农产品电子商务，实现“四流”服务协同。

在研究中，得到了很多专家老师的指导和帮助，也受到许多农产品流通领域专家学者思想的启示，同时参阅了大量的国内外文献资料，在此一并感谢。

本书的出版得到了潍坊学院博士科研基金的资助，得到了潍坊学院和潍坊学院经济管理学院的支持，得到了中国社会科学出版社的大力支持，在此深表感谢！

受制于笔者的研究能力和学术水平，以及资料的欠缺和调研时间范围的局限，虽然在写作过程中不懈地研究学习理论与方法，尽可能联系中国农产品流通的实际，但书中疏漏和不妥之处在所难免，恳请有关专家和读者批评指正。

韩喜艳

2015 年 1 月

第一章

导　论

一　选题背景

农产品在消费中占有非常重要的地位，不仅是食品生产的主要原料，而且是人们“三餐”食物的来源，在中国居民食物消费总量中，70%以上为蔬菜、水果、水产品、肉、蛋、奶等鲜活和初级农产品。随着人们生活质量的提高，农产品在食品消费中的地位将越来越重要，消费者对农产品，特别是鲜活农产品的品种、新鲜、安全、营养的要求也越来越高。农产品流通连接着农产品的生产和消费，传递着农产品市场供求信息，实现农产品价值和使用价值，促进农业资源的合理配置和农业产业结构的调整，关系着广大农民和消费者的利益，关系着农业现代化和农村经济发展，在国民经济发展中起着举足轻重的作用。

农产品流通领域近年来备受政府的关注，成为现阶段“三农”问题的重点。2010年中央农村工作会议提出在“十二五”期间要大力改善农产品流通和市场调控，努力保持农产品价格的合理水平，畅通农产品流通渠道，加快形成流通成本低、运行效率高的农产品营销网络；2011年的《政府工作报告》中提出要加强农产品流通体系建设，积极开展“农超对接”，畅通鲜活农产品运输绿色通道；2012年中央“一号文件”提出，要创新农产品流通方式，探索建立生产与消费有效衔接、灵活多样的农产品产销模式，减少流通环节，降低流通成本；2013年中央“一号文件”将“提高农产品流通效率，完善农产品市场调控，提升食品安全水平”作为建立农产品供给保障机制的重要工作内容，进一步强调了完善农产品流通体系对于加快发展现代农业，增强农村发展活力的重要作用。

中国农产品两头价差过高，价格暴涨暴跌现象屡见不鲜。以蔬菜为例，从地头到餐桌，一颗白菜的价格竟然翻了10倍之多。菜农因收购价暴跌而亏本，消费者却没有得到价格实惠。鲜活农产品，时而“蒜你狠”、“姜你军”、“豆你玩”，价格飙升；时而又1斤卷心菜8分钱，1斤苹果1毛钱，价格远远低于成本。“菜贵伤民，菜贱伤农”，农产品价格大起大落不仅损害了消费者的利益，对农民更是带来了致命的伤害。农产品价格是“百价之基”，几乎每一次物价的上涨都以农产品价格的波动为先。据国家统计局公布的数据，在2010年物价上涨总水平中，蔬菜、水果和粮食拉动了整个物价上涨的70%，可以说，主要是各种农产品价格的全面上涨引发了本轮的物价上涨。农产品价格稳定是总体物价稳定的基础，只有控制好农产品价格才能很好地控制通货膨胀。

目前，农产品流通组织低效、流通成本过高。在农产品流通过程中各流通主体组织化程度低，缺乏有效竞争与合作，农产品的流通依然是以分散的农户和小规模经营为主，农民专业合作社的规模和实力还有待提高，从事大规模经营的农场主和农业企业的数量偏少，农产品经纪人、运销商、批发商、零售商等流通主体分散经营，恶意竞争。流通主体的组织低效，市场信息滞后，谈判地位底，造成了流通不畅、效率低下，流通成本过高。另外，农产品流通过程组织化程度低，农产品流通环节过多，各环节之间缺乏有效整合，市场信息滞后，流通效率低下，导致中间环节的层层垄断加价，大幅度抬高了零售价格。据商务部数据，农产品流通的每一环节至少加价5%—10%，最后导致流通成本占到了农产品最终价格的70%左右。所以提高农产品流通的组织化程度是提高农产品流通质量和效率，解决中国农产品流通“困局”，形成畅通高效的流通体制的关键，也是稳定农产品价格、增加农民收入的根本。

二 研究目的和意义

（一）研究目的

目前中国农产品生产环节的组织化已得到初步解决，而农产品流通环节的组织化困境却缺乏更好的解决办法。本研究正是针对这种现状，在明确农产品流通组织化内涵的基础上，探讨农产品流通组织化程度的测度与评价方法，分析农产品流通中要素资源配置效率的影响因素，研究中国农产品流通组织化中流通主体间的竞争与合作，研究流通过程的组织与协调，流通服务的优化与配套。具体的研究目的有以下几个：

1. 在马克思流通组织理论、古典与新古典经济学、新制度经济学、产业组织理论、演化经济学和流通经济学的基础上，研究农产品流通组织理论，探索农产品流通组织化的理论依据和研究方法。

2. 明确农产品流通组织化的内涵与内容，构建农产品流通组织化的评价指标体系，利用统计资料和调研数据，对中国农产品流通组织化现状和问题进行分析，评价中国农产品流通组织化所处阶段。

3. 利用静态和比较静态分析及动态博弈的方法和原理，探讨农产品流通主体的行为、博弈过程与均衡，分析各流通组织主体之间的协调与合作路径。

4. 利用交易成本理论和产业组织理论，分析农产品流通过程的组织与协调，构建农产品流通过程组织化的横向一体化与纵向一体化途径。

5. 利用流通经济学理论和分工协作理论分析农产品现代流通服务的优化途径。

（二）研究意义

提高农产品流通组织化水平能够降低农产品流通中的交易成本，减少资源浪费，保证农产品流通市场信息畅通和农产品价格稳定，形成高效、畅通的农产品流通体系。研究农产品流通组织化问题，不仅是现有农产品流通理论的丰富和完善，而且可以为相关政府职能部门的政策制定和完善提供理论依据，具有较为重要的理论和现实意义。

1. 理论意义

目前大多数关于农产品流通组织的理论研究，主要集中于一般农产品流通体系的理论研究层面，而且大都侧重于其静态的含义和对实体的研究，静态地研究各种流通组织。而本研究则主要针对鲜活和初级农产品的流通组织，更侧重于组织的动态含义和对过程的研究，将抽象的各种流通环节具体起来，研究在一定的时空条件下合理地将农产品流通过程中分散的人力、财力、物力、信息、技术等各种要素资源组织起来，达到高效的流通。所以，在研究过程中特别注重农产品流通组织化的理论意义，是对现有农产品流通组织理论的丰富和完善。

2. 现实意义

基于中国的农产品流通组织化现状，以农产品流通主体、流通过程和流通服务为研究对象，结合对农产品的流通特性及国内外研究成果和实践经验的梳理与借鉴，深入分析农产品流通的组织化行为和过程，研究如何提高农产品流通组织化程度。不仅着眼于从农户到零售终端的整个流通环节的组织化与优化，还关注同一环节中流通组织间的链接与合作，以为相关政府职能部门的政策制定和完善提供理论依据，具有较为重要的现实意义。

三 国内外相关研究述评

（一）国内研究现状

流通组织化这一概念在国内文献中较早就出现了，一些学者探讨了提高农产品流通组织化程度的途径。许行惯（1991）提出，提高农产品生产和流通的组织化程度，要从发展产供销一体化组织，鼓励农民参与流通，逐步建立农产品批发市场等方面着手。陈乃武等人（1992）认为，要提高农民进入流通组织化的程度，就必须发挥农民“自组织”的作用，发展农民购销合作组织，兴办加工龙头企业，培育批发市场，同时需要政府的扶持与引导。戴松军（1997）认为，提高流通的组织化程度是加快发展农村市场经济的必然要求，并且认为，农业产业化经营和培育农业产业化龙头企业是提高流通组织化的关键和必由之路。从以上研究中可以看出，国内对农产品流通组织化程度的较早认识比较笼统，没有对其内涵和测度进行深入研究，只是对如何提高流通的组织化程度提出了政策上的建议，缺乏深入的定性和定量研究。实际上，虽然国内直接研究农产品流通组织化的文献比较少，但是相关的研究较多，在农产品流通组织模式、农产品流通效率、农产品流通组织创新等方面有深入的研究。

1. 农产品流通组织模式的研究

国内对以农产品批发市场为中心组织流通的传统农产品流通模式的研究较多。崔传义等人（1993）对寿光蔬菜批发市场进行了考察，肯定了以农产品批发市场为中心组织鲜活农产品流通对完善中国农产品流通体制的重要作用。罗必良等人（1999）认为，这种流通模式一方面可以向农户提供更多的市场信息，从而降低了农户产前信息搜索的交易成本，弱化了农户生产的市场风险；另一方面由于农产品批发市场集中了大量的买主与卖主，改变了农户在市场分散条件下面临“少数谈判”所导致的机会损失，提高了交易效率，改善了农户的谈判地位，降低了谈判成本。农产品批发市场作为农产品批量交易服务的一种流通服务组织，关于其性质定位学界有分歧。一种观点认为，农产品批发市场应该是公益性和非营利性组织。彭星闾（2000）认为，农产品批发市场是一种规范化的经济组织，由政府投资兴建和专门管理，可以充分发挥交易在空间集中的规模经营优势，限制农产品批发环节的过度增长；韩喜艳（2002）认为，中国的大多数农产品批发市场，尤其是处在经济不发达地区的产地市场，应作为公益性基础设施，不应以营利为目的。另一种观点为应对农产品批发市场加以企业化经营和管理。这种观点以罗必良（1999）提出的“布吉模式”为代表，通过对深圳的布吉农产品批发市场的研究，总结出“布吉模式”的核心是“企业办市场、企业管市场、市场企业化”，把批发市场作为一个自主经营、自负盈亏的企业来运行。关于农产品批发市场的未来发展趋势，李圣军（2010）认为，中国农产品尤其是鲜活农产品经由农产品批发市场进入农贸市场的流通主渠道模式在短期内不会发生改变，需要依托农产品批发市场和大型经销商组织加以实施。然而，祝映莲等人（2010）认为，以农产品批发市场为中心的流通模式导致流通环节过多，流通成本高，损耗严重，食品安全缺乏保障等问题。王秀清（1995）通过对美国和日本农产品批发市场发展的研究，认为农产品批发市场是流通现代化的标志，但是随着经济发展和超级市场资本的丰裕，农产品批发市场会走向衰退，从而减少流通环节，提高流通效率。杨青松（2011）研究了蔬菜流通模式，认为以批发市场为核心的传统流通模式虽然流通环节过长，流通效率的损耗大，但批发市场具有强大、快速的集散功能，是农产品特别是生鲜农产品的流通主模式。从以上研究中可以看出，以农产品批发市场为中心组织农产品流通是市场选择的结果，其存在与发展依赖于农产品流通市场和流通组织的发育程度。

随着农业产业化经营的发展和农产品市场竞争的加剧，除了传统的农产品批发市场之外，又出现了如农业企业、农民专业合作社、农业协会、超市、农产品经纪人、批发商等多种农产品流通组织形式，不少学者对农产品流通模式优化和创新进行了研究。邓俊淼等人（2006）从供应链角度对鲜活农产品的流通模式进行了研究，认为基于中国鲜活农产品流通的现状和供应链管理所具有的一些优点，有必要应用先进的供应链管理理论来改造中国传统的鲜活农产品流通方式，提出建立以企业化的批发市场和超市为核心企业的鲜活农产品供应链管理模式。郭崇义等人（1999）提出，农产品流通模式的选择要基于农产品流通主体的流通实力：对于流通实力强的流通主体，可以以其为中心组织流通；对于实力弱的流通主体，应该从属于实力强的流通主体，并总结了中国当前农产品流通的六大模式：批发市场主导型；龙头企业（连锁超市、加工企业）主导型；农民专业合作社主导型；产地批发商主导型；中转批发商主导型；专业配送中心主导型。徐艳丽等人（2010）对中国现有的农产品流通渠道模式进行了分析，总结了"收购小贩+批发商+终端零售"，"龙头企业+批发商+终端零售"和"农户+超市模式"等流通模式的优点和缺点，并提出应创建减少流通环节、保证信息畅通和交易双方平等、提高农民收入的流通新模式。冯伟（2010）将中国农产品流通模式分为农户直销型、农产品市场集散型、农超对接型、以龙头企业为中心的合作型、以农民合作经济组织为中心的合作型五种模式，并提出加强农产品流通模式和体系建设的建议。祝映莲等人（2010）分析了传统的以农产品批发市场为核心的流通模式所存在的问题，提出了中国农产品流通新模式构建的四种选择：以物流企业为核心的流通模式、以连锁超市为核心的流通模式、以农业合作社为核心的流通模式、以龙头企业为核心的流通模式，并用案例分析了这些新模式的优点和适应情景。从以上研究中可以看出，虽然对于每一种农产品流通模式没有统一的名称，但是其含义基本上是一致的，所涉及的流通组织和对渠道的描述大致相同，大体来讲，流通新模式不仅要研究农产品实体市场（批发市场和农贸市场），还要研究农业企业、农业合作社、连锁超市等大的流通组织，也要研究农户、经销商、批发商、零售商、经纪人等分散的流通主体。

值得一提的是，目前学术界争论较多的是以超市为中心的"农超对接"模式，这种模式适应于蔬菜、水果等鲜活农产品的流通。胡定寰等人（2007）、安玉发（2011）认为，以超市为中心的鲜活农产品流通模式是发展趋势，农民成立农村生产合作社，超市建立鲜活农产品物流配送中心，实现"农超对接"，可以缩短中间流通环节，提高流通效率。关于这种模式对农产品价格的稳定作用，安玉发（2011）认为，"农超对接"不仅是超市参与竞争、争取利润的自身要求，也能兼顾农户和消费者的利益，但是在实施中存在着制约因素，最终导致农户从中获益甚少，农产品价格并没有比其他模式低。张立华（2010）则分析认为"农超对接"模式将会对农产品价格起到稳定作用，可以在一定程度上抑制价格的异常波动。杨青松（2011）分析了蔬菜的流通模式选择，认为“农超对接”流通模式能够实现生产者、消费者、超市的三方共赢，是中国蔬菜流通模式发展的必然方向，但由于资产专用性很强，只有在一定的规模条件下，才会真正实现共赢。熊会兵等人（2011）也认为，超市与合作社之间的合作很重要，也需要政府政策的扶持，需要发挥超市、合作社和政府三方面的作用。隋姝妍（2010）认为，由于中国农户分散经营，农产品标准化程度低，信息不对称，超市方垄断，立法滞后，符合发展“农超对接”条件的合作社和超市较少，影响了“农超对接”的实施。从以上研究中可以看出，以“农超对接”模式组织农产品流通是鲜活农产品流通的发展趋势，但是目前对于这种模式在制度上的障碍研究还不够深入。

2. 关于农产品流通效率的研究

寇荣等（2008）认为，农产品流通效率是反映在农产品流通过程中的产出和投入的直接或间接比较，是一个总括性的概念。柯炳生（2003）认为，提高农产品流通效率的途径要从建设和改善市场设施、改善市场服务、完善市场政策和健全市场组织四个方面入手。李春海（2005）分析了制约农产品流通效率的制度因素：国有企业的垄断、流通体制不畅等，认为引入竞争、完善市场功能、培育市场流通组织是削减农产品流通效率制度瓶颈的途径。赵玻等人（2008）认为，发展农产品流通合作组织可以提高农产品流通效率。谭本艳等人（2009）以及苏威（2012）认为，农产品批发市场是农产品流通的主渠道，创新批发市场经营模式可以提高农产品流通效率。蔡荣等人（2007）从交易费用的视角，运用供应链理论对果蔬市场的流通效率进行研究，认为交易费用过高、供应链过长影响了流通效率的提高。杨宝宏等人（2009）认为，物质流、资金流和信息流的效率提高是提升生鲜农产品流通效率的关键。以上的研究主要探讨了影响农产品流通效率的因素和提高农产品流通效率的途径，但是主要集中于农产品流通效率的定性研究上，主要从宏观角度研究一般农产品流通效率的影响因素，没有具体到农产品流通中的某个环节，也没有特别针对某一类农产品的流通情况予以研究，这样，农产品流通效率是一个比较笼统的概念，也难以提出农产品流通效率的衡量指标，建立完整的评价体系。

近年来，不少学者对农产品流通效率进行了定量分析和实证研究。谭向勇等人（2008）对北京市的蔬菜、水果、禽蛋、肉和奶五类农产品的流通效率进行了研究，采用层次分析法（AHP）和数据包络分析法

（DEA）构建了农产品流通效率的评价模型。马凤才（2008）通过对黑龙江省稻米流通的实证研究，分析黑龙江稻米流通的通道与效率，认为其流通效率低下的原因有制度和管理层面及技术层面的原因。王彬（2008）针对鲜活农产品流通模式的流通特性，分析了鲜活农产品传统流通模式向供应链管理模式演进进程中的障碍及相应策略，并借助综合数据包络分析模型，定量分析了传统流通模式和供应链管理流通模式的流通效率，最后在供应链管理流通模式的平台上，引入绿色供应链管理理论，提出了创新的鲜活农产品流通模式。孙剑（2011）选取流通速度、流通效益、流通规模三个层面的指标，对食品、饮料及烟草制品进行研究，建立了中国农产品流通效率的测度体系，利用因子分析法实证分析了中国农产品流通效率的演进趋势。杜红平等人（2009）对果品流通效率进行了评价，选取果品流通时间、流通损耗率、果品物流成本占销售额的比重和果品滞销率四个方面的指标建立了果品流通效率的评价模型，认为果品标准体系、果品物流体系和中介组织建设是提高果品流通效率的途径。韩立民等人（2011）利用层次分析法对中国水产品流通效率的影响因素进行了分析，认为判断水产品流通效率高低的依据是水产品流通渠道的长短和组织化程度。从流通利润、流通质量、流通损耗三个方面选取指标建立层次结构模型，其结论是，运输和加工是影响水产品流通效率的主要原因。欧阳小迅等人（2011）运用产出距离函数方法，构建了非参数的生产前沿面函数模型，分析了影响农产品流通效率的决定因素，得出的结论是，农产品流通专业化水平不是促进农产品流通效率的主要因素。以上研究是针对某一农产品（蔬菜、水果、粮食、水产品等）进行定量研究，根据其流通特性，针对整个流通环节，利用层次分析法、模糊评价法、数据包络法、距离函数等方法建立农产品流通效率评价模型，这是对农产品流通效率研究的完善和补充。

3. 关于农产品流通组织创新的研究

徐从才（1991）谈到了流通组织创新对提高流通组织化程度的重要作用。他认为，流通组织创新要打破传统分配式的行政垄断，要在整个社会产业组织变革中起先导作用，引导、推动流通组织的集中、分散、兼并、融合、协作与联合问题，从而提高流通组织化程度和流通效率。黎元生（2002）认为，农产品流通组织创新是一个动态过程，是专业化分工和创新主体自觉的演变过程，是优化农产品流通中要素资源的配置，“提高组织效率和效益的过程”。其文分别对农产品批发市场、农产品流通合作组织和农产品产销一体化组织三种流通组织形式，从规模、机制和结构三个方面的创新进行了研究，最后认为农产品流通组织创新要在借鉴发达国家经验的基础上以市场诱致型为主。黎元生等人（2004）分析了政府在市场诱致型的农产品组织创新模式中的职能定位和行为边界，认为政府要对其进行适度干预，降低组织主体参与创新的成本，提高预期收益，化解创新风险，提高创新效率。张德化等（2003）认为，农产品流通组织必须实现组织功能创新，加强其对农业生产的先导功能，强化服务和发现消费功能，拓展产品加工增殖功能，引导农户实施农业标准化建设。杜红梅（2004）运用制度经济学原理对中国农业组织创新中的产销一体化组织形式进行研究，并针对农民专业合作组织提出组织创新的内容：组织自身的规范和制度完善；外部制度环境创新。黄春铃（2007）分析了农产品市场的结构和组织创新的成本收益，基于制度经济学诱致性制度变迁的角度提出了农产品流通组织创新的途径和对策，认为政府要为农产品流通组织创新提供法律保障、金融支持和技术培训。章志平（2010）对农产品流通的市场组织、合作组织、中介组织和网络销售组织四种组织形式进行了分析，认为创新农产品流通组织要在政府的引导和规范下，整合各种社会资源。张满林等（2010）认为，农产品流通组织创新的方向是农产品批发商规模化，建立合作竞争关系，树立品牌意识和连锁经营观念。以上的研究主要是从制度经济学的视角研究农产品流通组织创新的方向，大部分观点倾向于以制度变迁的市场诱致型为主，政府进行适度干预。从目前的研究现状来看，对农产品流通组织创新的研究非常多，但是极少提到农产品流通组织化在组织创新过程中的体现与作用。

4. 关于农产品流通主体竞合博弈的研究

国内很多学者从供应链优化的角度探讨农产品流通主体间的竞合博弈问题。赵宗锋（2009）总结了竞合关系成功的三要素：贡献（Impact）；亲密（Intimacy）；远景（Vision），通过主体之间的合作和相互学习，使企业形成持久的竞争优势。肖艳丽（2012）认为，农产品流通主体的松散结构是农产品流通效率低下的原因，农产品流通主体间形成相互信任、风险共担、利益共享的竞合关系是农产品供应链优化的关键。冯中越（2011）从组织、合约、技术三个维度分析了中国农产品流通协调机制的构建，认为农产品各流通主体应通过利益协调机制来协调相互之间的行为和关系。吕斌（2010）从供应链管理的角度研究了蔬菜供应链的整合问题，认为个体菜农不具有组织优势，菜农在供应链上能否成为稳定的主体，关键因素是相关组织载体（如合作社、协会、基地）的组织，从合作意愿、合作能力、合作条件、合作风险、政府角色五个方面评价了蔬菜供应链的合作效率。

黄珺等（2005）运用博弈论分析了中国农户的合作行为，认为农民合作经济组织是解决农户集体理性和个体理性的冲突、信息不对称和机会主义行为的博弈选择。曹子坚等人（2009）和黄志坚等（2006）都分析了公司与农户的博弈关系，认为农户与流通企业之间是一个长期的契约关系，两者之间利益联结的稳态机制除了彼此之间的信任与合作外，还要有有力的外部约束。孟枫平（2004）和张瑜等人（2010）分别用联盟博弈的方法分析了农业产业链中的公司与农户、农民专业合作社与超市之间的合作关系，认为他们的合作关系从长期看是趋于稳定的。杨为民（2006）从蔬菜安全的角度，分析了蔬菜供应链中流通主体间的博弈过程，认为蔬菜安全问题是整个蔬菜供应链各环节的协调问题，除了各主体之间的合作与联盟外，还需要政府部门的外部监督。彭芬（2012）构建了农产品对接体系中的博弈模型，分析了农产品主体之间的竞合关系，在重复博弈中各方最终会选择合作行为，都会在意彼此之间的长期稳定利用关系，认为组织之间的协同可以实现农产品从生产基地到市场的高效对接。黄志坚等人（2006）和赵晓飞等人（2008）分别以演化博弈理论为基础分析了企业与农户之间的演化博弈关系，认为从演化博弈的角度来看，“农户—龙头企业”的农产品渠道关系是在长期博弈中不断选择和调整各自的策略，最终实现的动态均衡关系。从以上的研究来看，对于农产品流通中的主体行为都存在着一种共识：他们有利益一致的部分，这是建立竞合关系的基础。

国内关于农产品流通组织化的相关研究对本研究的展开有着非常重要的借鉴意义。通过以上对国内相关研究的回顾可以发现，国内关于农产品流通组织化问题的研究内容涉及但不限于农产品流通模式、流通效率、流通组织创新、流通主体博弈等方面。但是在查阅文献的过程中，几乎没有找到直接研究农产品流通组织化这一主题的文献，流通组织化这一概念只是在某些文献中才偶尔被提到，这些文献都有这样一种共识：中国农产品流通组织化程度低。然而这往往被作为一个已证的结论，并没有对之进行深入的分析。所以应该说，到目前为止，关于农产品流通组织化的研究多体现在对流通实体组织的研究上，对如何提高农产品流通组织化程度的国内研究还很少，也缺乏对农产品流通组织化内涵和测度的研究，就此而言，农产品流通组织化还是一个比较笼统和抽象的概念。国内研究的不足在于：

1. 国内对农产品流通组织模式的研究忽视了组织的动态过程和农产品流通主体的“生物本能”。国内大多数研究只注重静态地研究某一农产品流通模式，割裂了不同模式间可能存在的某种联系，其观点倾向于农产品流通模式是市场选择的结果，其存在与发展依赖于农产品流通市场和流通组织的发育程度。本书认为，农产品流通模式的研究应该更多地关注农产品流通主体在农产品流通市场中地位的改善与改变以及主体多元化发展趋势。市场的力量固然重要，但毕竟是缺乏新意的主流经济学研究范式，如果用演化的视角将农产品流通看作一个系统的话，各类农产品流通主体的主观行为与系统的环境相互协调，适应和学习过程就是其组织化的过程，实际上是主体的组织化过程推进了农产品流通组织化的演进。所以无论是农户、批零商贩、运销商、经纪人等农产品流通个体，还是农民合作组织、农产品流通企业等农产品流通个体群，他们的组织化过程对农产品流通的组织化起到了关键的作用。本书并不抛弃传统经济学对理性人的假设，但更加强调农产品流通主体的“生物本能”和他们的“竞争与适应”能力。

2. 国内对农产品流通效率的研究比较完善，尤其是定量分析和农产品流通效率评价模型的构建对本研究有很好的借鉴作用，但是并未明确农产品流通效率与农产品流通组织化之间的关系。从农产品流通的整个环节考虑影响农产品效率的因素，这启发了笔者，笔者也考虑对整个农产品流通过程构建一个农产品流通组织化的评价模型，并且将流通效率作为其中非常重要的评价指标。农产品流通组织化程度影响了农产品的流通效率水平，组织化程度越低，流通组织越分散，农产品流通过程中的交易次数就越多，流通效率也就越低。

3. 国内学者普遍认为，农产品流通组织创新属于制度变迁，实际上农产品流通组织化的历史进程也属于制度变迁，我们并不质疑农产品流通组织创新是推进农产品流通组织化进程的必然选择。但是目前学术界普遍重视对农产品流通组织创新的动因与收益的研究，而且往往单独研究农产品批发市场、农产品流通合作组织、农产品产销一体化组织等组织创新形式，忽视了流通组织间的内在联系。其研究目的不是梳理农产品流通组织化的制度变迁进程和组织化动因，而是将农产品流通组织化进程的一个时点——现阶段农产品流通组织化作为研究对象，研究在整个农产品流通过程中，各种农产品流通组织之间的关系，以及通过怎样的途径提高农产品流通组织化程度。所以，本书的研究角度落在了如何组织与协调农产品流通上，从而探讨提高农产品流通组织化程度的途径。这里的组织化研究强调的是程度，而不是进程。

4. 农产品流通主体之间的关系是竞争与合作的关系，他们之间的博弈可以实现农产品流通资源的优化配置，提高农产品流通组织化的水平。博弈模型为研究农产品流通主体间的竞合关系提供了方法。然而，目前关于农产品流通主体间的博弈关系研究的多是在完全信息和无限理性假设条件下的静态或比较静态博弈关系，而且对农产品流通主体合作的成本与收益的研究也过于简化，没有分析流通主体间的差异对博弈结果的影响。本书对于农产品流通主体之间博弈行为的讨论，不仅用传统的博弈方法，还运用动态演化博弈方法，综合考虑竞合的成本和收益、流通主体的差异、约束机制、贴现因子等多种因素对博弈结果的影响。

（二）国外研究现状

国外有关如何提高农产品流通组织化程度的研究相对国内要少，主要侧重于对农产品供应链的研究。国外通常将农产品供应链表述为“食品供应链”（Food Supply Chain），将从食品的初级生产者到消费者各环节的经济利益主体作为一个整体，注重研究它们之间的协调与合作关系。阿罗马（Aruoma，2006）认为，食品供应链是一个农产品从农场到餐桌的连续不断的技术创新过程，包括食用农产品的生产、加工、运输、储藏、分销、包装、批发、零售直到消费者手中的各环节及其相互之间的关系。

在农产品流通体系中，各个流通主体之间也不是孤立的，他们之间也存在着一个利益共同点，竞争与合作同时存在。对于这种关系，较早的研究是从农产品供应链的角度研究农产品流通主体的合作问题。弗兰克斯等（Franks，S. D.，et al.，1992）认为，垂直协调是食品供应链中降低交易成本的关键。克利本斯坦等（Kliebenstein J. B.，1995）分析了美国猪肉供应链中的垂直协调活动，认为垂直协调包括所有权的整合及各种契约协议，所有的合作都是为了提高参与主体的竞争力。关于农产品流通主体之间的合作关系成功与稳定的决定因素，拉热等（Lages，2005）提出了稳定合作关系的四个维度，即信息共享、沟通质量、长期的关系定位和满意度。

农产品供应链过长制约了农产品的流通效率，通过农产品供应链管理重新整合农产品流通环节可以提高农产品的流通效率，流通主体间的合作与联盟是关键。米盖尔·阿尔贝托·卡里奎里（Miguel Alberto Carriquiry，2004）提出，对日常消费的农产品进行食品供应链管理，可以提高流通效率，降低流通成本。他认为，农产品市场通畅的关键在于市场规模、专业化和采用降低成本的技术。

戈兰等（Golan，2004）将美国牛肉流通过程可追溯系统的成本分为供应链管理成本、食品质量与安全控制成本和产品差异化管理成本。其中供应链管理成本主要包括三个方面：一是减少牛或牛肉的物理位移以提高供应链的效率而发生的成本；二是对供应链各个阶段中上游企业的监测以确保可靠的可追溯性的成本；三是政府承担的额外的监测和执法成本。食品质量与安全控制成本主要指引入设备与设备维修费用所发生的成本；为确保质量和安全所支付的审核费、检查费、认证费等方面的劳动成本；为保证质量与实施安全计划所产生的管理成本；还有就是肉牛的饲养成本，屠宰加工阶段所产生的成本，以及标签、检测和试用牛肉的附加劳动。产品差异化管理成本主要指公司为保证质量和产品安全而对消费者所做的广告与促销费用。

邓·裘德等（Den Quded，1996）认为，农产品的自然属性和农产品特殊的市场需求将促进原有的农产品供应链重新整合，以提高整个农产品的流通效率和价值。安德鲁·费恩等（Andrew Fearne，1999）认为，提高农产品流通效率可以通过农产品供应链上下游的合作予以实现。帕默（Palmer，1996）也认为，建立供应链成员间稳定的联盟和合作关系是流通效率提高的关键。威尔逊（Wilson，N.，1996）和肯尼特（Kennett，J.，1998）等人提出了集成农产品供应链的协作策略，由市场自然形成产业化发展到完全纵向一体化、合同制不完全纵向一体化，再到垂直协作，直至现阶段发展到强调垂直协作与横向集聚协作的一体化。琼斯·米盖尔（Mighell，Jones，1963）认为，农业纵向协调内容包括农产品生产、加工、储存、运输、销售等活动在内的一系列过程的协调，农业进行纵向整合与协调可以减少交易成本与不确定性风险，提高供应链成员的市场地位和议价能力，帮助企业提高管理能力、开发新技术，或者获得融资。

奥马尔·阿乌马达等（Omar Ahumada，2011，2012）认为，易腐农产品的生产与流通盈利与否取决于劳动力成本管理、易腐农产品的保鲜储存和运输方式等因素之间的权衡，基于动态的、信息化管理的鲜活农产品生产和流通规划可以大大节省成本。他们建立了在不确定性条件下鲜活农产品生产与流通的随机规划模型，认为气候和需求变化会导致鲜活农产品生产和流通的市场不确定性，通过建立两阶段的规划模型可以有效地规划鲜活农产品的生产与流通过程，提高鲜活农产品的生产利润，并降低流通中的市场风险。

从以上国外的相关研究中可以看出，多数研究主要集中在农产品供应链上，关注农产品供应链的构成以及供应链上农产品流通主体间的关系，主张通过供应链管理，提高农产品流通效率，降低农产品流通成本。这些都为本书的研究提供了重要的借鉴。但是，到目前为止，国外对农产品流通组织化这一概念并没有一个明确的定义。国外研究的不足主要在于：

1. 国外完善的农产品流通体制使国外学者在研究农产品流通主体的组织化时忽视了对农户这一流通主体的研究，更多地关注农产品企业在农产品供应链上的作用。而在中国，众多农户在农产品流通组织过程中的无组织状态是影响农产品流通组织化程度的重要因素。因此，本书将对农户在流通过程中的组织化进行研究。

2. 国外对于农产品供应链的协调多侧重于上下游成员的垂直协调，而对同一环节中成员间的横向协调则关注较少。而且在分析农产品供应链垂直协调活动中强调契约关系是供应链稳定的决定因素。基于中国农产品流通组织化的现状，农产品流通的横向协调与整合也十分重要，农产品流通过程的协调应该是纵向与横向协调的统一。因此，本书在研究农产品流通过程的纵向一体化的同时，还将研究农产品流通横向一体化的方式与途径。

四 研究思路与研究内容

（一）研究思路

本书研究基于以下判断，即中国农产品流通组织化的问题是流通主体多元而分散，农产品流通环节过长而松散。而农产品流通组织化程度低是导致中国农产品流通领域诸多问题的根源。农产品流通效率低下、流通成本过高、农产品价格波动和农产品供求失衡等问题可以通过提高农产品流通组织化程度得到解决。农产品流通主体、流通过程与流通服务的组织化是农产品流通组织化的主要影响因素与内容，其中农产品流通主体的组织化是提高流通组织化程度的关键。众多的农产品流通主体之间的共同利益是推进组织化程度的动力，不同主体之间通过一定的方式进行合作与竞争，最终协调利益分配。农产品流通过程的组织与协调应该包括流通的组织一体化过程与农产品流通各环节的协调过程。通过农产品流通服务优化可以提高农产品流通组织化程度，只有完善而有效的服务配套才能保障农产品流通的高效。

根据上述判断，针对当前农产品流通组织化程度低的现状，将农产品流通的整个过程作为研究对象，研究如何组织农产品流通，提高流通组织化的程度。研究框架如图 1.1 所示。

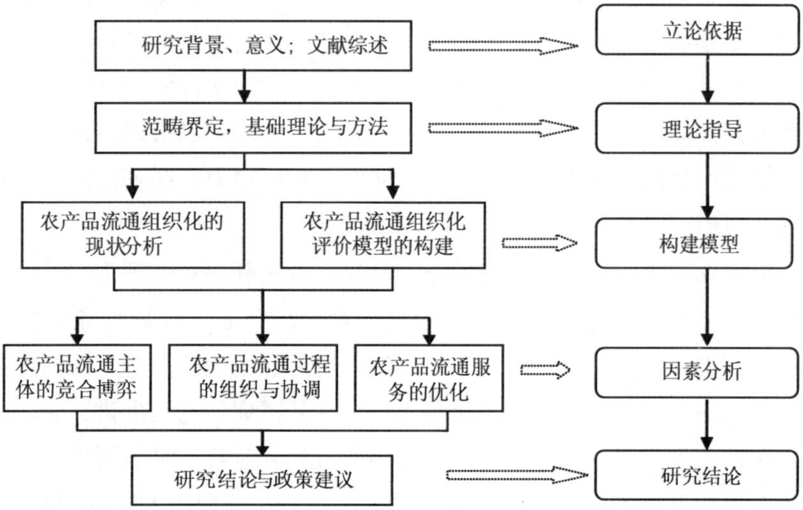

图 1.1 研究框架

（二）研究内容

本书研究立足于整个农产品流通这一宏观层面，出发点和落脚点是如何提高农产品的流通组织化程度。本书以马克思的流通理论为指导，借鉴西方主流和非主流经济学中有关组织理论的合理因素，首先构建中国农产品流通组织化的评价模型，描述与测度农产品流通组织化的现状与所处阶段；其次从影响组织化水平的农产品流通主体、过程和服务出发，研究农产品流通组织主体的竞争、合作与协调，农产品流通过程的组织一体化以及农产品流通服务体系的优化；最后提出促进农产品流通组织化的政策建议。主要内容安排如下：

第一章，导论。本章在阐述本书研究的背景、意义和目的的基础上，对国内外相关研究成果进行综述，确定主要研究内容、思路和方法，提出创新点和不足。

第二章，农产品流通组织化的理论基础。本章作为本书研究的理论依据和基础，首先确定研究对象和范围，界定农产品流通组织化的相关概念与内涵；其次对农产品流通组织理论进行综述，形成基本的理论框架。

第三章，中国农产品流通组织化的现状分析。本章利用统计数据和调研资料对中国农产品流通组织化的现状与存在问题进行分析。

第四章，农产品流通组织化评价模型的构建。本章首先确定中国农产品流通组织化的基本原则与目标，从农产品流通主体、农产品流通过程和农产品流通服务三个方面选取评价中国农产品流通组织化的指标，然后确定指标权重与目标值，利用多指标综合测定法确定中国农产品流通组织化程度的评价标准。最后根据统计数据，利用中国农产品流通组织化的评价方法，对中国的总体水平进行测算，同时分析中国农产品流通组织化水平较低的原因。

第五章，农产品流通主体的竞合博弈。本章利用竞合理论和博弈论方法，首先选取农户这一主体，分析同一农产品流通主体间的竞合博弈过程；其次选取农户与农产品流通企业这两个流通主体，分析不同农产品流通主体间的竞合博弈过程。最终得出结论：从博弈理论角度讲，农产品流通主体的组织化是一个动态的、重复的竞合博弈过程，最终博弈各方基于长远利益考虑，以及相关机制的设计，比如利益分配机制、惩罚机制等，都会选择合作。

第六章，农产品流通过程的组织协调。本章首先对农产品流通协调机制进行阐述；其次分析农产品流通过程组织化的两种方式：纵向一体化和横向一体化。纵向一体化主要是纵向兼并和纵向约束，本书详细分析了纵向约束的方式和可行性。横向一体化则主要介绍了横向兼并、战略联盟和合作社，并结合农产品流通的一些特点，介绍了农产品流通过程中的组织形式，以期提供一些实用性参考。

第七章，农产品流通服务的优化。本章分析了农产品流通过程中商流、物流、信息流和资金流“四流”服务的相互关系和目前中国农产品流通服务所存在的主要问题，提出优化农产品流通服务体系的途径，认为农产品“四流”服务优化是农产品现代流通服务体系优化的主要内容，也是农产品流通组织化水平提高的体现。

第八章，研究结论与政策建议。本章分析得出研究的主要结论与进一步研究的方向，并从加快制定农产品流通的法律法规、加强农产品流通基础设施建设、扶持农产品流通主体的组织化运作、引导农产品流通方式创新四个方面提出政策建议。

五　研究方法与主要创新点

（一）研究方法

本研究按照从抽象到一般再到具体的研究思路，以抽象的农产品流通组织理论作为依据，基于农产品流通组织化的影响因素，建立一般的农产品流通组织化评价模型，并有针对性地分别研究影响流通组织化的三个具体因素——主体、过程和服务，并提出政策建议，形成一个比较完整、合乎逻辑的理论框架。以现代经济学、新制度经济学、产业组织理论、演化经济学、流通经济学等理论为依据，在研究中注重理论与实践相结合，科学运用比较、类比、归纳、演绎、综合、实证等分析方法。

1. 文献研究法

本书通过对大量相关的国内与国外文献的查阅与梳理，总结农产品流通组织化的国内外研究现状与不足，在借鉴前人研究成果的基础上，确定本书研究的起点。通过查阅相关的论文，将已有的理论与农产品流通组织化研究相结合，确定本书的理论依据与理论框架。

2. 调查法

本书采用专家问卷调查法，向专家分发问卷，并进行问卷的回收、整理，确定农产品流通组织化评价指标的权重。通过实地调查法，调查了农产品流通主体，主要包括农民专业合作社和农产品流通企业，了解他们在农产品流通组织化中的行为与作用。

3. 模型分析法

本书利用层次分析法构建了农产品流通组织化评价模型，对农产品流通组织化程度进行了量化评价。利用经济学和演化经济学理论与博弈论方法构建了农产品流通主体中的农户与农户、农户与农产品流通企业的博弈模型，以此分析农产品流通主体之间的竞合关系。

4. 案例分析法

本书在农产品流通的纵向与横向一体化组织、农产品流通服务优化的理论阐述之后，选取了相关案例，通过案例分析，实证了农产品流通组织化理论与实践的有机结合。

5. 定性分析法

本书对中国农产品流通组织化现状进行了定性描述，通过运用归纳和演绎、分析与综合以及抽象与概括等方法，揭示了影响农产品流通组织化的三个因素：主体、过程和服务。对如何组织农产品流通以提高流通效率，如何对流通各环节进行组织协调以及如何优化农产品流通服务体系这些问题进行了研究。

6. 定量分析法

本书对中国农产品流通组织化所处的阶段采用了定量分析。通过对大量的统计数据的整理归纳和实地调研，确定量化指标，测度了中国农产品流通组织化的程度。

（二）主要创新点

1. 选题的创新

目前，国内直接研究农产品流通组织化问题的文献几乎没有，农产品流通组织化还没有形成一个统一的理论性定义，对中国农产品流通组织化程度缺乏深入的研究。本书以制度和演化经济学的理论思想构建农产品流通组织化的理论分析框架，选取研究农产品流通过程中的组织化问题，首次对农产品流通组织化的内涵进行阐述，提出了农产品流通组织化的评价模型。这在选题上既是创新也是挑战。

2. 视角的创新

目前，大多数关于农产品流通组织的研究，侧重于组织的静态含义和对组织实体的研究。本书更侧重于对组织的动态含义和对整个流通过程的研究，研究视角着眼于如何提高中国农产品流通的组织化程度，不仅落脚于流通中的组织主体，更注重了在一定的农产品流通市场结构制约下流通组织之间的竞合关系和协调机制，从宏观视角关注如何提高农产品流通组织化程度这一问题。

3. 方法的创新

目前，关于农产品流通组织问题的研究，多数都孤立地针对某一流通组织模式或某一类农产品的流通方式进行规范或定性研究，缺乏实证和定量研究，对于农产品流通组织化问题更多地采用制度变迁理论进行分析。本书通过多种理论和方法相结合来研究农产品流通组织化程度的提高。用德尔菲和层次分析法构建流通组织化评价模型，测度中国农产品流通组织化所处的阶段；用博弈论方法和竞合理论分析农产品流通市场中流通主体间的竞争关系和共谋行为；用交易费用和产业组织理论分析农产品流通的横向与纵向一体化；用流通经济学和分工协作理论分析农产品流通服务的优化。这些方法都有一定的创新性。

4. 观点的创新

目前的研究大都把提高农产品流通的组织化作为一句口号，把中国农产品流通组织化程度低作为一个先验的结论，没有将如何提高农产品流通组织化，如何衡量组织化程度作为一个课题来研究。本书以大量的统计数据和调研资料为依据，证明农产品流通组织化不是一个笼统的概念，它有实际的内涵，提高农产品流通的组织化程度是解决目前中国农产品流通“困局”的根本。农产品流通的组织化程度不是越高越好，而是要在符合中国农产品流通现状的前提下提高农产品流通的组织化程度，为此，本书提出中国加快组织化进程的农产品流通优化与整合的政策建议。

本书的不足之处在于：

第一，由于资料占有的有限性、研究方法和笔者人文学术水平等方面的限制，以及由于农产品种类繁多，流通环节复杂，不可能对之进行全面调查，这在一定程度上使本书在数据的系统性、完整性方面有所欠缺，与实际状况可能会产生偏差。

第二，在定量研究中，本书对农产品流通组织化程度的定量测度和评价模型，仅仅是一种尝试，远达不到完善的程度。由于国内缺乏相关的文献借鉴和系统全面的统计数据，本书在评价指标的选取与量化、评价指标在不同发展阶段临界值的确定方面可能还存在不足。

第三，由于受到篇幅和个人理性的限制，在众多的农产品流通主体中仅选取农户、合作社和农产品流通企业三大主体进行研究，有可能忽视了其他对组织化有着重大影响和作用的流通主体。

第四，农产品国际贸易也是中国农产品流通领域的重要组成部分，但本书中的农产品流通仅仅局限于农产品国内市场，没有考虑农产品的国际贸易以及国际流通环境对农产品流通的影响。

第五，政府的制度安排无疑会对农产品流通组织化产生积极的促进与激励作用，但在农产品流通组织化的研究中，笔者几乎没有论及政府的行为，仅在书末为政府提出了几点政策建议。虽然笔者强调农产品流通组织化是市场经济下的“自组织”过程，但政府这一外力无疑会对农产品流通组织化发展方向产生影响。政府制度安排与市场化机制的制度安排有怎样的关联互动性，对农产品流通组织化有怎样不同的影响，这是另一个需要研究的问题。

这些不足和问题是笔者今后研究的方向和重点。

第二章

农产品流通组织化的理论基础

一　概念的界定

（一）农产品的界定

中国农业产生于距今1万年左右的新石器时代，在此之前，人们以原始采集和狩猎为生，后来出现了古史传说中的“神农氏”，他改进耕、播、种和种植方法，教人们种植稷、米（小麦）、牟（大麦）、稻、麻，耕植农业开始。[①] 农业生产的开始也就意味着农产品的出现，以农业种植为例，中国古籍称这些农产品为“禾稼”或“谷”，古代人们种植的农产品有稻、黍、稷、麦、菽、麻等[②]，后来有所谓“五谷”、“六谷”和“百谷”之称[③]，现在我们通常将它们统称为“粮食”。中国农业文献自20世纪初开始用“作物”[④] 一词泛指人类栽培的植物，在收获之后，它便是初级农产品。当然，中国历史上的农产品并不仅限于粮食，当时的人

---

① 神农氏也称炎帝，是中国古代农耕技术的发明者，也是农耕文明的创始者。《礼纬含文嘉》记载，神农“始作耒耜，教民耕种”；《易经·系辞》也说，神农“斫木为耜，揉木为耒，耒耜之利，以教天下”。他尝遍百草，选择可供食用的谷物，发明耕播工具——耒耜，培植野生植物成作物，后来人们称之为“五谷”。“神农创五谷”的美好传说流传至今，应该说，那时开始了真正意义上的农业生产。

② 在中国古籍中有大量记载当时农作物的文字。譬如《诗经》中的《国风·豳风·七月》记载：“九月筑场圃，十月纳禾稼。黍稷重穋，禾麻菽麦。”《王风·黍离》：“彼黍离离，彼稷之苗。”这些都是描述当时种植作物的诗句。再譬如，《淮南子·地形训》：“汾水宜麻，济水宜麦，河水宜菽，洛水宜禾，江水宜稻。东方宜麦，南方宜稻，西方宜黍，北方宜菽，中央宜禾。”记载了当时这些农作物种植的地理区位要求。

③ 《论语·微子》中有“四体不勤，五谷不分”，古代对“五谷”主要有两种说法：一种指稻、黍、稷、麦、菽；另一种指麻、黍、稷、麦、菽。《三字经》云：“稻粱菽，麦黍稷。此六谷，人所食。”将稻、粱、菽、麦、黍、稷称为六谷。“百谷”是所有谷物和作物的总称，《诗经·豳风·七月》云：“亟其乘屋，其始播百谷。”

④ “作物”一词是20世纪初从日语转借而来的。

们还饲养“六畜”（马、牛、羊、猪、狗、鸡），种桑养蚕，种植蔬菜、油料，樵采捕捞，搞农副产品加工等，形成了中国延续几千年的传统小农经济。所以说，农业是中国古代最主要的生产部门，农产品也就成为最主要的生产产品，尤其是商业产生之后，进入流通的农产品数量不断增多，也就成为古代市场中的主要商品。[①]

农产品（英文译为 agricultural product，或 farm product，或 agricultural commodity）是一个看似简单的词汇，却是一个难以准确定义的概念，至今在国内外文献中的定义多种多样，说法不一。《中国农村工作大辞典》对农产品的释义为：“农业生产各部门生产的所有动植物产品，包括种植业部门的产品、畜产品、林产品、水产品等。”[②] 在《现代农村经济辞典》中，农产品指“农业各部门（农、林、牧、渔）的直接产品，也包括狩猎和采集的副业产品”。《中华人民共和国农产品质量安全法》第二条规定：“农产品为来源于农业的初级产品，即在农业活动中获得的植物、动物、微生物及其产品。”[③]徐亚非认为：“农产品是利用土地水面以及动植物的生命机能、通过人工培育而取得的劳动生产物，农产品的消费除一部分作为工业生产的原料而外，主要的部分还是为人类提供的食品。”[④] 金发忠认为：“农产品是指动物、植物、微生物产品及其直接加工品，包括食用和非食用两个方面。”[⑤] 农产品有广义与狭义之分。《中国大百科全书

---

① 以宋朝为例，宋朝是中国古代经济社会的繁盛时期，商品市场上有很大部分是农产品，如《宋史·食货志》记载的属于农（副）产品的商品有：茶、谷、麦、菽、糯米、青稞、糙米、刍粮、瓜、水果、蔬菜、木材、薪、炭、竹、牛、羊、鸡、鸭、鱼、橐驼等，其中粮食和茶叶的市场流通量很大，是这一时期市场上的大宗商品。

② 秦志华、李可心、陈先奎主编：《中国农村工作大辞典》，警官教育出版社 1993 年版，第 414 页。

③ 农产品的种类繁多，与农产品相关的概念非常多，这些概念为农产品赋予了更多的内涵和外延，比如有初级农产品、初级加工农产品、食用农产品、鲜活农产品、有机农产品、绿色农产品、无公害农产品、转基因农产品等。这里仅将本书所涉及的有关农产品概念进行简单介绍，其他农产品不在本书的研究范围之内，因此不再一一赘述。初级农产品是指种植业、畜牧业、渔业产品，不包括经过加工的这类产品，包括谷物、油脂、农业原料、畜禽及其产品、林产品、渔产品、海产品、蔬菜、瓜果和花卉等产品；初级加工农产品是指必须经过某些简单加工环节才能够食用、使用或者储存的农产品；食用农产品是指可供食用的各种植物、畜牧、渔业产品及其初级加工产品；鲜活农产品是指与居民生活息息相关的新鲜蔬菜、水果、水产品、禽畜及其肉类产品。上述这些农产品在中国相关的法律法规中都有明确的品种名录。

④ 徐亚非：《农产品的流通特性与政府对农产品流通的管理》，《经济问题探索》1992 年第 2 期。

⑤ 金发忠：《关于农产品质量安全几个热点问题的理性思考》，《农业质量标准》2005 年第 1 期。

(农业)》认为，广义的农产品包括农作物、畜产品、水产品和林产品，狭义的农产品则仅指农作物和畜产品；联合国粮农组织认为，广义的农产品包括农作物（粮食和经济作物）、水产品、畜产品、林产品，狭义的农产品则主要指粮食、水产品、畜产品，以及经济作物中的橡胶、纤维等。以上关于农产品的定义虽表述有所不同，但含义基本一致，农产品是来源于农业生产的初级产品，即在农业活动中获得的植物、动物、微生物及其产品。

因为农产品种类繁多，难以统一，所以在不同的研究领域和方向，农产品的定义都有所侧重，农产品有时侧重其广义的定义，而有时则仅仅指粮食。例如，在农产品质量安全的研究中，农产品主要指食用农产品；在农产品供应链或冷链物流研究中农产品主要指鲜活农产品及其直接加工品；在农业生产结构研究中的农产品则主要是指粮、棉、油等大宗农产品。所以本书所指的农产品也有侧重，需要对农产品的概念进行特殊界定。本书的研究背景是基于目前农产品在食品消费中的地位越来越重要，而农产品价格大起大落损害农民和消费者利益的现状，研究流通过程中的组织化问题。所以本书中所指的农产品是与人们日常生活消费息息相关的农产品，它有三个层面的界定：第一是指初级农产品或初级（粗）加工农产品，这些农产品在到达消费者手中时要保持其最初的物理特性，不改变其内在成分①；第二是指食用农产品，而不是工业用农产品，也不包括粮食和油料作物②；第三是指鲜活农产品，这些农产品的特征就是“鲜活”，是在生产出来后能在“保鲜”的前提下及时到达人们餐桌的新鲜农产品③。

综合以上三个层面的界定，本书研究的农产品主要指人们日常生活中食用的鲜活和初级农产品，特别偏重于一日三餐中的蔬菜、水果、水产品、肉类等。

---

① 这里所指的加工是指可以进行净化、分类、干燥、保鲜、冷却或包装等简单加工的。

② 在这里将食用农产品中可供人们食用的粮食和油料从研究范畴中剔除，主要有两点原因：一是粮油属于大宗农作物，它们的生产和流通由国家调控，已形成比较完善的流通体制，目前中国的粮食流通体制改革也卓有成效；二是粮食和油料在人们日常消费量中的占比比较稳定，需求弹性相对更小，价格也比较稳定。

③ 2009年12月22日，交通运输部、国家发改委联合下发的《关于进一步完善和落实鲜活农产品运输绿色通道政策的通知》中包含了《鲜活农产品品种名录》，鲜活农产品包括新鲜蔬菜，新鲜水果，鲜活水产品，活的畜禽、家畜和新鲜的肉、蛋、奶五大类农产品。

（二）农产品流通组织的界定

“组织”一词来源于古拉丁文 orga-nizo，原义是“我使之具有整齐的形态”①。英文的组织（organization）来源于器官的英文——organ，器官是生物体内具有特定功能的细胞结构单位。② 中国古代也有“组织”一词，最初是指将丝麻织作布帛，也指织成的织物，如《辽史·食货志上》有“饬国人树桑麻，习组织”的词句，再后来指造句构辞，作诗文，如孟郊《出东门》诗：“一生自组织，千首大雅言。”③ 刘勰《文心雕龙·原道》：“雕琢情性，组织辞令。”④ 另外，组织在古代也有罗织构陷的含义，如李白《叙旧赠江阳宰陆调》：“邀遮相组织，呵嚇来煎熬。”⑤ 在现代汉语中，“组织”一词有多种含义：可作动词，是指把分散的人或事物有目的、有系统、有秩序地结合起来的过程；可作名词，有四种解释：一是指为实现一定目标，由诸多要素按照一定方式相互联系起来的系统；二是指特制有机体中构成器官的单位；三是指纺织品经纬纱线的结构；四是指按照一定的宗旨和系统建立起来的集体。在不同的研究领域中，涉及“组织”的概念有不同的内涵和外延⑥，在本书的研究中我们侧重“组织”在管理学中的定义。在管理学中有静态和动态含义之分：静态方面是指为了达到既定目标，在分工合作的基础上构成的人的集合；动态方面是指已分工细化的组织成员相互协调以实现既定目标的组织过程。

在社会再生产过程的流通环节中，也有各种组织，称为流通组织（circulation organization）。一般认为，流通组织是从事商品流通活动的企业、团体或单位等群体，以实现商品的交换职能。流通组织是社会经济组织形式中的一种，作为静态实体是指为了满足市场和消费者的需求而按照

---

① 金炳华：《马克思主义哲学大辞典》，上海辞书出版社 2003 年版，第 179 页。

② 廖盖隆、孙连成、陈有进等：《马克思主义百科要览》下卷，人民日报出版社 1993 年版，第 1619—1620 页。

③ 徐复等：《古代汉语大词典》，上海辞书出版社 2007 年版，第 432 页。

④ 李国祥：《古汉语常用词词典》，崇文书局 2006 年版，第 648 页。

⑤ 王洪、田军：《唐诗百科大辞典》，光明日报出版社 1990 年版，第 362 页。

⑥ 关于组织在其他研究领域的含义在此列举一二。在社会学中一般从静态的实体单位的意义研究组织，是指按一定的规律和程序排列组合并开展活动的整体；在生物学和医学中组织是由大量细胞和细胞间质组成的细胞集团，是构成人体各器官的基本体系；在中国古代文物织绣的鉴赏中，组织特指由纺织品经纬纱线的结构，平纹、斜纹、缎纹组织是组织中最简单的三种组织，称为三原组织。

一定形式或规则组成的各种团体或群体，如市场中的各种批发零售公司、商店、物流中心等。动态含义的流通组织是指流通环节的组织过程，是各种流通组织之间的协调过程，以优化资源配置，实现利润最大化的。

农产品流通是连接农产品生产和消费的中间环节，具体包括农产品的收购、调运、储备、销售。农产品流通组织就是这个环节中的农产品所依托的各种类型的组织体。对于农产品流通组织的理解也有静态和动态两方面的含义。首先作为流通组织实体，农产品流通组织是指从农产品生产到消费的过程中，参与农产品流通的各类组织，不仅仅指专门从事农产品流通的专业流通组织，还包括在流通过程中从事农产品加工增值和提供服务的组织。具体来讲，农产品流通组织有农户、农产品经纪人、农产品运销户、农产品批发商和零售商、农业专业合作社、农业企业、农产品物流企业等众多形式。其次作为流通组织的动态过程，农产品流通组织是流通组织之间通过各种方式的合作与协调，把分散的人力、财力、物力、信息、技术等要素资源进行优化配置，使原来松散的农产品流通过程更加紧凑、富有效率。

本书在涉及农产品流通组织的概念时往往偏重于其静态含义，也就是组织的实体含义，而且由于篇幅和研究主题的限制，本书对此没有进行深入研究。农产品流通组织的动态含义，我们用“农产品流通组织化”来描述，这也是本书的研究主旨。我们仅研究日常消费中的蔬菜、水果、水产品、活的畜禽及其肉类等鲜活和初级农产品的流通组织化问题，不涉及流通过程中的农产品深加工增值，所以这里的农产品流通组织主要是指从事这些农产品流通的农民、合作社（农业协会）、农产品经纪人、农产品运销户、农产品物流企业、批发商和零售商等。

（三）流通组织化的内涵

“组织化”一词没有严格的定义，不过多数文献都认同“组织化”是一个动态的过程，是组织从无序向有序、从低级向高级的演化过程。所以可以将“组织化”一词理解成“组织”的动态含义，即组织化是组织成员在系统内部进行合作和协调，优化资源配置，实现有效竞争的发展过程。

结合前文对农产品流通组织的定义，农产品流通组织化可以定义为：农产品流通主体之间通过多种方式的合作与协调，将流通环节进行整合再造，不断优化农产品流通服务，提高农产品流通效率的动态过程。农产品流通组织化是一个动态的过程，其内涵主要体现在四个方面：

第一，农产品流通组织化是流通主体竞争和合作的博弈。农产品流通组织化不同于企业内部的组织化，在整个农产品流通领域中每个流通组织实际上是不同的市场主体，它们有各自不同的利益最大化目标，所以它们之间首先是竞争的关系，竞夺流通领域中的增值和利润。与此同时，它们共处于一个流通系统中，都不是孤立的个体，需要共同分担流通中的成本，因此降低流通中的交易费用是它们合作的内在动机。所以农产品流通组织化过程中的竞争和合作关系彼此包含，相互转化，竞争促进资源优化配置，合作发挥核心竞争力。

第二，农产品流通组织化是流通主体市场化与企业化的权衡。在农产品流通中，农产品的供给与需求共同作用决定着农产品的价格，各个流通主体一方面通过市场价格机制来协调关系，农产品批发市场是农产品价格发现和形成的主要载体；另一方面，由于流通过程中交易费用的存在，流通组织之间也有内部化的动机，它们之间通过契约关系进行合作，形成团队，也有可能会形成纵向一体化的企业组织联盟。

第三，农产品流通组织化具有阶段性，是组织化程度由低水平向高水平发展的过程。农产品流通组织化是为了提高流通效率，但是并不意味着组织化程度越高，农产品流通就越有效率。组织化程度过低，竞争是分散的，而组织化程度过高，则会产生垄断。所以组织化程度的提高要兼顾有效竞争与适度规模。农产品流通组织化程度应该适应农产品流通的发展阶段，应该是合理的组织化。在合理化的基础上，进一步优化资源配置，逐步提高组织化程度。

第四，农产品流通组织化是“自组织”与“他组织”共同作用的过程。“自组织”是农产品流通过程中，农产品流通主体为追求流通领域中的利润而主动参与竞争并协调合作，是农产品流通组织化过程中的决定性力量。而组织化过程也必然会受到外力的作用，比如来自政府的干预、指导、扶持，甚至强制，可能会使组织成员“他组织”。

二 马克思的流通理论与农产品流通组织化

马克思严格区分了交换和流通，他认为，交换是“根据个人需要把已经分配的东西再分配”[①]，认为这种“偶然”的“个人”的交换行为不是流通，当个人交换逐渐发展成商品交换，并且出现了所有商品的一般等价物——货币之后，便产生了真正的商品流通。马克思指出：“每个商品的形态变化系列所形成的循环，同其他商品的循环不可分割地交错在一起。这全部过程就表现为商品流通。”[②] 马克思认识到流通的重要性，他说：“商品流通是资本的起点。商品生产和发达的商品流通，即贸易，是资本产生的历史前提”[③]，“商品生产以商品流通为前提”[④]。由此可以看到，商品流通不但是资本主义生产方式的前提，而且商品生产也离不开商品流通。商品流通引导商品生产，商品只有在流通过程中才能实现它的价值。

（一）关于流通主体的地位

马克思对于流通的研究是从社会经济运行的大系统出发的，他指出：“资本主义生产过程，就整体来看，是生产过程和流通过程的统一。”[⑤] 因此生产过程和流通过程是一个有机的整体，不能将生产组织和流通组织割裂开来加以研究。马克思指出了流通主体的重要性，他说：“在商品生产中，流通和生产一样必要，从而流通当事人也和生产当事人一样必要，在资本主义社会化大生产中，流通当事人似乎显得比生产当事人更必要。”[⑥] 他说：“流通是商品所有者的全部相互关系的总和。在流通以外，商品所有者只同他自己的商品发生关系。”[⑦] 虽然马克思没有直接使用“流通主体”这个词语，但这里的“流通当事人”、“商品所有者”[⑧]，应该看作是流通组织所具有的最初含义，这些“流通当事人”或“商品所有者”涉及生产商、零售商、批发商，也涉及商品的运输、储存等物流服务机构，这些都是流通主体的范畴，马克思是从大流通的角度认识流通过程中流通主体的重要性的。他认为，对流通主体而言，在“W－G－W”的流通过

① 《马克思恩格斯选集》第 2 卷，人民出版社 1972 年版，第 91 页。
② 马克思：《资本论》第 1 卷，人民出版社 1975 年版，第 124 页。
③ 同上书，第 167 页。
④ 《马克思恩格斯全集》第 24 卷，人民出版社 1972 年版，第 393 页。
⑤ 马克思：《资本论》第 1 卷，人民出版社 1975 年版，第 29 页。
⑥ 马克思：《资本论》第 2 卷，人民出版社 1975 年版，第 144 页。
⑦ 《马克思恩格斯全集》第 23 卷，人民出版社 1972 年版，第 187—188 页。
⑧ 马克思：《资本论》第 1 卷，人民出版社 1975 年版，第 124 页。

程中，“W－G”这一商品的第一转化是“惊险的跳跃”，而且“这个跳跃如果不成功，摔坏的不是商品，但一定是商品所有者”。跳跃失败，即意味着商品卖不出去，流通主体在这个转化中就没有得到应有的剩余价值，社会再生产的链条也会因此断裂。

马克思认为，在社会总资本的转换中，“只要处在流通过程中的资本的这种职能独立出来，成为一种特殊资本的特殊职能，并且固定下来，成为一种由分工给予特殊种类资本家的职能，商品资本就成为商品经营资本或商业资本”①。进而，他说：“商品经营资本无非是生产者的商品资本，这种商品资本必须经历它转化为货币的过程，必须在市场上完成它作为商品资本的职能；不过这种职能已经不是生产者的附带活动，而是一类特殊资本家即商品经营者的专门活动，它已经作为一种特殊投资的业务而独立起来。”② 这样，实力强大的流通主体——商人作为“特殊种类资本家”就产生了，他们对商品资本在流通过程和再生产过程中的职能起中介作用，完成把生产者的商品资本转化为货币所必须完成的活动，他们是独立的组织，而不是生产者的代理人。马克思认为，流通商人的出现，缩短了流通时间，有助于生产效率的提高。马克思指出，商人资本“既然它有助于流通时间的缩短，它就能间接地有助于产业资本家所生产的剩余价值的增加。既然它有助于市场的扩大，并对资本之间的分工起中介作用，因而使资本能够按更大的规模来经营，它的职能就会提高产业资本的生产效率和促进产业资本的积累。既然它会缩短流通时间，它就会提高剩余价值和预付资本的比率，也就是提高利润率”③。当然，马克思也并不认为流通商人资本的规模越大越好，要受到生产条件和消费条件的限制，否则就会有出现危机的可能性。他指出：“如果再生产过程是缓慢的，商人资本的周转也是缓慢的”④，而且“商人资本的周转最终要受全部个人消费的速度和规模的限制”⑤。因此，马克思认为，流通商人的产生是不同组织之间分工并承担不同职能的结果，即生产组织专门生产产品，生产剩余价值，而流通组织专门经营商品，实现剩余价值，流通主体的发展应该与社

① 马克思：《资本论》第3卷，人民出版社1975年版，第298页。

② 同上书，第301页。

③ 同上书，第312页。

④ 同上书，第339页。

⑤ 同上书，第340页。

会经济发展水平相适应，应该是生产、流通和消费的协调发展。

农产品流通也是一个宏观的生产与流通相结合的有机体系。农产品流通组织化的关键是将农产品流通主体的职能独立出来，发挥农产品流通主体的组织与协调能力，进而由农产品流通主体组织流通过程和流通服务。因此，研究农产品流通组织化程度首要的就是农产品流通主体的组织化。马克思在研究商品流通的时候从来没有孤立流通，而是联系商品生产，把生产组织和流通组织有机联系起来。依据马克思的观点，在社会化大生产中，流通当事人比生产当事人更“必要”。那么，在农产品的流通中，农产品流通也应当联系农产品的生产，当然流通主体比生产主体更为重要。而且就中国的农产品生产和流通现状而言，农产品流通组织化要比生产组织化复杂得多。因为农产品生产组织比较单纯，无非是农户或农场主，因此生产环节的组织化就是成立合作社或农业协会；但是在农产品流通过程中，流通组织主体多种多样，除了有农户或农场主成立的各种流通专业合作社外，还有农产品批发商、零售商、代理商、经纪人、农产品生产或加工企业、物流企业等，它们的组织化问题是决定农产品“卖”这一“惊险的跳跃”成功与否的关键。而且不同规模的农产品流通主体所承担的农产品流通职能也有差异，在农产品流通组织与协调中要重视职能的分工与整合。然而，中国长期以来有“重生产，轻流通”的思想，这不仅导致了流通领域的问题难以得到重视，也造成了理论界中流通理论的贫困。目前，有关农产品生产方面的组织化问题有很多理论方面的研究，而且在实践中也取得了很好的效果。但是，农产品流通的组织化问题却没有得到理论界的足够重视，对农产品流通组织化的很多研究都浅尝辄止。

（二）关于流通时间与流通费用

马克思把资本完成全部循环的时间分为生产时间和流通时间，“资本在生产领域停留的时间是它的生产时间，资本在流通领域停留的时间是它的流通时间。”① 他认为：“流通时间和生产时间是互相排斥的。资本在流通时间内不是执行生产资本的职能，因此既不生产商品，也不生产剩余价值。”② 而且“资本的流通时间，一般说来，会限制资本的生产时间，从

① 马克思：《资本论》第2卷，人民出版社1975年版，第138页。

② 同上书，第141页。

而也会限制它的价值增殖过程”①。马克思把流通时间分成商品转化为货币所需要的时间和货币转化为商品所需要的时间两部分，即卖的时间和买的时间，他认为：“W－G即卖，是资本形态变化的最困难部分，因此，在通常的情况下，也占流通时间较大的部分。”② 同时马克思也意识到，在G－W即买的阶段里可能会出现生产资料供给的制约和价格变动等因素的影响，从而可能会使这一阶段耗费更多的流通时间。所以，资本的流通时间越长，便意味着生产时间越受到限制，生产资本的价值增殖也越受到限制，反过来也就是说，“流通时间越等于零或近于零，资本的职能就越大，资本的生产效率就越高，它的自行增殖就越大”③。马克思认为，商品是作为使用价值存在的，丧失使用价值的商品不但丧失了作为交换价值承担者的属性也丧失了资本价值和资本价值中增长的剩余价值。马克思说：“由商品体本身的易坏程度所决定的商品资本流通时间的界限，就是流通时间的这一部分或商品资本作为商品资本能够经过的流通时间的绝对界限。…… 一种商品越容易变坏，它的物理性能对于它作为商品的流通时间的绝对限制越大，它就越不适于成为资本主义生产的对象。”④ 马克思除了认识到流通时间对商品生产的限制外，还充分认识到流通主体对商品流通的作用。在这种情况下，只有发挥流通主体的作用，通过流通组织化缩短流通时间，才能提高流通效率。

马克思从资本循环的角度研究流通费用，将发生在资本流通过程中的费用称为流通费用，具体来讲，就是资本经过G－W（买）和W－G（卖）两个阶段，在市场上买到生产资料和劳动力，把新生产出来的商品卖出去，完成由货币资本转化为生产资本和由商品资本再转化为货币资本所消耗的费用。马克思将流通费用划分为纯粹流通费用和生产性流通费用两大类：纯粹流通费用是资本价值运动引起的价值形式转化而耗费的费用，包括买卖时间、簿记和货币所产生的费用；生产性流通费用是商品使用价值运动引起的，包括保管费用和运输费用。马克思认为，任何社会都有储备，只有这样，才能在一定时期内满足需求量，储备是社会财富存在的一种方式，其费用是社会财富的扣除。正常的储备是商品流通的条件，

① 马克思：《资本论》第2卷，人民出版社1975年版，第142页。

② 同上书，第144页。

③ 同上书，第142页。

④ 同上书，第145页。

甚至是商品流通中的必然形式，“这种表面上的停滞是流动本身的形式”，正常储备的费用会加入商品价值。非正常的储备超过了社会需求量的储备，这时，“如果商品储备因流通停滞而扩大”，“商品储备已经不是不断出售的条件，而是商品卖不出去的结果”①，虽然产生的费用可能一样，但是不会加入商品价值，即意味着价值损失。

在现代市场经济中，农产品的商品化程度越来越高，越来越成为社会生产中的主要对象。农产品尤其是鲜活初级农产品的显著特性就是易腐烂，使用价值变坏的速度快，这就决定了农产品必须在变坏之前进入消费，这个流通时间是绝对的界限。中国鲜活农产品的流通腐损率高达25%，而世界平均水平只有5%左右，损耗严重是流通成本过高的重要原因之一。所以农产品如果能在流通中减少损耗，也就意味着其使用价值的保值和资本价值的增值。农产品流通主体在农产品流通中合作关系的稳定，以及它们对流通过程的组织，必然能够缩短农产品流通时间，提高农产品生产者的剩余价值，从而流通组织分享的剩余价值才会更多。从流通费用与商品储备的观点来讲，农产品流通组织化程度的提高，既要努力降低流通费用，也要考虑农产品的合理储备，保障农产品供给的稳定。

三　西方经济理论与农产品流通组织化

（一）分工协作理论

古典经济学的鼻祖亚当·斯密在其1776年发表的《国民财富的性质和原因的研究》中深入分析了分工与交换的规律，指出社会分工可以提高劳动生产率，而生产分工的起因是人性中物品交换的倾向。之后斯密又分析了市场范围对分工的限制和货币的产生，这是流通理论的萌芽，这个思路和马克思流通理论的思路如出一辙，然而斯密在此之后却没有像马克思那样分析商品的流通过程，而是转向了商品价格和要素价格的分析。在斯密看来，交换是一项人性的原始倾向，是分工的起因，在分工确定之后每个人都靠交换来生活。他说：“分工一经完全确立，一个人自己劳动的生产物便只能满足自己欲望的极小部分。他的大部分欲望，须用自己消费

① 马克思：《资本论》第2卷，人民出版社1975年版，第164页。

不了的剩余劳动生产物，交换自己所需要的别人劳动生产物的剩余本分来满足。”[①] 斯密认为：“第一，劳动者的技巧因业专而日进；第二，由一种工作转到另一种工作，通常须损失不少时间，有了分工，就可以免除这种损失；第三，许多简化劳动和缩减劳动的机械的发明，使一个人能够做许多人的工作。”[②]

杨小凯等人在20世纪80年代开创的新兴古典经济学，用超边际分析的方法，重新回到古典经济学的“分工与市场”的研究视角，重拾被新古典经济学抽象掉的流通或交易的组织过程，将研究重点从资源配置转到了经济组织的研究上。杨小凯用“生产商品的专业化经济与交易成本的两难冲突”和“交易行为专业化经济和传递交易服务的交易成本的两难冲突”解释了交易分层结构的层数和生产与服务的分工水平。杨小凯认为，流通组织的出现与演进是社会分工深化的结果，社会专业化水平从低水平向高水平分工演进，当社会实现完全分工的时候，“完全专业化的中间商提供每种类型的交易服务”，“顶层由批发商组成；中间层次由零售商组成；底层由商品生产专家组成。在三层分权的分层组织里，商品生产者没有零售商重要，而零售商没有批发商重要”[③]。而且当交易效率不断改进时，组织分层会随着分工的进一步深化而增加，不仅不同行业间会出现分层，而且同一行业中也会出现分层：“当交易效率进一步改进时，交易行业中出现专门从事地区之间贸易的批发商和地方上直接与最终买者打交道的零售商，这使产品交易效率进一步上升，因而使生产中的分工上升。”[④]

农产品流通主体在分工的基础上进行协作，是农产品流通组织化的必然选择，也是农产品流通组织化提高的标志。农产品流通组织演进过程也是农产品流通主体分工深化的过程，而农产品流通组织化程度也会随着分工的深化而提高。实践表明，农产品生产的专业化、商品化水平以及消费者对农产品消费多样化需求越提高，就越需要流通领域中农产

① 亚当·斯密：《国民财富的性质与原因的研究》，商务印书馆2011年版，第20页。

② 同上书，第8页。

③ 杨小凯：《经济学：新兴古典与新古典框架》，社会科学文献出版社2003年版，第394—395页。

④ 杨小凯、张永生：《新兴古典经济学与超边际分析》，社会科学文献出版社2003年版，第142页。

品流通主体的专业化分工、合作或联合。只有这样的专业化分工、合作或联合，才能将不同环节中的流通职能交由不同的流通组织去完成。农产品流通的技术和方式创新，使专业化的分工深化成为可能。例如，农产品对物流技术和物流设施要求高，中国目前的农产品物流多是农产品运销户自发组织的常温物流，这种非专业的物流方式造成农产品流通中损耗巨大。而现代农产品物流技术的运用，可以使农产品物流与农产品商流分离，专业化的农产品物流主体为农产品流通提供了专业化的物流服务，由专业化的组织承担农产品物流服务是农产品流通主体分工深化的结果。

（二）规模经济理论

马歇尔在其名著《经济学原理》中最早提出了“规模经济”这个概念，用规模经济反映随着企业自身内部规模的扩大，企业成本减少，效率提高的情况。其后的经济学家也在马歇尔这一思想的基础上进一步对规模经济进行研究，斯蒂格利茨把规模经济定义为“产量增加的比例大于投入品增加的比例”[①]，萨缪尔森（Paul A. Samuelson，2008）将其界定为“规模报酬递增，也叫规模经济，发生在所有投入的增加导致产出水平以更大的比例增加的时候”[②]，曼昆将其界定为“长期平均总成本随产量增加而减少的特征”，而这些规模经济的界定前提是规模扩大，投入增加。曼昆在界定规模经济时，认为就是“长期平均总成本随产量增加而减少的特征”，这就是说，规模的扩大可以分摊一些固定投入的成本，从而使平均成本下降，增加利润，而能够分摊的成本既包括固定资产，也包括管理费用、广告费、财务费用等。增加销售收入则是由于横向整合过程中规模的扩大，市场占有率的提高，从而促使销售量增加，带来总收益增加。

在农产品流通组织的发展过程中也同样会经历规模经济，在规模经济的作用下，一些农产品流通组织的市场竞争力不断增强，企业规模不断扩大甚至出现垄断。在中国目前松散的农产品流通体系中，如果众多的农产

---

① 约瑟夫·斯蒂格利茨（Joseph E. Stiglitz）、卡尔·沃尔什（Carl E. Walsh）：《经济学》，中国人民大学出版社 2005 年版，第 147 页。

② 保罗·萨缪尔森（Paul A. Samuelson）、威廉·诺德豪斯（William D. Nordhaus）：《经济学》，人民邮电出版社 2008 年版，第 98 页。

品流通主体各自为战，则很难实现规模经济，但是流通主体之间通过合作与协调，就能实现规模经济。比如，农户之间联合形成的农产品流通专业合作组织，可以进行统一的农产品销售与管理，共同使用流通资源，包括物流运输方面的协调与统一，降低资产的专用性，降低农产品流通成本，实现内在经济。不同农产品流通主体之间的联合与合作，可以促进农产品流通基础设施更集中更充足的供给，专业的信息和流通人才更容易流通和获得，实现农产品流通行业的集聚和外在经济。目前，中国农产品流通主体呈多元化发展，有规模过小的农户、个体运销户，也有规模过度庞大的农产品流通企业。规模过小，则无法实现规模经济；规模过大，则会导致规模不经济，因此农产品流通组织化的程度不是越高越好，而应适度、合理。农产品流通企业的横向一体化，往往可以带来规模经济，企业通过横向合作或联合，促使规模扩大，至少可以带来两种好处：分摊成本和增加销售收入。

（三）交易费用理论

康芒斯（John R. Commons）是制度经济学最有代表性的人物，1934年发表经典著作《制度经济学》。他认为，“交易是经济分析的基本单位”，“交易”不仅仅是简单的商品或劳务的双边转移，而是人与人之间的关系，是两人之间对物质的所有权的转让与取得。康芒斯把“交易”分为“讨价还价的”、“管理的”和“限制的”三种类型，他把市场也看成是一种组织形式，和企业、政府联系在一起就构成了进行交易的三种组织，这三种交易组织被其统称为“运行中的机构”，实际上可以归结为不同的制度安排。康芒斯认为：“最好的运行的工厂，是它的技术上的各项因素由管理的交易适当的加以配合的工厂；最好的运行中的营业，是它的购买和销售由买卖的交易适当地加以配合的营业；最好的运行中的机构是它的技术和营业两部分适当地配合的机构。”①企业如果能成为一个“最好的运行中的机构”，既要有工厂也要有营业，工厂属于生产层面的管理交易，营业属于流通层面的买卖交易。由此可见，康芒斯的制度经济学虽然一度被遗忘，但在一定程度上弥补了新古典经济学组织理论的缺陷，开始研究被新古典经济学抽象掉的组织交易过程，虽然没有形成完善的理论体

① 康芒斯：《制度经济学》上册，商务印书馆2006年版，第291页。

系，但也隐含着流通组织理论的影子。

新制度经济学的代表罗纳德·科斯提出了交易费用思想，将企业和市场视为两种制度安排，交易费用是两者相互替代的原因。他提出“科斯定理”[①]，然而在他看来，“这是很不现实的假定”，交易不可能是在完全免费的市场机制下进行的，每一笔市场交易都会由于有限理性、机会主义、不确定性与小数目条件等外部性原因而产生高昂的交易费用，由此企业便应运而生了，替代市场来降低交易费用。科斯在《社会成本问题》中提到：“为了进行市场交易，有必要发现谁希望进行交易，有必要告诉人们交易的愿望和方式，以及通过讨价还价的谈判缔结契约，督促契约条款的严格履行，等等。这些操作的成本常常是极端的和充分的高昂，至少会使许多在无需成本的定价制度中可以进行的交易化为泡影。”[②] 科斯认为在市场上的交易成本过高，这正是替代性的经济组织形式——企业出现的原因，他认为，企业被组织的交易越多，其组织成本就越少，失误就越少，规模也就越大，而且最后的结果可能是企业间的“联合”和“一体化”。奥利弗·威廉姆森认为，资产的专用性、不确定性和交易的频率决定交易形式和交易成本，认为资产专用性、人的有限理性和机会主义会影响交易费用，是产生交易费用的原因。经济组织的运行效率是依具体的交易技术结构和组织形式的不同组合而不同的，从而交易费用也不同，而资产的专用性是决定交易类型和经济组织形式最优匹配的关键因素。张五常认为，交易成本是“包括一切不直接发生在物质生产过程中的成本”，而且他认为，“所有不是由市场看不见的手指导的生产和交换活动都是有组织的活动”，因此“所有的组织成本都是交易成本”。在张五常看来，交易成本是制度成本，“包括组织交易过程中的信息成本、谈判成本、拟订和实施契约的成本、界定和控制产权的成本、监督管理的成本和制度结构变化的成本”[③]。这些制

① “科斯定理”是科斯在1960年发表的《社会成本问题》中提出的观点，后人总结为：只要产权是明确的，并且交易成本为零或很小，那么财产权无论开始赋予谁，市场均衡的结果都是有效率的。实际上，科斯在这里用这种假设承认了主流经济学中市场效率的存在，使得他的理论不再像康芒斯的制度经济学那样完全排斥主流经济学，而是体现了对主流经济学的包容与肯定。

② 科斯：《社会成本问题》，盛洪：《现代制度经济学》，中国发展出版社2009年版，第14页。

③ 张五常：《经济组织与交易成本》，约翰·伊特韦尔等编：《新帕尔格雷夫经济学大辞典》，经济科学出版社1992年版。

度性交易成本的降低必须通过交易的组织化来实现，靠市场力量是难以实现的，而政府干预也难以在短期内奏效。

新兴古典经济学的代表杨小凯将交易费用划分为外生交易费用和内生交易费用。外生交易费用是交易过程中直接或间接产生的费用，如运输中的直接耗损、运输工具费用、通信和计算机等交易设施费用等；而内生交易费用是由于交易双方存在机会主义而导致市场均衡与帕累托最优间的偏差，这种费用的产生是由个体的决策以及他们所选择的制度和社会合约安排所决定的。

新制度经济学的交易费用理论是研究农产品流通过程中流通成本和流通效率的理论依据。农产品流通组织化演进是一种制度创新，是对农产品流通市场的替代。农产品流通中市场信息的搜集与传递、交易的组织和谈判、契约的缔结和履行，这些环节所产生的交易费用可以通过对农产品流通过程的组织而大大降低。在中国农产品的流通成本中，最高的是制度性成本。农产品流通基础设施建设落后、主要农产品流通仍然是国有垄断，行政管辖和市场割据、相关法律法规滞后，财政支持政策缺失等问题导致中国的农产品流通体制缺乏制度化保障和支撑，农产品流通的制度性成本难以降低。在这个“大流通”的格局中，分散的农产品合作社、批发商、零售商、代理商、经纪人等农产品流通主体难以形成利益集团，难以分享在现有制度安排下已被垄断的经济租金，却要共同承担高昂的制度成本。因此，在农产品流通的制度创新与变迁的缓慢过程中，可以将农产品流通中分散的流通主体组织起来，形成集体力量来争取更大的产权，以降低农产品流通的制度成本。

组织化程度的提高实质上就是农产品交易效率的提高，这种结果是个人决策参与之后的最优均衡。因为农产品流通组织化程度是一个“自组织”过程。本来农产品流通领域中的流通主体之间是一种市场交易关系，它们各自虽以自我利益为中心参与市场竞争，但在这种情形之下，市场是有效率的，每个流通主体都不可能存在机会主义行为和很高的垄断利润，处于一种“非策略行为”状态。这时候内生交易费用几乎不存在，但外生交易费用无疑是很大的（当然，一旦农产品流通领域中具有竞争力强的流通组织，比如合作社或农业流通企业，这时也存在内生交易费用），因为每个流通主体都会在农产品流通市场上寻找交易对象，进行谈判和履约，并会面临由流通时间和空间的限制而造成的巨大损耗等。外生交易费用如此之大，就会使流通组织之间产生组织起来应对市场的愿望，这样的“组织化”将一部分市场交易变成了组织内部的交易，从而大大节约了外生交易费用。但是与此同时，内生交易费用也随之上升。最开始的“自组织”动机是为了节省外生交易费用，然而，当外生交易费用达到某一最低点后，就不可能再降下去了。这时，流通过程中由于信息不对称而带来的逆向选择和道德风险使流通组织的机会主义行为盛行，这促使流通组织不断演进以降低内生交易成本。因为随着农产品流通组织的演进，原来的个人决策会逐渐服从集体决策，从而机会主义也会逐渐消失。因此，从新兴古典经济学的角度来讲，农产品流通组织化过程是一个分工深化和不断降低内生交易费用的过程。而且内生交易费用与外生交易费用的无法完全替代也说明了组织化程度并不是越高越好，关键是要适应分工深化的程度。

（四）产业组织理论

产业组织理论是 20 世纪 30 年代以来在西方国家产生和发展起来的，在罗宾逊夫妇、张伯伦等早期经济学家开创性的努力下，市场中竞争和垄断问题得到了深入的研究。后来，美国哈佛大学的梅森和贝恩构建了产业组织理论——完整的市场结构—市场行为—市场绩效（SCP）理论范式。产业组织理论的基本体系由市场结构、市场行为和市场绩效三个基本范畴构成。而且，三者之间存在着相互作用、相互影响的双向因果关系。一方面，从短期看，市场结构决定市场行为，市场行为决定市场绩效；另一方面，从长期看，市场绩效对市场行为、市场行为对市场结构也有一定的反作用。人们普遍认为，结构对行为、行为对绩效的影响是主要的；而绩效对行为、行为对结构的影响是相对次要的。市场结构—市场行为—市场绩效构成了产业组织理论的基本分析框架和分析范围，不同学派的各种产业组织理论观点均是围绕结构、行为和绩效这三大市场要素展开的。

产业组织理论侧重于研究生产企业的微观行为，但是产业组织理论的 SCP 范式可以应用到农产品流通领域当中。实际上，农产品的流通市场结构非常复杂，从农产品生产到农产品消费这个过程实际上是农产品市场从几近完全竞争的市场到几近完全垄断的市场。绝大部分的农产品是同质化的，而且农户在没有组织起来之前是分散的，所以他们面临的几乎是完全竞争的市场。[①] 然而农产品一旦进入流通领域，分散的农户就得面临农产品经纪人或收购商的买方垄断，进而是批发商、零售商的一层层垄断，而且终端的零售市场（如大型超市）的进入壁垒更高，对单个的消费者而言，农产品市场变成了一个卖方垄断的市场。市场结构决定市场行为，农产品市场结构的变换，使得各个流通主体的行为也不尽相同。一方面，分散的农户通过组织化形成农业专业合作社来提高谈判地位；另一方面，原来垄断利润不均的农产品经纪人、批发商和零售商等流通组织要提高自己的市场实力来获得更大的利润。在这两方面力量的博弈过程中，很可能的结果就是产业组织理论中的一体化组织的形成，也就是农产品流通组织的一体化，这实际上是农产品流通组织化内涵中的一个方面。

（五）演化博弈与自组织理论

演化经济学以动态的、系统的观点解释经济系统的演化过程，借用生物学基因遗传机制、变异（创新）机制、选择机制的运作，注重时间和历史在经济演化中的重要地位。演化经济学从历史的不可逆视角观察经济现象。它研究开放的系统，关注变革、学习、创造。竞争过程是非均衡的，具有路径依赖性，被视为一种甄别机制。库尔特·多普菲（Kurt Dopfer）提出演化变迁的因果关系具有两个维度：结构和过程。其中，结构因果关系是各部分如何协调以构成整体，这是组织的现象；过程因果关系是一种分析手段，是把握某种通类思想的历史变化的动力学。他分析认为，整个经济系统的演进由三个过程阶段的动力学构成，经济主体植根于企业，企业植根于市场，三个水平依次代表了嵌套层级的一体化水平由低到高与系统由简单到复杂。系统中的成员最初是个体，个体之间相互联系构成个体群，当个体群之间（如企业之间）相互关联时，就会导致系统的发生。当个体群成员的反应相互关联时，他们之间就会相互影响，即个体的某种行为就依赖于这种行为已经在系统中出现的频率。斯坦利·梅特卡夫（J. Stanley Metecalfe）指出："经济

① 当然，目前农产品也有了差异化生产，比如特色农产品、品牌农产品、有机农产品、无公害农产品等概念，实质上都是农产品差异化的表现，类似这种生产都会增加农户的市场实力。在这里，我们仅就本课题所界定的农产品生产而言，假设农产品是同质程度很高的产品。

是由大量的行为者通过许多种局部联系并在遭遇到大量噪声的状态中交互作用形成的，这是一个极其复杂的、散布着各种交互作用的自组织过程。”①

哈肯（H. Haken）首次提出了“自组织”的概念，自组织理论描述了系统在没有外力的作用下，系统内部的各成员协调动作，以系统内的子系统之间的竞争与协同为动力，产生协同效应，从而进一步支配系统内各子系统的协同与竞争，通过这种物质、能量和信息有效利用的循环过程，系统经历了突变、渐变，从无序走向有序的演化过程。演化博弈把传统博弈分析与动态演化分析结合起来，从有限理性与不完全信息出发，研究系统内个体间的竞争、协调与合作。

如果把农产品流通组织化过程看作一个演化博弈的过程，那么真正的组织化过程就是农产品流通系统内各个流通主体的竞争、协调和合作的动态博弈过程。在这个过程中，农产品流通主体模仿其他主体能够产生高支付行为，不断适应农产品流通体制的变化。农产品流通组织化程度的提高是一个试错的过程，某种程度上的农产品流通组织化均衡，除了农产品流通主体的“自组织”能力，包括他们的认识能力、学习能力和协调能力外，还会受到历史、政府的制度安排及均衡过程的某些细节的影响。

（六）竞合理论

“竞合”（Co-opetition）即竞争合作，在竞争中合作，在合作中竞争。竞合理论是20世纪90年代中期由哈佛商学院亚当·M. 布兰登勃格（Adam M. Brandenburger）和耶鲁管理学院拜瑞·J. 内勒巴夫（Barry J. Nalebuff）提出的。他们认为：“创造价值是一个合作过程，而攫取价值自然要通过竞争，这一过程不能孤军奋战，必须相互依靠。企业就是要与顾客、供应商、雇员及其他相关人员密切合作。”竞合理论是企业战略管理的一种全新理念，与传统企业战略过分强调竞争理念不同，它强调合作的重要性，主张利用博弈理论和方法来制定企业竞争合作战略，强调了战略制定的互动性和系统性。帕杜拉等认为，竞合观念来源于企业（或组织）之间的共识：企业（组织）之间存在相互依存的利益关系，价值创

---

①　约翰·福斯特、斯坦利·梅特卡夫：《演化经济学前沿：竞争自组织与创新政策》，高等教育出版社2005年版，第37页。

造及价值分享过程都会涉及一个部分利益一致的结构。在这个结构中，企业有共同的利益，于是竞争和合作问题同时存在，并且紧密联系在一起，这就是所谓的竞合。

农产品流通主体组织化过程实质上是各流通主体的竞争和合作过程，农产品流通主体组织化的结果就是农产品流通主体竞合关系的稳定与成功。农产品流通组织化不同于企业内部的组织化，每个农产品流通主体有各自不同的利益最大化目标，它们之间最初是“非合作”的竞争关系，竞夺流通领域中的增值和利润。与此同时，他们的行为又要受外部的影响，他们的行为选择还依赖于其他主体的选择。所以农产品流通组织化过程中的竞争和合作关系彼此包含，相互转化，研究农产品流通组织化就需要研究流通主体间的竞争与合作关系。

四 研究理论框架的初步设想

本书将农产品流通组织化的内涵理解为农产品流通主体之间通过多种方式的合作与协调，将流通环节进行整合再造，不断优化农产品流通服务，提高农产品流通效率的过程。这个过程从历史演进的角度理解就是农产品流通组织制度变迁进程的推进，如果从时点上理解就是农产品流通组织化程度的提高，本书侧重的是后者。我们希望将农产品流通组织化置于社会化大分工的市场经济条件下，从农产品流通主体、过程和服务三个方面的组织化角度研究如何提高中国农产品流通组织化程度，从而达到提高农产品流通效率、畅通农产品流通信息渠道、保障农产品有效供给和稳定农产品价格的目的。

在研究角度上，我们始终把“分工”与“合作”思想贯穿始终。分工与合作是农产品流通组织化程度提高的内在动力，同时考察合作的制度约束，即研究如何通过约束农产品流通主体的行为来减少由于分工的专业化和深化所产生的交易费用，实现流通效率的最大化。农产品流通主体的组织化决定着农产品流通过程和农产品流通服务的质量，所以研究的思路是先用博弈的方法研究影响农产品流通主体竞合行为的因素，进而讨论农产品流通的纵向与横向一体化组织途径，最后从农产品流通的商流、物流、信息流和资金流的角度探讨农产品流通服务的优化对提高农产品流通组织化程度的重要作用。

我们大胆地设想农产品流通组织化是在一个重复和演化稳定的博弈结构中进行的，农产品流通主体的认知能力、学习能力和互动能力会促进组织化程度的提高，当农产品流通组织主体在自身最大化目标和各种外部条件的约束下，达成某种一致，形成“合作解”，那么一种农产品流通组织创新机制也就随之形成了。而这一“合作解”就是流通主体间形成的各种契约关系或制度安排。竞争与合作的博弈结果为农产品流通主体带来了“双赢”，产生了规模经济，进而一些竞争实力强的流通主体就产生了农产品流通一体化的动机。这种组织的纵向一体化或横向一体化都会提高农产品流通产业集中度和农产品流通组织化程度，依据科斯的观点，组织一体化的过程是降低交易费用的选择。这样，理论依据又回到了产业组织理论与交易费用理论的框架之下。

另外，如果从农产品流通服务的角度看农产品流通主体的行为，那么主体行为的博弈过程也是农产品流通服务不断优化的过程。农产品流通主体的分工深化和协作可以提供更专业化的流通服务，流通服务的组织化可以保障农产品从生产到消费的顺畅、高效和安全。

五　本章结论

农产品的种类繁多，本课题所界定的农产品主要指人们日常生活中食用的鲜活和初级农产品，特别偏重于一日三餐中的蔬菜、水果、肉类等。农产品流通组织化是农产品流通组织之间通过多种方式的合作与协调，将流通环节进行整合再造，不断优化农产品流通渠道、提高农产品流通效率的动态过程。马克思的流通组织理论非常丰富，从流通组织的产生、职能、运作等方面进行了详尽、严谨的论证，为本书的研究提供了指导思想。另外，西方经济学中的分工协作理论、规模经济理论、交易费用理论、产业组织理论、演化博弈理论、竞合理论等都为本书的研究提供了丰富的理论借鉴。依据这些理论，笔者形成了自己的理论框架，即在马克思的“大流通”理论指导下，用重复和演化博弈的方法研究农产品流通主体的竞合过程，用产业组织理论和交易费用理论研究农产品流通过程的组织与协调，用流通理论和分工协作理论研究农产品流通服务的优化。

第三章

中国农产品流通组织化的现状分析

一 中国农产品流通主体组织化的现状

（一）农户进入流通市场的组织化程度低

农户是农产品的生产者和提供者，位于农产品流通的起点。自改革开放以来，家庭联产承包责任制极大地提高了农户生产的积极性，极大地促进了农村经济和农民收入水平的提高。然而，随着中国市场经济体制的建立和完善，家庭联产承包责任制之下的农户分散经营、粗放生产已经无法适应市场化下的大流通、大市场了，家庭经营难以抵御市场竞争下的风险。因此在中国农产品流通体系中，农户是竞争力最弱的流通主体，他们在市场中几乎完全处于被动地位。

1. 农户在农业生产上的比较收益降低

农户的农业生产收入主要来自农业、林业、渔业、牧业的生产收入，在生产收入中农户出售农产品所得的收入是主要构成。① 2010 年，中国农业生产中种植业、林业、牧业、渔业总收入为 47491.37 亿元，农户出售农业、林业、渔业、牧业产品的收入总和为 30624.11 亿元，从中可以得到农户出售农产品的收入比重为 64.48%。② 农户在农产品流通中的地位直接影响农户出售农产品所得收入，与此同时，随着农户组织化水平的提高，农户出售农产品的收入比重将随之提高。

---

① 农业生产收入是以《中国统计年鉴》中农村居民家庭人均纯收入项下家庭经营收入中的农业收入、林业收入、牧业收入和渔业收入四项之和计算所得；农户出售农产品收入是以《中国农业年鉴》中农村经济收益分配项下按行业划分的出售种植业、林业、渔业、牧业产品收入的四项之和计算所得。

② 根据《中国农业年鉴 2011》中的资料经过整理计算得出。

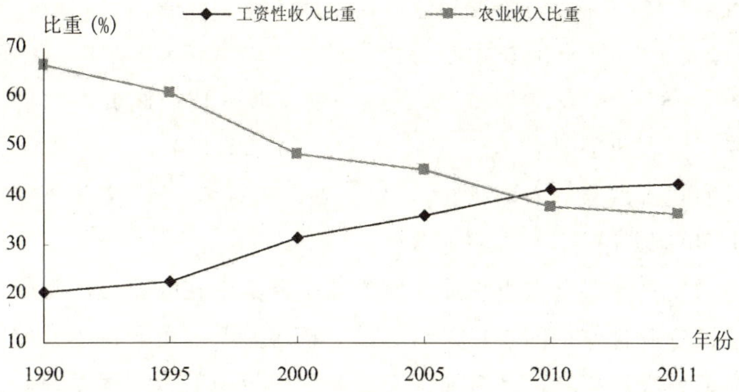

图 3.1　农户的工资性收入比重与农业收入比重变化趋势

资料来源：《中国统计年鉴　2012》，中国统计出版社 2012 年版。

从图 3.1 中可以对比看出，工资性收入比重越来越高，而农业收入比重越来越低，农户在农产品销售上的比较收益降低。其中，2011 年，农村居民家庭平均每人纯收入中工资性收入为 2963.43 元，占 42.47%，高于 2010 年 1.4 个百分点；而中国农民家庭来自农业、林业、渔业、牧业的人均总收入为 2519.91 元，占 36.12%，低于 2010 年 1.6 个百分点。在中国农村劳动力转移和城镇化进程加快的背景下，越来越多的农户从事兼业，农业收入增加较快，但是农业收入的比重降低。待到中国农村剩余劳动力完全转移和城镇化进程完成后，这两项的比重应该维持在一个相对稳定的水平。

2. 农户参加专业合作组织的比例不高

农民专业合作经济组织是农民在自愿的基础上，以农户经营为基础，以某一产业或产品为纽带，以增加组织成员收入为目的，在资金、技术、采购、生产、加工、销售等方面实行互助合作的经济组织。农民专业合作组织的发展，使农户组织化程度和市场竞争力得到明显提高，改变了单个农户闯市场的弱势地位，在一定程度上解决了“买难、卖难”问题，保护了农民的利益。发达国家的农户参加农民合作组织的比重很高，如日本 97% 的农民都加入了“农协”，法国为 90%。[①] 而中国的农民专业合作组

① 王晓严：《对法国合作社经营模式的思考》，《新疆农垦科技》2011 年第 3 期。

织发展较晚，是在20世纪80年代初发展起来的，目前在中国以农民专业合作社为主，还有专业协会等其他形式。据农业部经管司、经管总站统计数据，“十一五”末全国农民专业合作社实有成员3570万户，占全国农户总数的14.3%。[①] 农民专业合作社成员农户收入比非成员农户收入有明显的提高。据农业部对各地上报数据的统计，2011年，合作社社员从合作社获得的收入占家庭总收入的50%以上，入社农户的收入普遍比其他农户高出30%以上。[②]

中国的农民专业合作组织的业务范围主要集中在农业生产领域，流通领域的农民专业合作社的农户参与比重应该还要低。由于传统分散经营的影响，大部分农户在农产品流通中对专业合作组织的依赖程度较低，他们在出现农产品“卖难”问题的时候，往往更多地寄希望于政府。因此政府在发展流通领域对农民专业合作组织的扶持和引导对农户参与组织的积极性及农户组织化程度的提高都起着非常大的作用。

3. 农户在农产品流通中的主动性不高

受农村传统的自然经济和自给自足的小农经济思想的影响，中国多数农户在农产品流通中缺乏市场意识，包括参与意识、竞争与合作意识、诚信意识、市场经济法律意识、市场风险意识、信息意识等方面都比较薄弱。农户参与流通的主动性不高，农产品的销售主要是靠自己寻找销路，而且对市场供求信息也不关心、不了解，完全处于被动地位。参加“公司+农户”的农户比重也很低，根据中国第二次全国农业普查数据，截至2006年底，中国通过“公司+农户”的方式生产、销售农产品的村的比重为10.6%，参加“公司+农户”的农户户数为779.61万户，按照当年农户22223.67万户计算，占全国农户总数的3.5%。[③]

（二）农民专业合作社组织规模小，经营不规范

农民专业合作社是农户组织化的主要形式，中国农民专业合作社的发展非常迅速，合作社经营收入比重提高，在农业生产中的地位凸显。2010年，农民专业合作社经营收入为65777.46亿元，占农村经济总收

---

① 在《2011中国合作经济发展年度报告》中的数据是截至2011年底，全国经工商注册登记的农民专业合作社有52.17万家，实有入社农户4100万户，占全国农户总数的16.4%。

② 《2011中国合作经济发展研究报告》，《中国合作经济》2012年第6期。

③ 《第二次全国农业普查统计公报》。

入的 20.89%，比 2009 年提高了 31.67%。[①] 但是中国农民专业合作社主要在生产领域居多，还有一些是由生产领域逐渐扩展到流通领域的合作社，真正在农产品流通领域发挥作用的农民专业合作社比例依然很低。而且，就农民专业合作社整体的发展情况而言，合作社在农产品生产与流通方面的组织能力有待增强，自身也存在着组织规模小、经营不规范等问题。

1. 农民专业合作社在农产品流通上的组织能力有待增强

合作社统一销售成员农产品的比重较低。2011 年，中国农民专业合作社统一销售成员农产品总值 9520 亿元，比 2010 年增长 66.7%。[②] 以 2011 年中国农业总产值 81303.9 亿元计算，中国农民合作社统一销售成员农产品的比重是 11.7%。农业部新闻发言人赵铁桥 2011 年 10 月 27 日在新闻发布会上表示，到“十二五”末，合作社统一销售农户成员农产品产值将占到农业生产总产值的 30% 以上。

合作社农业订单比重较低。据美国农业部网站数据，2008 年，美国订单农业产值占农业总产值的 38.5%[③]，在美国的果蔬流通中，农场主与生产合作社、产地中间商和大型超市或批发企业签约进行销售的果蔬占销售量的 98%，平均订单率为 80%。[④] 目前，亚太地区农产品经超市销售的比重达 70% 以上，而中国只有 15% 左右。据农业部统计，2010 年和 2011 年，全国分别有 1.4 万和 1.56 万家合作社与超市企业建立了稳定的产销对接关系，约占全国农业合作社总数的 3.7% 和 3.4%，[⑤] 提供产加销一体化服务的专业合作社达到 48.9%。

2. 农民专业合作社的组织规模小

目前，中国的农民专业合作社数量众多，但合作社整体规模参差不齐，大的有成员几千甚至上万人，小的只有成员几十人，总体规模偏小，按照农业部统计数据，2010 年底，全国依法在工商行政管理部门

① 《中国农业年鉴 2011》，中国统计出版社 2011 年版，第 447 页。

② 李亚新：《农业十年成就巡礼：60 万家合作社引领 4600 万农户闯市场》，《农民日报》2012 年 9 月 24 日。

③ 郭新明、王倩、付俊文等：《美国订单农业发展现状与启示》，《金融时报》2012 年 7 月 23 日。

④ 张京卫：《借鉴发达国家农产品的物流发展经验》，《对外经贸实务》2007 年第 4 期。

⑤ 《中国农业年鉴 2010，2011》，中国统计出版社 2010—2011 年版。

登记的农民专业合作社达 37.91 万家，入社农户达到 2900 万户。[①]。2011 年，全国在工商行政管理部门登记的农民专业合作社有 44.6 万户，合作社实有成员 3570 万户，这样，中国合作社成员规模 2010 年为 77 人，2011 年为 80 人，可以看出，中国的农业专业合作社的组织规模变化不大。

近年来，中国农业专业合作联合社发展较快，但仍处于起步阶段。据农业部统计数据，2011 年，全国各类联合社已达 2140 个，但相对于庞大的农民专业合作社基数来说，农民专业合作社入社（会）率却比较低，在浙江、山东、江苏等农民专业合作组织发展较快的地区，入社（会）率也只在 5% 左右。

3. 农民专业合作社的建立与经营不规范

中国关于农民专业合作社的立法较晚，2007 年 7 月 1 日才开始施行《中华人民共和国农民专业合作社法》。虽然农民专业合作社的运作有法可依，但实际上很多合作社从建立到经营极不规范，成员的权益难以得到保障。中国运作规范的合作社示范社比重较低。根据农业部的统计数据，2011 年，全国各级专业合作社示范社累计达 6.3 万家，农业部还会同有关部门联合发布了 6663 家首批示范社名录，其中东部、中部、西部地区示范社分别占 50.5%、31.1% 和 18.5%。[②] 2010 年，这些示范社的标准化生产率达到 100%，普遍参与产销对接。以 44.6 万户合作社总数来计算，2011 年，中国合作社示范社比重较小，为 1.5%。农业部副部长陈晓华 2012 年 7 月在全国农民专业合作社经验交流会议上提出，到“十二五”末，各级示范社数量达到 10 万家以上，60% 以上的专业合作社实现了规范化管理。

（三）农产品经纪人组织化程度不高

农产品经纪人是指从事农产品收购、储运、销售以及销售代理、信息传递、服务等中介活动而获取佣金或利润的经纪组织和个人。中国农产品经纪人从业规模不断增加。根据中国农产品流通经纪人协会调查统计，目

---

① 《中国农业年鉴 2011》，中国统计出版社 2011 年版，第 196 页。

② 贾敬敦等主编：《农产品流通蓝皮书：中国农产品流通产业发展报告（2012）》，社会科学文献出版社 2012 年版，第 198 页。

前全国农产品经纪人总量有600多万人，以中国2011年乡村从业人员的年末数40506万人计算，农产品经纪人总数占乡村从业人员总数的比重为1.48%。农产品经纪人在畅通农产品流通上发挥着重要作用。根据中国农产品流通经纪人协会的调查估计，2010年，经由农产品经纪人完成的农产品在2万多亿元以上（不含加工品）。按照2.24亿元的农产品物流总量计算，农产品经纪人完成的农产品流通量比重在89%以上。实际上鲜活初级农产品的流通量经由经纪人流通的比重还要高，如浙江省的蔬菜、水果、花卉、生猪等主要农产品流通量的80%以上由农产品经纪人完成。各类农贸市场、农产品批发市场90%的货源来自于农产品经纪人。① 但是从总体来看，中国农产品经纪人组织化程度依然不高。

农产品经纪人入会率低。农产品经纪人协会是加强农产品经纪人队伍建设和提高组织化程度的主要形式。中国农产品流通经纪人协会于2007年12月成立，会员主要由国内从事农产品流通的个人、企业、专业合作社、社团组织、科研院所、教育培训单位、供销合作社以及有关的专家、学者等联合组成。第一家省级农民经纪人协会于2000年在宁夏回族自治区成立，到2010年，全国约有22家省级经纪人协会，省级以下的农产品经纪人协会达3000多家，但是入会的经纪人数量不多，最高不超过25%。②

（四）　农产品经纪人公司化比重不高

以前中国的农产品经纪人在农产品流通中“各自为战”的比例很大，目前虽已有农产品经纪人开始组织起来，成立农产品经纪公司，其经济实力和竞争能力大大增强，但公司化比重很低。据绍兴市农产品经纪人协会组织的农产品经纪人经营状况问卷调查分析报告显示，农产品经纪人公司化比重只有不到13%。③ 据《中国农产品流通产业发展报告（2012）》数据推测，该比重在10%以下。

---

① 贾敬敦等主编：《农产品流通蓝皮书：中国农产品流通产业发展报告（2012）》，社会科学文献出版社2012年版，第198页。

② 同上书，第199页。

③ 《绍兴市农产品经纪人协会农产品经纪人经营状况问卷调查分析报告》，2012年9月7日，http：//sxepb. gov. cn/art/2012/9/7/art_ 3245_ 321426. html。

（五）农产品流通企业逐步向规模化、组织化发展

目前，中国农产品流通企业中中小企业占主流，而且大部分农产品流通企业以简单的产品加工、大量的原料类产品生产为主，农产品品牌较少，行业内的竞争手段主要是价格竞争，即使国家级的“农业产业化龙头企业”也远未在农产品流通中发挥主导作用。中国农产品流通业集中度依然不高，产业分散。但中国农产品通过流通企业的销售比重逐步增大，农产品第三方物流、连锁经营、电子商务等现代经营方式有所发展，农产品流通企业向组织化、规模化发展。

1. 农产品流通业集中度较低，而平均规模较高

农产品流通业集中度较低。以农产品批发业为例，2010 年，全国亿元以上农产品批发市场的批发交易额为 16697 亿元，其中有 17 家 150 亿元以上的农产品批发市场交易额约为 2550 亿元以上，有 1 家 200 亿元以上的农产品批发市场，以此计算，前 18 家农产品批发市场的交易额总和为 2750 亿元以上，占全国亿元以上农产品批发市场交易额的 16.5%，即市场集中度为 16.5%。[①] 由此可以看出，中国农产品批发行业集中度很低，属于分散竞争型行业。

农产品流通企业平均规模较高。以肉、禽、蛋及水产品流通业为例，2010 年限额以上肉、禽、蛋及水产品批发企业的个数为 540 个，年末从业人数为 57130 人，平均规模为 105.8 人，而零售企业个数为 387 个，年末从业人数为 29441 人，平均规模为 76.1 人，以此可以计算出限额以上肉、禽、蛋及水产品流通企业平均规模为 91 人。[②]

2. 农产品现代流通方式发展水平有待进一步提高

农产品第三方物流比重低。目前，中国农产品物流中自营物流仍占主导地位，农产品物流损耗严重，而第三方物流比重发展仍处于起始阶段，专门从事农产品第三方物流的企业，特别是从事冷链物流配送的第三方物流企业数量少，规模小，管理水平滞后，经营成本高，利润低。生鲜农产品物流的主要组织者是农户、经纪人，蔬菜的冷链物流率不足 5%，第三

① 贾敬敦等主编：《农产品流通蓝皮书：中国农产品流通产业发展报告（2012）》，社会科学文献出版社 2012 年版，第 281 页；并依据书中数据作了进一步计算。

② 《中国贸易外经统计年鉴 2011》，中国统计出版社 2011 年版，第 25—28 页。

方物流比重应该更低。

农产品连锁经营发展较好。据商务部的有关统计，在“农超对接”的推动下，实行“农超对接”的超市连锁企业已达800多家，限额以上的超市连锁零售企业基本上实现全覆盖，目前，中国农产品经超市销售的比重达到20%以上。2010年，食品、饮料及烟草制品专门的连锁零售企业门店总数达8553个，从业人数4.5万人，统一配送商品购进额达156.7亿元，商品销售额为214.4亿元，占各行业连锁零售销售总额的1.3%。[①]

表3.1　**食品、饮料及烟草制品专门连锁零售企业基本情况**

年份	总店数（个）	门店总数（个）	年末从业人数（万人）	商品销售额（亿元）	商品购进总额（亿元）	统一配送商品购进额（亿元）
2009	179	9105	5.3	253.5	209.2	196.5
2010	137	8553	4.5	214.4	178.8	156.7

资料来源：《中国商业年鉴2010，2011》，中国统计出版社2010—2011年版。

农产品电子商务有待发展。目前农产品物流技术相对落后，而且由于农产品自身的产品易腐烂、标准化程度低等特性决定了其电子商务交易的比重很低。但是，近年来农产品电子商务也有所发展。从表3.2中可以看出农产品电子商务的发展速度很快，有巨大的发展前景。

表3.2　**历年“全国农业网站百强评选”参评农业网站数量及电子商务服务比重**

年份	参评农业网站数目（家）	提供电子商务的网站比重（%）
2004	443	11.4
2005	482	23.7
2006	578	38.9
2007	937	52.2
2008	1458	67.5

资料来源：《中国电子商务年鉴2009》。“全国农业网站百强评选”由中国电子商务协会、中国互联网协会、农业部信息中心联合主办以来，自2004年开始举办，每年一届，见证了农业电子商务逐步发展情况。

① 《中国商业年鉴2011》，中国统计出版社2011年版，第677页。以食品、饮料及烟草制品专门零售的数据代替。

二 中国农产品流通过程组织化现状

（一）农产品流通环节多而松散，缺乏组织与协调

中国农产品流通过程一般主要经过产地收购、产地批发、销地批发、零售四个基本环节，有的农产品可能经过的环节还要多，其中农产品的加工处理、储存、运输、配送、销售等具体程序在不同的农产品流通主体之间会重复发生。从整个农产品流通过程来看，各环节之间联系松散，缺乏大型流通主体对农产品流通的组织与协调。

农产品产地采购环节是农产品流通的开端。目前，中国的农产品采购环节以农户自销为主，多数农户在农产品的产地收购环节中既扮演着农产品生产者和出售者角色，又担任着农产品的运输职责，还可能要对农产品进行清洗、分拣、包装等初级加工；而且在农产品出现滞销的时候，还得做好农产品的储藏工作。这些工作都交给农户来做，农产品的流通速度和质量自然会大大降低。农户在流通市场上往往处于被动与弱势地位，当农产品出现滞销的时候，往往会束手无策。中国农、林、牧、渔业商品率平均在80%以上，但地区间水平差异较大，如2011年上海市的商品率达84%，河北为81%，江西为72%，重庆为62.4%，而贵州省只有54.3%。[①] 以农产品商品率来衡量中国农产品这一环节的组织化水平的话，与农业现代化较高的国家农产品商品率90%以上的水平相比较，中国还有一些差距。

在农产品物流运销环节，专业化的农产品物流很少，农产品的分级包装没有标准，在运输中往往以散装、混装的常温物流为主。农产品运销主体多元化，农户、个体运输户、个体摊贩、农产品贩销大户、农产品经纪人、农民专业合作社、农产品加工企业、批发商、第三方物流企业以及终端大型零售商等都充当着农产品的物流主体，其中以个体运输户、农产品经纪人和贩销大户的自营物流为主，他们规模小、组织化程度低、专业化水平低，难以与销地市场建立稳固的销售渠道，从而很难获得相对稳定的市场销售份额。而在国外，资金雄厚、规模庞大的物流公司是农产品运销

① 数据来源于相应省份的年鉴，笔者只找到这五省的数据。

的主体。

在农产品批发环节，批发市场是农产品流通的主要载体，目前，中国的大型农产品批发市场基本上与国际潮流同步，已覆盖所有大、中、小城市，形成了遍布全国的农产品批发市场网络，基本上构建形成了贯通全国城乡的农产品流通大动脉，保障了城镇居民70%以上的农产品供应。据农业部统计，全国占地30亩以上的农产品批发市场数量已近3000家。但也有一些批发市场存在缺乏统一规划、多头管理、恶性竞争、有场无市、交易设施简陋、交易手段落后、管理水平低下等问题，很难充分发挥商品集散、形成价格、传递信息、保障安全等的市场基本功能，只是承担着交易场所的功能。

在农产品零售环节，零售终端众多，有农贸市场、超市、社区菜市场、集市、网络销售等。农贸市场是农产品零售的主体，是消费者购买农产品的主要渠道，中国60%以上的居民从农贸市场购买水果、蔬菜与水产品等农产品，据农业部统计，截至2010年底，中国农贸市场数量稳定在2.5万家左右。农产品在超市销售的份额也逐年增加，随着“农超对接”的发展，农产品超市销售将对传统的农贸市场带来一定的冲击。另外，农产品零售市场的基础建设有待改善，大部分农贸市场的硬件建设，如水电系统、排污系统、场地硬化等，都比较落后。在农村的农产品零售市场中，多数是“以街为市，以路为集”，市场基础建设远远不够完善。

（二）农产品物流成本高，损耗严重

农产品物流发展较为缓慢，占社会物流总额的比重偏低。从表3.3和图3.2中可以看出，从2005年开始，中国农产品物流总额连续8年保持增长，到2011年，中国农产品物流总额达到23361亿元，同比增长4.5%，但是农产品物流占社会物流总额的比重却有下降的趋势。2010年，中国农产品物流总额为22355万亿元，占社会物流总值的比重仅为1.78%，这与当年中国农业总产值占GDP 10.1%的比重不相匹配，农产品物流发展缓慢。

农产品物流成本比重偏高。根据中国物流与采购联合会调查数据，中国农产品物流成本占总成本的30%—40%，其中粮食物流成本的比重在40%以上，鲜活产品则占60%左右，而欧美等发达国家不到10%。

表 3.3　　2006—2011 年中国农产品物流情况

年份	2005	2006	2007	2008	2009	2010	2011
农产品物流额（亿元）	12478	13546	15849	18638	19439	22355	23361
社会物流（亿元）	481983	595976	752283	898978	966500	1254130	1584000
农产品物流比例（%）	2.64	2.27	2.11	2.07	2.01	1.78	1.47

资料来源：《中国物流年鉴 2012》，中国统计出版社 2012 年版，第 247 页。

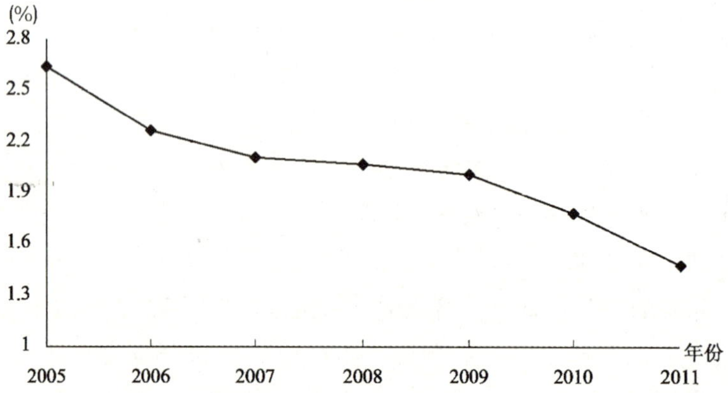

图 3.2　农产品物流占社会总物流的比例变化

资料来源：《中国物流年鉴 2012》，中国统计出版社 2012 年版。

农产品损耗严重。鲜活的初级农产品在流通过程中容易腐烂变质，而中国的农产品物流以常温物流为主。国家发展与改革委员会 2010 年发布的《农产品冷链物流发展规划》中的数据显示，果蔬、肉类、水产品流通损耗率分别达到 20%—30%、12% 和 15%，平均损耗率高达 27% 以上，每年中国果蔬类流通的腐烂损失超过 1000 亿元，而发达国家只有 5% 左右。

（三）农产品流通各环节利润分配不均，价差大

农产品生产环节的利润率较高，但生产成本的增加抵消了部分农户的利益。根据《中国农村统计年鉴》相关数据计算，2010 年，中国种植业和养殖业的成本利润率平均为 39.98%，高于其他行业的平均水平，这说明在农产品生产环节中农户还是有利可图的。但是从整个农产品流通环节来看，农户是获利最少的流通主体。农产品生产价格的波动削弱了农产品

生产者的收益。从图 3.3 中可以看出，中国农产品生产价格波动较为频繁，只有 2009 年农产品生产价格有所下降，下降 2.4 个百分点，其余年份都有所上升，长期来看呈现上涨趋势。由表 3.4 也可以看出，2010 年，中国农产品生产价格上涨 10.94%，2011 年上涨高达 16.45%，其中肉类、家禽、蛋和水产的生产价格涨幅都超过 10%，肉类生产价格上涨接近 40%。蔬菜、水果的生产价格也有所上升。从价格变化趋势来看，农产品生产价格总体呈上升趋势。

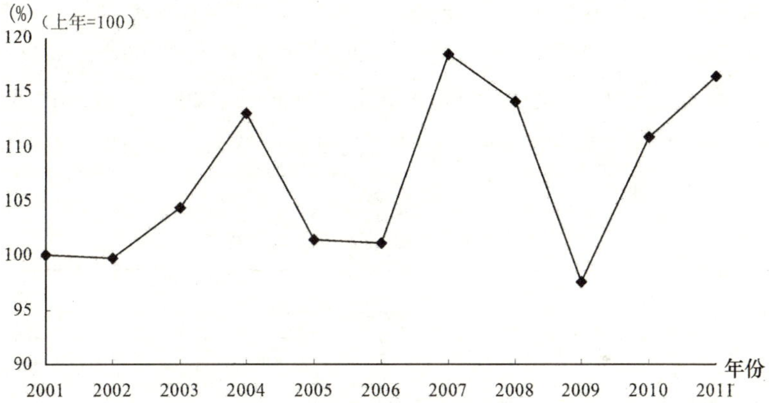

图 3.3　2001—2011 年中国农产品生产价格指数

资料来源：《中国统计年鉴 2012》，中国统计出版社 2012 年版。

表 3.4　**主要农产品生产价格指数（上年 =100）**

年　份	2008	2009	2010	2011
农产品生产价格总指数	114.06	97.60	110.94	116.45
其中：谷物	107.07	104.92	112.79	109.68
蔬菜	104.73	111.81	116.80	103.36
水果	101.35	106.96	118.85	106.17
猪	130.84	81.62	98.33	136.98
家禽	111.94	102.21	106.99	111.99
蛋类	112.23	102.78	107.51	112.63
水产	111.24	99.01	107.56	110.04

资料来源：《中国农村统计年鉴 2012》，中国统计出版社 2012 年版。

农产品批零环节利润率不高，而且利益分配不均。实际上，农产品批零环节的利润并不像人们想象的那样暴利，2010 年，限额以上肉、禽、蛋及水产品批发业的销售额为 9318040 万元，业务利润总额为 899304 万元，销售利润率为 9.65%；限额以上肉、禽、蛋及水产品零售业的销售额为 1956679 万元，业务利润总额为 175137 万元，销售利润率为 8.95%，平均销售利润率为 9.3%。由此可以看出，农产品批零业的利润率不到 10%，并非属于暴利行业。同时也可以看出，农产品批发环节的收益略高于零售环节的收益。目前，中国农产品库存率低。2010 年，限额以上肉、禽、蛋及水产品批发企业的库存率为 3.24%，2011 年为 4.14%；2010 年限额以上肉、禽、蛋及水产品零售企业的库存率为 4.78%，2011 年为 5.49%。[①] 可以看出，农产品的库存率相对比较低。2010 年，农产品批发与零售业的平均库存率在 4% 的水平，低于其他流通企业的库存率。

表 3.5 **农产品流通中的成本与利润分配** （%）

品种	成本			利润		
	生产商	加工与营销商	零售商	生产商	加工与营销商	零售商
粮食	74	13	13	12	70	18
肉类	82	13	5	43	22	35
牛奶	53.5	46	0.5	34	13	53
蔬菜	43	19	38	8	13	79

资料来源：农业部：《农产品价格形成及利润分配调查报告 2008》，http：//info. yidaba. com/201012/031510021002100100021208404. shtml。

另据农业部 2008 年对粮、畜、菜三大类 9 个品种进行的专题调研，农产品价格形成过程包括生产、加工经销、零售三个环节，虽然不同的农产品品种的流通过程有所差异，但是不同环节上的利益分配不均，农户获利最少，产后各环节加价明显，导致了批零差价过大。从表 3.5 中可以看出，蔬菜生产环节投入最多，成本占 43%，但利润却只有 8%，而且零售商的利润是批发商的 6 倍之多；农产品每经过一个环节，价格就增加一层，从生产到最终超市销售，猪肉的价格增加了 38.2%，鸡肉增加了

① 《中国贸易外经统计年鉴 2011》，中国统计出版社 2011 年版，第 25—28 页；《中国贸易外经统计年鉴 2012》，中国统计出版社 2012 年版，第 48—55 页。

51.5%，牛奶增加了105%，蔬菜增加了308.9%，蔬菜的价格竟然增加了三倍之多!

表3.6　　2008年2—3月部分农产品在各流通环节的价格　　(元/斤)

品种	生产环节	加工经销环节	超市零售环节
猪肉	8.5	11	11.75
鸡肉	5.15	6.79	7.8
牛奶	1.4	2.87	2.87
蔬菜	1.02	1.70	4.17

资料来源：农业部：《农产品价格形成及利润分配调查报告2008》，http：//info.yidaba.com/201012/031510021002100100021208404.shtml。

农产品零售价格波动较大，且呈上升趋势。农产品零售价格波动比较大从另一个侧面反映出中国农产品流通组织化程度低的现状。从图3.4中可以看出，中国食品类零售价格波动较大，而且农产品零售价格近几年来一直处于上涨趋势。食品类消费价格上涨是CPI指数上涨的主要因素，贡献率达到70%。从表3.7中可以看出，2011年，食品类零售价格指数上涨11.9%，其中以肉禽及其制品价格涨幅最大，同比上涨22.4%，比2010年上涨19.4个百分点。干鲜果类、蛋、粮食、水产品的价格上涨幅度也较大，分别达到15.9%、14.3%、12.3%和12.1%。只有蔬菜价格涨幅有所回落，同比上涨1%，比2010年同期下降18个百分点。

表3.7　　2010—2011年主要农产品零售价格指数

零售价格指数	全国		城市		农村	
	2010年	2011年	2010年	2011年	2010年	2011年
食品类零售价格指数	107.6	111.9	107.5	111.8	107.9	112.2
其中，肉禽及其制品	103.0	122.4	102.7	122.4	103.5	122.6
干鲜果类	114.3	115.9	113.8	116.0	115.6	115.3
蛋	108.3	114.3	108.4	114.9	108.1	113.0
粮食	111.7	112.3	111.7	112.2	111.7	112.4
水产品	108.3	112.1	108.9	112.4	106.7	110.9
蔬菜	119.0	101.0	118.4	100.5	120.4	102.4

资料来源：《中国统计年鉴2011，2012》，中国统计出版社2011年、2012年版。

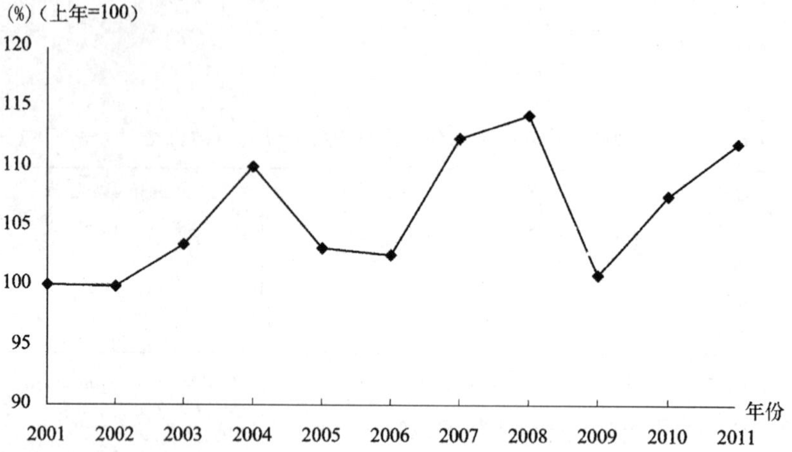

图 3.4　2001—2011 年中国食品类零售价格指数变化

资料来源：《中国统计年鉴 2012》，中国统计出版社 2012 年版。

三　中国农产品流通服务组织化现状

（一）农产品流通市场建设比较完善

目前，中国的农产品市场体系建设较为完善，农产品批发市场发展进入交易升级与管理创新的新时期，各类农产品专业市场发展均衡，农贸市场、超市、集市等农产品零售终端呈现多元化发展。根据中国第二次全国农业普查数据，截至 2006 年底，中国有农产品专业市场的乡镇比例为 23%，其中有粮食专业市场、蔬菜专业市场和水果专业市场的比例分别为 6.1%、16.3%、5.9%，[①] 目前这些比例应该还有所提高。但是中国农产品专业市场区域分布不尽合理，2006 年，东部地区农产品专业市场乡镇比例分布为 27.8%，中部地区为 33.9%，西部地区为 14.7%，东北地区为 16.5%，可以看出，中国西部地区农产品市场体系建设不及中东部地区。目前，中国农产品批发市场已成为农产品流通的中心，是农产品流通的重要载体。从表 3.8 中可以看出，2011 年，中国亿元以上的农产品交易市场有 1722 个，成交总额为 18920.37 亿元。其中以批发为主的市场有 1000 个，成交额 1.64 万亿元，交易比重占 86.81%。[②] 2011 年，中国亿

① “第二次全国农业普查公报”，http：//www. stats. gov. cn/tjsj/tjgb/nypcgb/。

② 《中国商品交易市场统计年鉴 2011》，中国统计出版社 2011 年版。

元以上以零售为主的农产品市场达722家，农产品农贸市场总量在2.5万家左右，与农产品零售相关的超市连锁总店为568家，门店数量4.0113万家，商品销售总额达5893.96亿元。① 在农产品专业批发市场规模化发展方面，从表3.9中可以看出，2011年，中国亿元以上农产品专业批发市场总成交额为11829.7亿元，平均成交额为14.71亿元，摊位出租率达90.4%。从图3.5中可以看出，农产品专业批发市场中以鲜活农产品交易为主的蔬菜、水产、肉禽蛋、干鲜果市场的成交额比例高达71%，其中蔬菜、水产品市场成交额比例最大，分别为27%和22%。

表3.8 **中国亿元以上农产品市场情况**

年份	以批发为主的市场			以零售为主的市场		
	市场数量（个）	成交额（亿元）	成交额比重（%）	市场数量（个）	成交额（亿元）	成交额比重（%）
2008	877	9881.15	83.39	674	1968.43	16.61
2009	953	11740.44	85.75	650	1950.56	14.25
2010	979	13865.34	86.28	693	2205.66	13.72
2011	1000	16425.38	86.81	722	2494.99	13.19

资料来源：《中国商品交易市场统计年鉴2009，2010，2011，2012》，中国统计出版社相应年版。其中的农产品市场数量和成交额是农产品综合市场和专业市场之和。

表3.9 **2011年亿元以上农产品专业批发市场情况**

市场分类	市场数量（个）	成交额（万元）	总摊位个数（个）	出租个数（个）	摊位出租率（%）
农产品专业市场	804	118297208	526780	476241	90.4
其中，粮油市场	100	13716106	35584	30751	86.4
肉禽蛋市场	70	7564719	17182	15091	87.8
水产品市场	121	25676053	91270	84482	92.6
蔬菜市场	280	31919491	241453	217614	90.1
干鲜果品市场	144	18638565	72487	64839	89.4
棉麻土畜、烟叶	29	8506814	20239	19491	96.3
其他农产品市场	60	12275460	48565	43973	90.5

资料来源：《中国商品交易市场统计年鉴2012》，中国社会科学出版社2012年版。

① 贾敬敦等主编：《农产品流通蓝皮书：中国农产品流通产业发展报告（2012）》，社会科学文献出版社2012年版，第66页。

尽管中国的农产品市场体系初步建立起来，但是还存在着市场基础设施建设不足、交易方式落后、市场布局不尽合理、区域间发展不均衡、市场监管不完善等诸多问题。

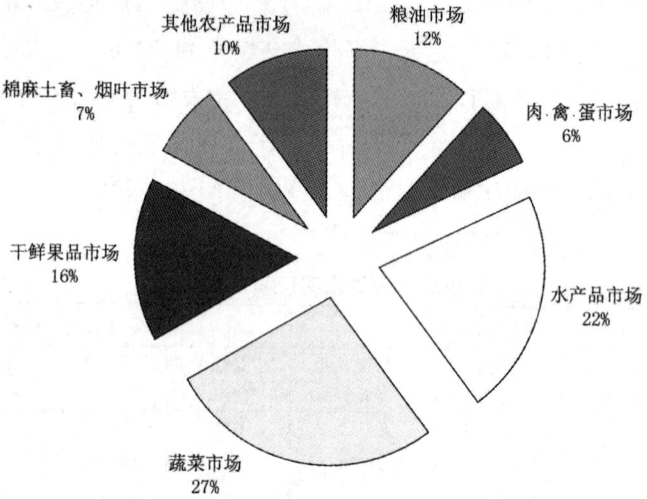

图 3.5　2011 年各类农产品专业市场成交额比例

资料来源：《中国商品交易市场统计年鉴 2012》，中国社会科学出版社 2012 年版。

（二）流通基础设施投入不足

农村公路建设是农产品流通最基本的保障，中国农村公路通畅率和公路建设水平有待提高。交通运输部 2005 年 9 月至 2006 年 12 月的全国农村公路通达情况专项调查的数据显示，2005 年末，在全国总里程 296.5 万公里的农村公路中未铺装路面里程为 193.8 万公里，占全国农村公路总里程的 65.4%，而且随行政等级降低，沥青水泥路面里程比重下降、未铺装路面里程比重上升。全国乡镇通畅率为 80.40%，建制村通畅率为 52.88%。

农产品冷链物流服务严重不足。据不完全统计，全国冷藏列车有 6970 辆，仅占铁路总运行车辆的 2%，不到铁路货物运输总量的 1%；冷藏汽车 3 万多辆，而且 60% 以上都是加冰冷藏车，仅占公路运输的 15%，而水路的冷藏运输率只有 1%。目前，冷藏运输量仅占易腐货物运量的 25%，大部分易腐农产品都是常温运输，损耗率高达 30%。中国物流年鉴统计数据显示，2009 年和 2010 年，中国果蔬类农产品产量分别为 82219.3 万吨和 86500.8 万吨，而冷链流通量分别为 3370.99 万吨和

4325.04 万吨，2011 年 1—6 月，果蔬产品产量为 45615.7 万吨，冷链流通量为 3010.64 万吨，可以得到果蔬产品冷链物流率分别为 4.1%、5.0% 和 6.6%；肉类产品的冷链物流率在这三年分别为 13.2%、15%、17.24%；水产品的冷链物流率分别为 21.2%、23%、25.16%。依此计算，中国果蔬产品、肉类产品和水产品的平均冷链物流率分别只有 5.2%、15.1% 和 23.1%。[①] 从图 3.6、3.7 和 3.8 中可以看出中国冷链物流存在巨大的需求缺口。

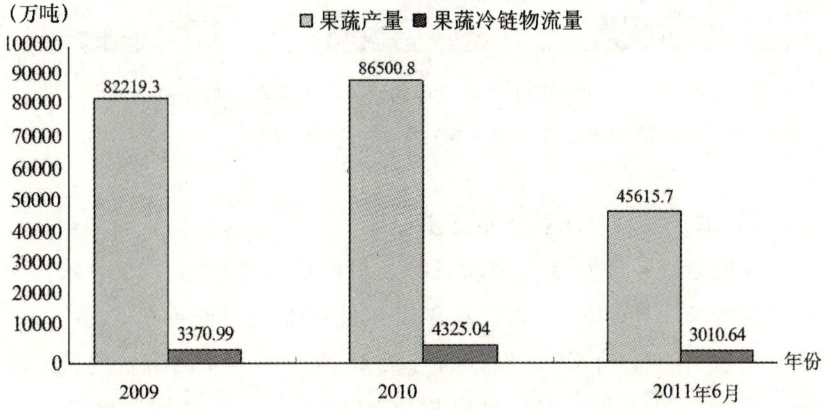

图 3.6 2009—2011 年 6 月中国果蔬产品产量与冷链物流情况

资料来源：《中国物流年鉴 2011》，中国物资出版社 2011 年版。

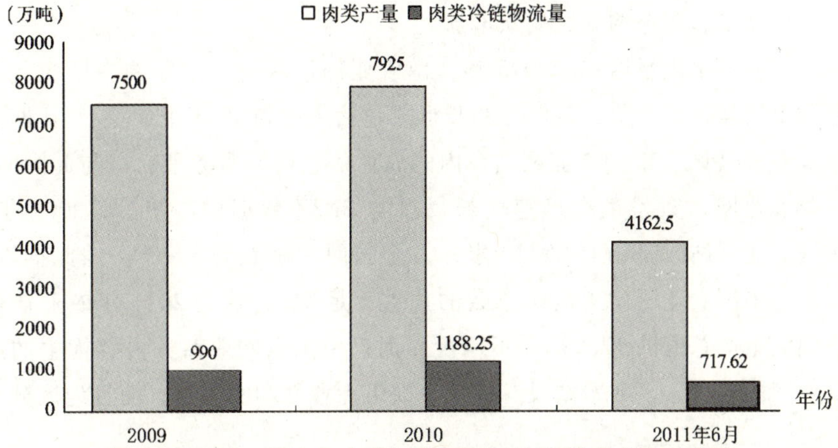

图 3.7 2009—2011 年 6 月中国肉类产品产量与冷链物流情况

资料来源：《中国物流年鉴 2011》，中国物资出版社 2011 年版。

① 《中国物流年鉴 2011》，中国物资出版社 2011 年版，第 270—276 页。

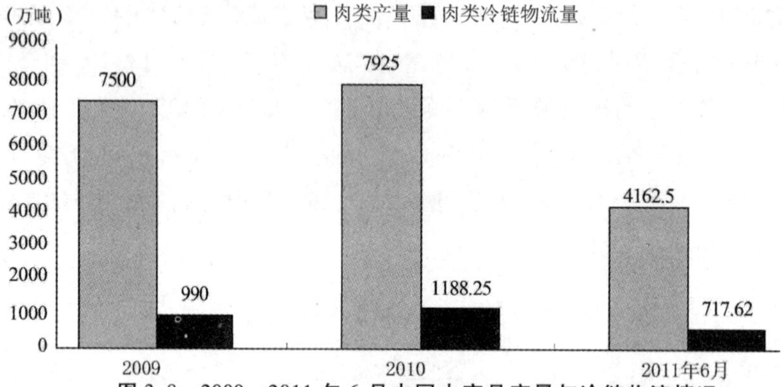

图 3.8　2009—2011 年 6 月中国水产品产量与冷链物流情况

资料来源：《中国物流年鉴 2011》，中国物资出版社 2011 年版。

（三）农产品信息服务水平逐步提高

农村网络服务普及率快速增长，农村网民数量激增。2008 年，中国农村网民规模达到 8460 万人，每年以超过 60% 的增长率增长。[①] 中国互联网络信息中心（CNNIC）发布的《第 28 次中国互联网络发展状况统计报告》显示，2011 年，农村网民规模为 1.36 亿，占整体网民的比例为 26.5%。但这与 2011 年，中国农村居民人口 50% 的比重相比，农村上网居民比重依然偏低。[②] 农村网民数量的增加必将带动农业电子商务的发展和农产品信息服务的农民受众增加。

农业网站数量增加。1995 年，由农业部信息中心主办的中国农业信息网上线运行，目前，该网已初步形成包括主站和 30 多个专业/行业网站以及各省（区、市）农业网站在内的农业信息网络服务平台。与此同时，各类农业网站数量也有迅速增长，根据 CNZZ 数据中心统计，2009 年，中国农业网站数量约有 29739 家，占全国网站总数的 3.8%。据此推算，目前，中国农业网站占网站总数的比重不足 4%，这与 2011 年农业产值占国民生产总值的 17.2% 并不匹配。而且中国以农业商务内容为主的纯农业网站较少，多数网站没有特色，缺乏专业性和实用性，而且地区分布

① 《中国电子商务年鉴 2009》，中国电子商务协会，2010 年，第 138—139 页。

② 2010 年《第六次全国人口普查主要数据公报》显示，中国城镇人口比重为 49.68%（参见《2012 年中国社会形势分析与预测》，社会科学文献出版社 2011 年版）。2011 年城镇居民的比例首次超过农村居民。

也主要集中在大城市和东部地区，中国农业网站服务的覆盖面和质量水平还有待提高。

农产品市场信息服务需要进一步完善。目前，中国的农业信息网主要在农产品市场信息服务方面，提供农产品网上产销对接服务、农产品网上促销服务、网上博览会服务和农产品批发市场信息服务等。在中国农业科技信息网中用农业网站搜索引擎搜索到的农业网站有8016家，农产品市场信息网站为3753家，据此计算，农产品市场信息比重为46.8%。[①] 但各类农业网站的农业信息多而杂，真正能协助农民决策的指导性信息较少，未能形成完善的农产品信息服务体系，农产品信息服务为农民的产、供、销带来的益处不多。

（四）农产品质量安全控制服务水平有很大提升

农产品质量安全检验监测合格率较高。2010年，农业部全年共开展了4次例行监测、1次农产品质量安全普查，实施了农兽药残留、水产品药残、饲料质量安全等监控计划，共监测样品10多万个。例行监测产品包括6大类101个品种，检测参数86个，监测范围覆盖全国138个大中城市，基本涵盖了主要产区、产品和参数。监测结果显示，蔬菜、畜禽产品和水产品总体合格率分别为96.8%、99.6%和96.7%，比2009年分别上升0.4、0.1个百分点和持平。[②] 据此进行简单计算，中国的鲜活初级农产品的质量合格率在95%以上。

农业标准化生产普及率逐步提高。2010年，新规划创建蔬菜水果茶叶标准园819个、畜禽养殖标准示范场1555个、水产健康养殖场500个、国家级农产品标准化整体推进示范县45个。农业标准化的实施，有力地提升了农产品质量安全水平，促进了农业产业化的发展。

安全优质品牌农产品占有率不断提高。2010年，新认证无公害农产品12523个，认证绿色食品6437个，认证有机农产品1038个。对蔬菜、水果、茶叶、稻米、畜禽、水产等八大类产品开展了地理标志的研究和协调，新登记发布农产品地理标志334个。全年无公害农产

① 中国农业科技信息网农业网站搜索引擎网址，http://www.cast.net.cn/ssyq/engine.asp。
② 《中国农业年鉴2011》，中国农业出版社2011年版，第184页。

品合格率为98.1%，绿色食品、有机农产品合格率均达到99%以上。[①] 据农业部数据，截至2010年底，已通过“三品一标”产地认定的占食用农产品产地总面积30%以上，认证产品占食用农产品商品量30%以上。[②]

表3.10　　“三品一标”农产品认证情况

年份	无公害农产品	绿色食品	有机农产品	农产品地理标志
2009	44009	10311	4588	201
2010	56532	16748	5626	535

资料来源：《中国农业年鉴2011》，中国农业出版社2011年版。

四　本章结论

通过对中国农产品流通组织化现状的描述，可以得出如下结论：我国的农产品流通长期以来处于比较分散的状态，这主要表现在三个方面：农产品流通主体的组织化水平依然较低；农产品流通过程依然较为松散；农产品流通的相关配套服务也亟须完善。

第一，农产品流通主体组织化水平低。主要体现在这样几个方面：农户分散小规模经营比例依然较高，合作组织参与度低；规模大、运作规范的农民专业合作社数量较少，带动力弱；农民经纪人虽然在农产品流通中发挥着重要作用，但多以自营为主，组织化程度低；农产品流通业集中度低，第三方物流、连锁经营或电子商务等现代流通方式比重依然较低。

第二，农产品流通过程流通成本高，缺乏效率。主要体现在这些方面：传统的农产品流通环节冗长，流通环节之间关系松散；农产品流通过程损耗大，冷链物流流通率较低，物流费用过高；流通主体在流通过程中所承担的流通职能单一，缺乏合作与协调；农产品产销和批零差价过大，农产品价格波动剧烈。

① 《中国农业年鉴2011》，中国农业出版社2011年版，第185页。

② 农业部：《农产品质量安全发展“十二五”规划》，http://www.moa.gov.cn/zwllm/ghjh/201106/t20110616_2031099.htm。

第三，农产品流通服务组织化水平较低。主要表现在这些方面：政府是农产品流通服务的主要提供者，缺乏专业化的农产品社会服务组织；农产品流通基础设施建设投入仍需加强；农产品批发市场的服务功能远没有发挥；农产品信息服务网站建设仍需完善。

第四章

农产品流通组织化评价模型的构建

一 中国农产品流通组织化的基本原则与目标

（一）基本原则

1. 遵循市场经济规律

农产品流通组织化要遵循市场经济规律来合理配置和利用资源，以市场机制为主，政府干预为辅。农产品是一种需求缺乏弹性的商品，多数同类农产品的差异化不大，而且农产品市场上有大量的买者和卖者，是最接近于完全竞争的市场结构。在这个市场上，参与农产品流通的各种主体进入与退出壁垒非常低，他们通过竞争来决策自己利益最大化的行为。同时他们之间也需要合作与协调，形成一个利益协调机制，在这个机制下协调主体自身和相互之间的行为与关系，从而能够更合理地分配农产品流通利益。所以，遵循市场经济规律是农产品流通组织化的基本原则，是农产品流通组织化的基础和动力。在农产品流通组织化过程中，首先要用市场的无形之手来组织各流通主体的行为，由市场力量催生各种流通组织形式，市场机制决定的农产品价格变动可以引导资源或生产要素合理配置。其次在市场机制下，交易成本如果过大，那么流通主体之间就会有进一步"组织化"的动机，他们会形成各种契约合作关系来约束自己的行为，搜集、传递和共享信息，提高资源要素的利用效率。农产品流通主体在市场机制的驱动下，"自组织"的功能愈来愈强，自行从简单到复杂，从低水平向高水平方向发展，不断提高组织化程度。当然农产品流通组织化离不开也避免不了政府的"组织"力量，政府在农产品市场出现失灵的时候应进行调控和规制，对农产品流通组织创新要给予政策上的扶持。例如，政府通过扶持一些力量弱小的农产品经纪人、经销商等流通主体的发展可以制约大型农产品流通组织的垄断；政府应对农产品流通中由于信息不对称而出现的败德行为进行规制；政府限定少数农产品品种为生活必需品，并进行必要的政府储备，从而可以抑制农产品价格的上涨。

2. 因地制宜，循序渐进

推进农产品流通组织化要立足现实，循序渐进，不能“一刀切”。首先，就农产品自身属性而言，中国农产品品种繁多，不同种类的农产品流通特性不一，流通渠道和模式也有较大差异，有的农产品（比如蔬菜）流通环节多，这类农产品流通组织化过程就要相对复杂一些；其次，就社会经济条件而言，中国经济发展水平地区间极不平衡，经济发达的东部地区的市场化程度较高，这些地区的农产品流通也较发达，因此农产品流通组织化的市场机制作用就越大，组织化的程度就较高，相对于经济欠发达地区则更需要政府的引导和支持来提高组织化程度；最后，就农产品流通组织化程度而言，应该与中国经济发展水平相适应，应是与中国农产品流通的发展要求相适应的合理、适度的组织化，组织化程度的提高是一个由低水平向高水平的“自组织”过程，而不是越快越好，越高越好。

3. 效率优先，兼顾公平

中国农产品流通组织化要以提高农产品流通效率为主要目标，同时兼顾农产品各流通主体利益分配的公平。中国大部分农产品都要经过收购—一级批发—二级批发—零售这四个基本环节，有的农产品经过的流通环节甚至更多，并且由于多数流通主体规模小、力量弱，其流通环节就容易分化出更多层级。冗长的流通环节会层层加大流通成本，制约整个农产品流通体系的流通效率。因此，在农产品流通组织化过程中，解决农产品流通效率低下的问题是关键。在农产品流通中的利益分配极不均衡，农产品的两头价差过大，农民和消费者利益受损，看似利润都留在流通中，而流通中的主体数目众多，实力有强有弱，实际上小流通商也少有获益，大部分利益都成了少数大流通主体的垄断利润和少数机会主义者的暴利。所以，农产品流通组织化要让市场机制在农产品流通领域里充分发挥作用，首先应将流通效率当作决定流通主体利益分配的第一位因素。流通效率高，所得利益就高；反之，流通效率低，所得利益也低。其次还要兼顾农产品流通主体的收入公平，政府应进行适当干预，促进机会均等，限制垄断性利润，扶持流通主体多元化发展。

（二）目标

1. 提高农产品流通效率

2012年中央“一号文件”明确提出要提高农产品流通效率，切实保障农产品稳定均衡供给的要求。农产品流通组织化的出发点和首要目标就是提高农产品流通效率。虽然中国市场化的农产品流通体制逐步建立形成，但农产品流通效率依然低下，无法与经济社会发展和消费需求增长相适应，这是目前农产品流通“困局”的症结所在。农产品流通效率低主要表现在三个方面：一是流通环节多，中国农产品的一般流通环节包括：产地采购集配、产地或集散地批发市场、销地批发市场、销地超市、农贸市场和社区菜市场，每个环节几乎都需要进行农产品运输、包装、储存、加工，还要提供各种服务，这个过程有众多的流通主体参与，他们多数力量和规模弱小，组织松散，限制了资源配置和流通效率。二是流通损耗大，根据农业部有关专家测算，中国粮食、水果、蔬菜的产后损失率分别为7%—11%、15%—20%和20%—25%，折算经济损失达3000亿元以上，相当于1亿多亩耕地的投入和产出被浪费掉。三是流通成本高，农产品实体市场收取的进场费、摊位费、租金、管理费，还有违规或不合理收费，农产品物流过程中的运输费、车辆养路费、维修费、保险费，市场化程度较高的农产品流通面临的大流通商、公路运输、石化和物流行业的垄断，这些都层层抬高了流通成本。据商务部数据，中国农产品流通的成本一般为20%—25%，果蔬的流通成本更高，达70%，而国外仅为5%—6%，最多7%。

2. 畅通农产品信息渠道

一方面，农民生产盲目“跟风”现象非常普遍，看价不看市场，结果使农产品市场交替出现“卖难”、“买难”现象，农产品价格暴涨暴跌；而且，目前在中国还有一部分社会游资对农产品进行炒作，更加剧了农产品市场的波动。这种“发散型蛛网”波动现象的主因是农产品信息渠道不畅，造成农产品产销信息的严重不对称。另一方面，农产品流通环节多，流通时间长，流通渠道存货和耗损大等现实更加剧了信息的延滞和失真，对于那些已在生产周期中的农产品来说，消除信息迟滞的影响所需时日更长。而造成农产品信息不对称的主要原因是农产品流通中的主体分散、组织化程度低，而缺乏组织的市场难以释放出正确的市场信号，增加了农产品生产的不确定性，进而造成了农产品的价格扭曲。因此，畅通农产品信息渠道是农产品流通组织化的第二个目标，通过加强农产品流通主体的组织化，尤其是强化农产品生产和运销的组织化，可以从生产和需求两方面反馈农产品市场信息，从而减少信息失真，畅通农产品信息渠道。

3. 保障农产品有效供给

农产品，尤其是鲜活和初级农产品的消费在人们生活中必不可少，随着人们生活质量的提高，农产品在食品消费中的地位将越来越重要，消费者对农产品的品种、新鲜、安全、营养的要求也越来越高。农产品的生产与消费一旦失去均衡就很容易陷入发散型的蛛网模型，即价格和均衡产量离均衡价格和产量愈来愈远，即农产品价格和产量会大起大落。提高农产品流通的组织化程度，一方面既可以稳定农产品价格，又必然会起到稳定农产品供给的作用；另一方面，农产品流通组织化是从农产品生产到消费的整个过程的组织化，农产品生产端组织化程度的提高，可以保证农产品生产者的利益与生产积极性。因此，保障农产品的有效供给是农产品流通组织化的第三个目标。

4. 稳定农产品价格

中国农产品价格被称为“百价之基”，每一次的物价波动不是以农产品价格为先，便是农产品价格推波助澜的，农产品价格稳定是控制通货膨胀的关键。发改委统计数据显示，在 2010 年的物价上涨中，蔬菜价格上涨幅度最大，为 20% 左右；其次是水果，为 14% 左右；最后是粮食，上涨 10% 左右。水果、蔬菜、粮食等农产品价格上涨会拉动整个物价上涨 70% 。而且中国农产品价格暴涨暴跌，在价格飙升时，“蒜你恨”、“姜你军”、“豆你玩”、“向钱葱”、“樱谋诡计”、“火箭蛋”现象层出不穷；在价格暴跌时，卷心菜 8 分钱 1 斤，苹果 1 毛钱 1 斤，收购价远远低于成本的现象也屡见报端。中国农产品市场“独特性”的根源是农产品市场的组织化程度低，因此，防止出现农产品价格大起大落所导致的“菜贵伤民，菜贱伤农”现象，是农产品流通组织化的第四个目标。我们认为，稳定农产品价格可以通过提高农产品流通组织化的程度来实现，农产品流通组织化可以促进农产品价格长效稳定机制的形成。

二 构建农产品流通组织化评价模型的目的与指标选取原则

（一）构建农产品流通组织化评价模型的目的

从前文对于农产品流通组织化相关文献的梳理中可以看出，中国的农产品流通组织化程度低是对农产品流通现状的“共识”，但至于是如何得到中国农产品组织化程度低这一论断，以及中国农产品流通过程中哪些因素影响流通组织化的程度，大多数的研究往往只停留在某个层面或角度，而且多属于定性分析，缺乏一个全面、完整的评价体系，也无法对中国农产品流通组织化程度进行清楚界定。本书立足于整个农产品流通体系这一宏观层面，试图构建一个可以测度农产品流通组织化程度的评价体系，以全面描述和综合评价中国农产品流通组织化程度和进程。模型的构建不仅能够体现对农产品流通组织化程度的测度，而且还要能够体现农产品流通组织化的发展趋势。通过模型的评价结果可以准确、客观地把握农产品流通组织化的现状和趋势，弥补理论界对此问题缺乏定量研究的不足，而且为农产品流通主体的微观管理和政府的宏观决策提供依据。

1. 测度中国农产品流通组织化的现阶段水平

对现阶段的评价指标统计资料和数据进行采集、整理和计算，利用农产品流通组织化评价模型来描述中国农产品流通组织化所处的水平，用统计结果来论证中国农产品流通组织化程度低的结论。并且通过对各指标得分的高低和排序，发现影响农产品流通组织化程度的重要因素，明确未来提高农产品流通组织化程度的方向。

2. 纵向比较不同时期的流通组织化进程

农产品流通组织化程度是一个由低水平向高水平发展的具有阶段性的演进过程，构建农产品流通组织化评级体系，利用时间序列数据，可以测定不同时期农产品流通的组织化程度，并通过对不同指标的纵向比较，解释在不同的农产品流通发展阶段下农产品流通组织化程度的合理性，并且能够体现对提高农产品流通组织化程度具有指导意义的趋势分析。

3. 横向比较地区间的流通组织化差异

利用农产品流通组织化评价模型，可以对中国地区间的农产品流通组织化程度的差异进行横向比较，同时也能比较农产品流通组织化不同方面的地区差距，进而分析导致地区间流通组织化程度存在差异的主要因素。例如，可以通过对中国东西部农产品流通组织化程度的测评结果，比较哪些指标在东西部地区存在较大差异，哪些指标东部高于西部，哪些指标西部高于东部。通过不同地区间相同指标的比较，可以为如何缩小农产品流通组织化程度的地区间差距、促进流通资源在地区间的合理配置等问题提供思路。

在此需要说明的是，目前，中国统计资料中关于农产品流通的相关数据无论是历史数据还是地区数据都不完整，细分的农产品数据更是少之又少，有一些指标的原始数据要通过实地调研才能够得到，这对农产品流通组织化指标的选取和程度的定量评价带来了极大的困难，这在很大程度上制约了后两个目标的实现。

（二）评价指标的选取原则

1. 科学性原则

评价指标体系是对客观实际的抽象描述，其科学性关系到评价结果的真实与否。农产品流通组织化评级指标的科学性原则体现在要将客观存在的农产品流通组织过程进行高度抽象和概括，将具体的农产品流通环节在流通组织理论依据下用一系列抽象的指标描述出来。而且这些指标的概念要科学和确切，能真实、客观地测度农产品流通组织化的程度。

2. 系统性原则

系统性原则要求评价指标体系围绕评价对象，从整体出发，对相关因素和环境做出系统分析和综合。对农产品流通组织化的评价指标体系的选取和设定不是针对某一个流通主体或某一个流通环节的，而是针对整个农产品流通系统的，是对处于这个流通系统中所有要素的综合反映，要充分考虑农产品流通组织化所涉及的各个方面及其内在联系，全面反映农产品流通组织化的内涵和发展阶段。

3. 前瞻性原则

前瞻性原则要求在设计评价指标体系时，具有一定的预见能力，可预测未来的发展趋势。农产品流通组织化具有动态特征，其发展具有阶段性，是组织化程度由低水平向高水平发展的过程。因此在设计评价指标体系时，既要着眼于农产品流通组织化的现状，对所处阶段进行分析和检验，又要对未来的发展做出预测和指导，引导农产品流通组织化水平不断完善和提高。

4. 代表性原则

代表性原则要求设计评价指标体系时尽可能选择代表性强、覆盖面广的指标，尽可能用少的指标全面、综合、准确反映评价对象的特征。农产品流通组织化的内涵丰富，可供选择的指标和评价内容多，但为使评价系统全面而不凌乱，应尽量选择具有代表性、综合性的指标，选择能反映影响农产品流通组织化水平的主要因素。

5. 独立性原则

独立性原则要求在设计指标体系时应避免指标之间的重复和兼容，指标之间应具有相对的独立性。农产品流通组织化涉及的评价内容较多，而且彼此之间联系紧密，因此设计指标时要弱化指标之间的包容关系，尽量避免互相涵盖和信息的重复，保证各指标之间的相互独立，相互配合。

6. 可比性和可操作性原则

指标体系的设计既要在不同的发展阶段和时期上具有一定的可比性，更要注重指标的可获取和模型的可操作性，对那些应该涉及但难以获得的数据要少设或不设。因此在设计农产品流通组织化的指标体系时，要注重在不同的组织化水平上指标间的可比性，同时要力求指标结构简洁、指标内容通俗易懂、指标计算方法简单易行、所需数据易于搜集和整理。

三　影响农产品流通组织化的因素分析

在农产品从生产者到消费者的流通过程中，每个流通环节都有流通主体的参与，他们承担着不同的流通职能，同时也提供着不同的流通服务。各个主体之间通过一定的组织形式和制度安排联系在一起，他们看似相互独立，但实际上共处在同一系统中，提高流通效率、降低交易费用是组织化的核心目标。基于前文对中国农产品流通组织化的定义和对中国农产品流通组织化现状的分析，本书认为，从中国农产品流通体系的宏观角度来看，影响农产品流通组织化程度的因素主要包括三个方面：农产品流通主体、农产品流通过程和农产品流通服务。为了能够抓住农产品流通组织化的主要影响因素，在此对农产品的一般流通渠道做一个抽象分析（如图 4.1），以期能提出一个普遍适用的农产品流通组织化评价模型。从图 4.1 中可以看出，参与农产品流通的主体主要有农户、农民合作组织、农产品经纪人、农产品运销商、农产品物流企业、批发商和零售商等，市场载体有产地批发市场、销地批发市场、农贸市场、社区菜市场和超市。一般农产品在流通过程中要经过产地采购、产地批发、销地批发、零售四个基本环节，有些农产品的环节可能更长，每个环节几乎都伴随着农产品的分拣、运输、包装、储存、加工、检测、保鲜等各种服务。因此，这样一个复杂的流通过程实质上是整个农产品流通体系的组织过程，是各个流通主体之间竞争、合作与协调和具体的流通环节与流通渠道的优化、整合与再造过程。流通主体、流通渠道、交易方式、物流技术、市场环境等因素都会影响农产品流通组织化程度的高低。在此将影响农产品流通组织化程度的因素分为农产品流通主体、过程和服务三个方面进行分析。

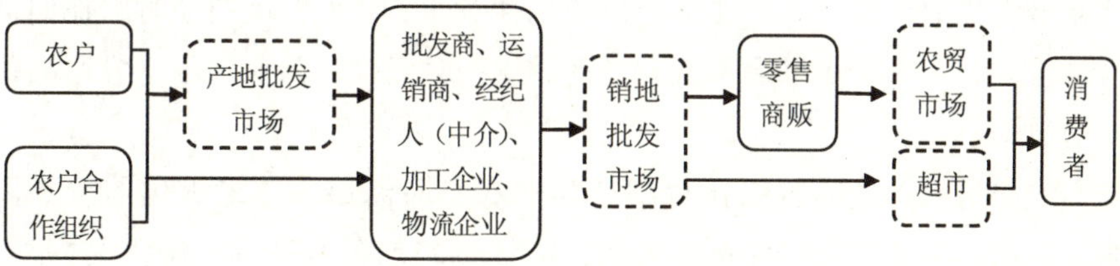

图 4.1　农产品的一般流通渠道

（一）农产品流通主体

演化经济学的观点认为，一个系统内的微观主体可区分为个体和个体群（社会单元），或称个人和企业。据此观点可以将农产品流通主体区分为农产品流通的个体（也称“内部”组织）：农户、批零商贩、运销商、经纪人；农产品流通的个体群（也称“外部”组织）：农民合作组织、批发商、龙头企业、农产品物流企业、零售商、中介服务等。首先，作为农产品流通个体的农户、批零商贩、运销商、经纪人等，他们是最大化预期效用的个人，人类的生物遗传使他们本身就具有处理、协调的“通类”知识，这类知识的存量是一种组织（布莱恩·罗斯比称其为“组织化思想”）。罗斯比（Loasby）强调，在解释企业和相关的宏观经济演化过程时，想象和内部选择过程起着重要作用，而且适应和学习是为了改变满意程度而进行的行为调节。因此，他们的组织化目的存在于脑海中，具有主观性。其次，作为农产品流通个体群的农民合作组织、批发商、龙头企业、物流企业、零售商等，他们是企业或社会单元，他们的组织不同于主观认知，而是取决于对意图的一致性同意和对活动进行协调的社会沟通。企业组织是个体的主观意图或利益的一种载体，因此，农民合作组织的社会性代表利益与农户的利益一致，以此类推，每个农产品的流通个体群都可以代表一个流通个体的利益或意图（参看图4.2）。戴伊（Day, R. H.）认识到微观主体的能动作用与环境的关系，认为是“适应、学习和经济化”的过程，以此观点，农产品流通的“内部”组织和“外部”组织共处在一个“封闭”的农产品流通系统中，这些主体的行为与系统的环境相互协调，适应和学习过程也是他们组织化的过程。在此仅分析农户、农民专业合作社、农产品经纪人和农产品流通企业四类主体的组织化。实际上，农产品流通主体的组织化不仅是自身内在的组织化建设，更重要的体现是主体之间的合作与组织。农产品流通主体的小规模分散经营，在各自利益最大化的驱使之下，往往会出现恶性竞争，在农产品短缺时，他们会高价抢购；在农产品过剩价低时，他们则一哄而散，从而加剧了农产品价格的波动。

农户进入市场的组织化程度是影响农产品流通主体组织化的重要因素。目前，中国农户在农业经营生产方面的组织化水平有了很大的提高，但是在农产品流通方面的组织化程度依然较低。据农业部统计，2009年，约有42%农户的农产品是依靠自销的，有45%农户的农产品是通过个体商贩和经纪人销售的，仅有2.7%农户的农产品是通过订单销售的。而且就目前农户的组织化现状来看，加入农民专业合作组织是农民组织化的主要途径。除此之外，能够代表农户利益的有效组织形式几乎没有，农户在农产品市场中犹如“散兵游勇”。一方面，农户与其他流通主体之间没有形成长期稳定的关系，在农产品流通过程中往往要亲自搜集信息，进行讨

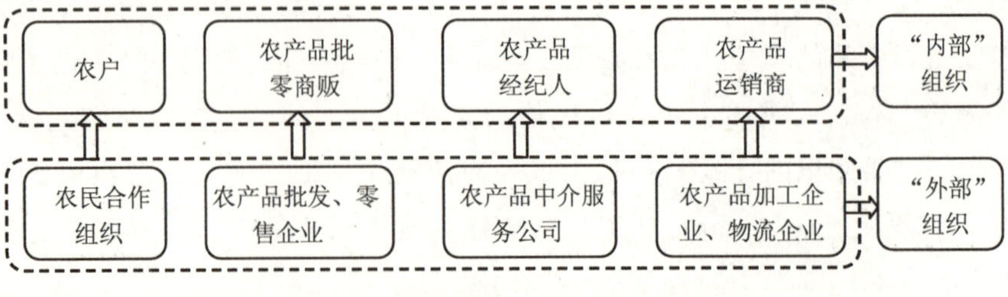

图4.2 农产品流通主体的利益代表关系

价还价，而且由于自身规模弱小，往往处于交易的劣势，这无疑增加了交易的信息成本和谈判成本；另一方面，农户之间也缺乏信任和合作，在农产品的生产上往往是盲目跟风，在出现“卖难”问题时，可能会相互压价，这无疑增加了生产成本和风险。

农民专业合作社是代表农民利益的合作组织，也是农民组织化的主要途径。农民专业合作社将分散的农户组织起来，统一指导生产、统一销售农产品，降低了农产品的生产风险和交易成本，给农户带来了规模经济效益。因此，农民专业合作社的组织化是农产品流通主体组织化的又一个主要因素，合作社的组织规模、组织能力、经营方式都直接影响其在农产品流通过程中的地位和作用的发挥。对农民专业合作社在农产品流通中的作用，国内学者已做了相关研究，农民专业合作社可以实现规模经济、减少流通环节、实现标准化生产、保障农产品质量安全，可以满足农产品进入超市的条件，提高农户的市场营销能力和收益。

农产品经纪人是农产品流通中的中介组织，在中国，通过农产品经纪人完成的农产品流通量比重在89%以上。目前，各类农贸市场、农产品批发市场90%以上的货源来自于农产品经纪人。通过农产品经纪人的中介作用，可以将农产品迅速推向市场，将本地的农产品生产与农产品市场需求紧密连接，将资源优势快速转化为商品优势和市场优势。因此，农产品经纪人在中国农产品流通组织化中起着重要的作用。

农产品流通企业的发展与壮大是农产品流通产业组织化程度提高的关键。农产品流通企业在品牌、信息、货源、服务客户等方面都具有优势，能够充分利用自身优势提高运输能力及利用率，降低流通中的运输成本。大型流通企业的形成和不断壮大，可以在农产品流通体系中与产地竞卖、批发市场、批发商、零售商等传统销售方式形成有效竞争，提高流通产业的组织化程度，增强产业竞争力，优化农产品流通体制结构。

（二）农产品流通过程

一般的农产品流通过程主要经过产地采购、产地批发、销地批发、零售四个基本环节，农产品的加工处理、储存、运输、配送、销售等就发生在其中，这些流通职能被不同的流通主体承担着。在农产品流通过程中，有些流通职能会由多个流通主体重复承担，比如说农产品的配送、运输等在批发和零售环节都会重复发生；与此同时，一个流通主体也会同时承担多个流通职能，比如说，农户除了生产外，还可能要对生产出来的农产品进行清洗、分拣、包装等初级加工。因此，一方面农产品流通过程中流通主体的分工不能被完全细化，另一方面则需要将众多重复性环节进行组织以降低流通成本，提高流通效率。如图 4.3 所示，在农产品流通体系中，每个流通主体有主要的分工，但也有与其他流通主体共同承担的分工，每个流通环节之间相互联系，无法分割，形成一个多层级、复杂的流通网络。所以，整个流通过程的组织化也是影响农产品流通组织化的因素，是以提高农产品流通效率为目的的农产品产地收购环节、运销环节、批发和零售环节的精简、整合、再造，同时关注流通过程中每一环节的价格波动与利益分配。

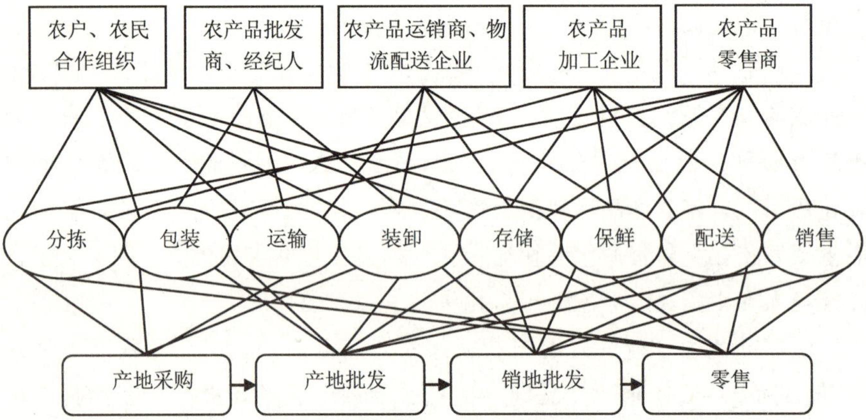

图 4.3　农产品流通过程中主要流通功能的重复性

农产品流通过程的组织化低效制约了农产品流通组织化程度的提高。农产品流通环节越多，从农产品生产到消费整个过程的交易次数就越多，交易费用也就越多；而且流通环节越多，参与的流通主体越多，它们之间的组织与协调也就越困难。从图 4.3 可以看出，在农产品流通的整个过程中，众多的农产品流通主体参与到农产品流通中，农产品在他们手中要经过分拣、包装、运输、装卸、存储、保鲜和配送等基本环节，而且这些基本环节基本上都要被重复两遍以上。在从产地采购到零售的整个过程中，农产品的分拣、包装、运输、装卸、存储、保鲜和配送也是重复地发生着。这些重复不但延长了农产品的流通时间，带来了农产品的损耗，而且增加了农产品流通成本，加大了农产品的价格波动。

（三）农产品流通服务

农产品流通服务组织化是指农产品从产后到达消费者手中各个流通环节保障农产品流通渠道顺畅的服务配套程度。一个高效的农产品流通体系离不开完善的农产品流通服务，农产品流通服务体系保障农产品流通顺畅，是农产品流通组织化水平的体现。目前，中国的农产品流通服务体系不完善，农产品流通服务以政府投入为主，专业的农产品流通服务机构还比较少，而且农产品批发市场的服务功能远未发挥出来，从而造成农产品生产与消费的脱节和流通各环节上的巨大浪费，严重制约了农产品流通效率。农产品流通中的基础设施服务、信息服务、质量安全控制服务是农产品流通服务的重要组成部分，是建立畅通、高效、安全的现代农产品流通体系的保障，也是影响农产品流通组织化的因素。

农产品，尤其是鲜活农产品的流通，要在有效的时间内实现从产地向销地的转移，这包括两个基本的含义：一是空间上的位移；二是时间上的及时。农产品流通基础设施至少应该保障农产品流通所需的道路运输条件、交易场所条件和储藏条件，这三个条件是农产品流通组织化不可或缺的物质条件，不但影响着农产品流通主体的交易能力，也影响着农产品流通的效率。其中，道路运输设施是农产品流通最基本的设施保障，为农产品流通提供空间位移服务，可以保证农产品在生产出来后及时进入市场，降低运输成本，增大流通半径；农产品交易场所设施是农产品集散和交易的载体，尤其是大型农产品批发市场，不仅为农产品流通提供交易场所，而且可以提供冷冻保鲜、加工包装、物流配送、餐饮住宿、金融结算、质量检测与追溯物流等全方位的流通服务；农产品的储藏设施可以减少农产品流通过程中的损耗，对于易腐的农产品流通尤为重要。

构建完善的农产品信息服务体系，通过农产品信息服务体系的有效支撑，可以大大降低农产品流通过程和农产品生产中的不确定性和盲目性，改变传统的农产品流通模式，创新现代农产品流通模式，提高农产品流通效率，是实现农产品流通组织化的前提和基础。农产品信息网络平台是发布农产品信息和实现农产品信息共享的重要渠道，为各农产品流通主体提供及时准确的信息，对实现农产品产需平衡、稳定农产品价格有着重要的现实意义。中国农产品流通组织化程度低的一个重要表现是农产品价格波动剧烈、频繁，其原因是农产品流通主体的分散和无组织化，彼此之间的信息无法实现共享，造成了市场供求信息无法快速传递，整个农产品流通过程的信息链被阻断。因此，在信息和网络技术高度发达的今天，农产品信息网络平台的建设对农产品流通组织化的作用尤为重要。

在农产品流通环节的农产品质量安全控制服务是对农产品产后加工、包装、储存、运输和配送等环节保障农产品的质量安全的相关服务，主要是农产品的市场准入、农产品的质量安全检测、质量认证、安全追溯等服务。“民以食为天，食以安为先”，保障农产品质量安全是农产品流通组织化的根本，政府对农产品质量安全的监管是政府干预与规制农产品流通组织化的主要体现。

四　农产品流通组织化指标体系的构建

建立农产品流通组织化评价体系的基础是全面、科学、合理地选取评价指标，评价指标的选取决定着最终的评价结果。对农产品流通组织化评价指标的选取，应在准确定位农产品流通组织化实现目标和原则的前提下，明确构建模型的三个目的，遵循指标选取的六大原则，充分考虑中国农产品流通现状，从农产品的流通主体、流通过程和流通服务三个方面评价农产品流通组织化的程度，建立农产品流通组织化评价指标体系。关于指标的选取，通过参考现有的相关研究成果和向农产品流通专家咨询，首选在统计年鉴和报告及文献中能够查到数据来源的指标，然后是笔者通过实际调研所获得的数据指标，保留那些可以通过专家问卷进行模糊评价的指标，删除虽然有代表性但难以找到数据来源或无法实施调研的指标，这样可使评级指标体系更有操作性和实践价值。

（一）反映流通主体组织化程度的指标组

农产品流通主体组织化程度主要测度各个农产品流通主体参与农产品流通的程度，体现在流通个体之间的组织化、流通个体群之间的组织化、流通个体与个体群之间的组织化三个方面。[①] 由于农产品流通主体较多，基于指标选取的代表性原则，仅选取四个主要农产品流通主体进行评价，包括农户、农民专业合作社、农产品经纪人和农产品流通企业，[②] 所以将流通主体组织化程度指标分解为四个子系统，分别反映农户、农民专业合作社、农产品经纪人和农产品流通企业组织化程度。这组指标主要从数量（规模）和质量（效益）两个方面来考察，同时兼顾评价内部组织化、主体间的横向与纵向组织化程度。

1. 反映农户组织化程度的子系统

反映农户组织化程度的子系统包括农户出售农产品的收入比重、农户流通合作组织参与度、参加“公司+农户”的农户比重、农户农产品自销率、农户组织受益率五个指标。各指标含义如下：

农户出售农产品的收入比重是指农户出售农业、林业、渔业、牧业产品的收入占农业总收入的比重，这一指标能够反映农民出售农产品所获得的收入情况，也可以体现农户在农产品流通中的获益情况。一般而言，这一指标是正向指标，流通组织化程度越大，农户出售农产品的收入比重就越高。这一指标可以从《中国农业年鉴》中获得。[③] 因为出售农产品收入是农户家庭经营生产的主要来源，故将80%定为目标值。

农户流通合作组织参与度是指农户加入农民流通合作组织的数量占农户总数的比重，这一指标是衡量农户在农产品流通中横向组织化程度的指标。通过农民专业合作社、农民协会等流通领域合作组织销售农产品，可以将农户分散的生产经营组织起来，提高农户的市场地位和流通效率，推动农产品流通组织化水平的提高。因此，一般而言，农户流通合作组织参与度是一个正向指标，参与度越高，代表农户的组织化程度越高。目前中国并没有关于农产品流通领域合作组织数量的统计数据，在此用2006年第二次农业普查中有实体型农民专业经济合作组织的乡镇比例来代替。农业部新闻发言人赵铁桥2011年10月27日在新闻发布会上表示，到“十

① 这里的流通个体是指从事农产品流通的个人，包括农户、农产品批发商、零售商、运销商、经纪人四类；个体群是指从事农产品流通的组织和企业，包括农民合作组织、农产品批发商、龙头企业、物流企业、零售商、中介服务公司等。

② 这里的农产品流通企业泛指在农产品流通过程中，从事涉及农产品批发、零售或者批发零售兼营的企业组织。

③ 本书中的大部分数据指明了数据来源，但大部分数据不能直接获得，需要将原始数据进行简单计算。

二五”末，农民专业合作社农户成员覆盖面达到45%以上，因此将45%定为该指标的目标值。

参加“公司+农户”的农户比重是指通过“公司+农户”模式生产和销售农产品的农户数量占农户总数的比重，这一指标是衡量农户与农产品企业纵向组织化的指标。农户与企业结成利益联合体，建立稳定的供销关系，可以实现农户规模经营，大大规避市场风险，是农产品流通组织化程度的体现。这一指标的数据来源是全国农业普查数据。2006年底，全国第二次农业普查显示，中国通过“公司+农户”的方式生产、销售农产品的村的比重为10.6%，参加“公司+农户”的农户户数占全国农户总数的3.5%，中国农户基数大，“公司+农户”的模式发展较快，通过专家咨询意见，将10%定为目标值。

农户农产品自销率是指自产自销农产品的农户数量占农户总数的比重，这一指标是衡量农户农产品流通参与能力的指标，也是现代化流通的体现。农户农产品自销率是一个逆向指标，农户农产品自销率越高，农户在农产品流通中的地位就越弱，流通组织化的水平就越低。目前，农户农产品的自销率在40%左右，随着农户组织化程度的提高，农户80%的农产品将依靠合作社或经纪人销售，因此将低于20%作为目标值。

农户组织受益率是指农户从农民合作组织中所获收入占农民总收入的比重。这一指标能够反映农户加入农民合作组织的收益，而且也能反映农户组织化的意愿。一般而言，农户受益率越高，农户加入农民合作组织的意愿越强，组织对农户的带动力就越强，这有利于农户组织化程度的加深。目前，农户50%以上的收入来自合作社，今后这一比例还将会提高，在此将80%作为目标值。

2. 反映农民专业合作社组织化程度的子系统

反映农民专业合作社组织化程度的子系统包括农民专业合作社经营收入比重、合作社统一销售成员农产品比重、农民专业合作社入社（会）率、合作社产销对接比重、合作社组织成员规模、合作社示范社比重六个指标。各指标含义如下：

农民专业合作社经营收入比重是指农民专业合作社经营收入占农村经济总收入的比重，这一指标是衡量合作社在农业生产经营中重要程度和组织效益的指标。这个指标数据可以从《中国农业年鉴》中查到，将40%

作为目标值。

合作社统一销售成员农产品比重是指通过农民专业合作社统一销售的农产品总值占农业总产值的比重，这一指标是衡量合作社对农户组织力的指标。这也是一个正向指标，比重越高，代表农民合作社的作用越大，对农户的带动力越高。这个指标可以从《中国合作经济发展研究报告》中查到。农业部新闻发言人赵铁桥2011年10月27日在新闻发布会上表示，到“十二五”末，合作社统一销售农户成员农产品产值要占到农业生产总产值的30%以上，将30%定为目标值。

合作社入社（会）率是指加入农民专业合作社联合社（会）的合作社比率，这一指标是衡量农民专业合作社横向组织化程度的指标。农民专业合作社联合社（会）是以农民专业合作组织为法人团体成员而自发组建的互助性的联合组织，它本质上是具有相互依存关系的合作组织之间为节省交易成本而达成的一种制度安排，它是合作组织发展到一定阶段的“自组织”产物，是合作社之间的联合和合作，是合作社组织化的体现。这个指标在年鉴中无法找到数据来源，是从农业部网站获得数据的。在浙江、山东、江苏等农民专业合作组织发展较快的地区，入社（会）率也只在5%左右。农民专业合作社联合社发展较快，对农业专业合作社的规范发展有较大的作用，因此将15%定为目标值。

合作社产销对接比重是指农民专业合作社通过与下游企业建立稳定产销关系的合作社数量占合作社总数的比重，这一指标是衡量合作社纵向组织化程度的指标。① 合作社通过与农产品加工企业、物流配送企业或超市等签订销售订单，可以建立高效率的销售网络，提高农产品流通组织化程度。这个指标数据可以从《中国农业年鉴》中查到，目前中国农业专业合作社与超市企业建立了稳定的产销对接关系的比重约为3.5%，在此将10%作为目标值。

合作社组织成员规模是指农民专业合作社拥有成员的平均数，这一指标可以衡量合作社组织规模，也可以反映出合作社对农户的带动力。合作

① 这里考虑到合作社是中国订单农业的主要载体，绝大部分订单要依靠农民专业合作社取得，农户的签约能力较小，故没有用农民签约率这样的指标，仅选用合作社农业订单率这一指标。另外农业部大力开展“农超对接”试点，引导农民专业合作社开展“农超对接”，2010年，农业部直接帮扶2000多家农民专业合作社与超市实现“农超对接”，带动1.1万家农民专业合作社与超市建立了产销关系。

社的成员数目越多，它的组织规模越大，对农户的带动力也越强。当然，成员数目也不能无限膨胀，规模过大可能会出现规模不经济。这个指标数据可以从《中国农业年鉴》中查到，通过专家咨询，将高于100人作为目标值。

合作社示范社比重是指农民专业合作社中规模较大、运作规范的合作社比率，这一指标是衡量农民专业合作社整体发展水平的指标。农民专业合作社示范社是指农民专业合作社中经营规模大、服务能力强、产品质量优、民主管理好的农民专业合作社，它们具有示范带头作用，它们的比重越大，说明农民专业合作社整体发展水平越高，对农产品流通组织化的带动作用就越强。农业部副部长陈晓华2012年7月在全国农民专业合作社经验交流会议上提出，到“十二五”末，各级示范社数量达到10万家以上，60%以上的专业合作社要实现规范化管理。这个指标数据可以从《中国合作经济发展研究报告》中查到，以现有合作社数量计算，在“十二五”末，示范社比重应达到20%以上，在此将高于20%作为目标值。

3. 反映农产品经纪人组织化程度的子系统

反映农产品经纪人组织化程度的子系统包括农产品经纪人从业比重、农产品经纪人入会率、农产品经纪人公司化比重、农产品经纪人完成的农产品流通量比重四个指标。各指标含义如下：

农产品经纪人从业比重是指农产品经纪人总数占乡村从业人员总数的比重，这一指标是衡量个体农产品经纪人发展规模的指标。日益活跃的农产品经纪人队伍是搞活农产品流通的重要市场中介，是推动农产品流通组织化的一支重要力量。这一指标也是一个正向指标，农产品经纪人这一群体应该经历一个从小到大，并最终保持相对稳定的过程。该指标数据可以从《中国农产品流通产业发展报告（2012）》中获得，这里将3%定为目标值。

农产品经纪人入会率是指农村经纪人加入农产品经纪人协会的比率，这一指标是衡量农产品经纪人外部组织化程度的指标。初期，农产品经纪人往往以个体经纪行为进行农产品的流通服务，目前农产品经纪人通过合伙、成立合作社、经纪公司或加入农产品经纪人协会等形式提高组织化的程度，其中加入农产品经纪人协会这种方式是组织成本最低的一种，不同的农产品经纪人之间通过协会加强联系与合作。这一指标是一正向指标，数据在年鉴中无法查到，但是从《中国农产品流通产业发展报告(2012)》中可以查到中国农产品经纪人入会率比较低，最高不超过25%，姑且将50%作为目标值。

农产品经纪人公司化比重是指隶属于农产品经纪公司的经纪人数量占农产品经纪人总量的比重，这是衡量农产品经纪人内部组织化程度的指标。以前中国的农产品经纪人在农产品流通中“各自为战”的比例很大，目前虽已有农产品经纪人开始组织起来成立农产品经纪公司，其经济实力和竞争能力大大增强，但公司化比重很低。这一指标是一正向指标，公司化比重越大，说明农产品经纪人组织化程度越高。该指标数据不易从统计年鉴中查得，但从《中国农产品流通产业发展报告（2012)》和专家评价中推测出该比重在10%以下，将50%作为目标值。

农产品经纪人完成的农产品流通量比重是指经由农产品经纪人完成的农产品总值占农产品销售总量的比重，这一指标可以衡量农产品经纪人的组织能力和对农户的带动力。将95%作为目标值。

4. 反映农产品流通企业组织化程度的子系统

反映农产品流通企业组织化程度的子系统包括农产品流通业集中度、农产品流通企业规模、农产品第三方物流比重、农产品连锁经营比重、农产品电子商务比重五个指标。各指标含义如下：

市场集中度是对一个行业的市场结构集中程度的测量指标，用来衡量企业的数目和相对规模的差异，是一个行业组织化和规模化发展的重要指标。因为中国农产品流通业是竞争相对分散的“零散型产业”[①]，属于低度集中市场，近两年来，政府鼓励农产品流通企业跨地区兼并重组和投资合作，支持大型农产品流通企业向生产领域和零售环节延伸，提高产业集中度和组织化水平，因此用这个指标可以反映农产品流通产业组织化程度。理想的指标来源应是用全国前10—20家农产品流通企业的市场份额来计算全国的农产品流通业集中度，但无法找到准确的数据来源，在此用《中国商品交易市场统计年鉴》中亿元以上批发市场代替。根据贝恩分类法，基于中国农产品流通产业的低集中度现状，将集中度的目标值定为

① “零散型产业”是波特在“产业竞争”理论中提出的，这种产业的市场集中度低，有许多企业进行着竞争，没有任何企业占有显著的市场份额，也没有任何一个企业能对整个产业的发展产生重大的影响。

40%比较合适。[①]

农产品流通企业规模是指限额以上农产品流通企业的平均从业人数，这是衡量农产品流通企业组织化程度的又一指标。因为中国农产品流通业是低集中度、高竞争性产业，仅用产业集中度指标来反映农产品流通企业组织化程度，可能会忽视那些对农产品流通业未来发展有重大贡献的，正处于规模经济时期的其他的农产品流通企业，因此用这一指标可以在一定程度上反映农产品流通企业的数量、规模与组织化的关系。一般而言，如果农产品流通企业数目偏多而且规模普遍偏小的话，则组织化程度也会偏低；而且由于产业壁垒的存在，农产品流通企业的数目和从业人数不可能无限制扩张，企业数目会趋于合理。所以在规模经济存在的前提下，农产品流通企业的规模如果得到提升，农产品流通企业的成本就会下降；企业间形成了有效竞争与合作，农产品流通产业的组织化程度就会大大提高。这个指标的相关数据可以在《中国贸易外经统计年鉴》中查到，由于本书研究偏重鲜活农产品，因此用肉、禽、蛋及水产品流通企业（包括批发业和零售业）的年末从业人数除以法人单位数得到，通过专家咨询，将150人定为目标值。

农产品第三方物流比重是指农产品第三方物流额占农产品物流总额的比重，这个指标是衡量中国农产品第三方物流企业组织规模的指标，反映中国农产品流通过程中仓储、配送与运输的组织化情况。农产品第三方物流目前还没有统计数据，但这是一个很好的指标，可以根据《中国物流统计年鉴》中提供的关于农产品物流企业的相关数据进行推算。通过专家咨询法，将10%作为目标值。

农产品连锁经营比重是指通过各种连锁超市销售的农产品占农产品流通总量的比重，这一指标是衡量农产品终端零售组织化的指标。农产品连锁经营可以减少农产品流通环节和流通费用，提高农产品的流通效率，是农产品流通组织化的途径之一。在欧美发达国家，80%以上的农产品通过超市连锁销售。商务部预测，“十二五”末农产品超市销售的比重将达到30%以上。该指标数据来源于《中国连锁经营年鉴》，将30%定为目

① 根据美国经济学家贝恩和日本通产省对产业集中度的划分标准，将产业市场结构粗分为寡占型（CR8 ≥ 40）和竞争型（CR8 < 40%）两类。其中，寡占型又可细分为极高寡占型（CR8 ≥ 70%）和低集中寡占型（40% ≤ CR8 < 70%）；竞争型又可细分为低集中竞争型（20% ≤ CR8 < 40%）和分散竞争型（CR8 < 20%）。

标值。

农产品电子商务比重是指通过电子商务平台销售的农产品占农产品零售总额的比例。农产品电子商务可以使农产品买卖双方在网上见面，减少农产品流通环节，可以大大提高农产品流通的组织化水平。目前，农产品物流技术相对落后，而且由于农产品自身的易腐烂、标准化程度低等特性决定其电子商务交易的比重不高。这一指标到目前为止，在《中国电子商务年鉴》有关分行业的电子商务统计数据中依然没有农产品数据，这说明目前农产品电子商务在中国还远未兴起。评价体系中将这一指标剔除。

（二）反映流通过程组织化程度的指标组

农产品流通过程组织化程度主要测度每个农产品流通环节的组织效率，体现为流通环节之间的精简、整合、再造。因此将流通过程组织化程度指标按照一般农产品的流通环节分解为三个子系统，分别反映农产品产地采购、运销、批发和零售过程的组织化程度。这组指标主要是从农产品各个环节上的流通效率、价格波动与利益分配三个方面来考察的，重点是农产品流通环节的流通效率，可以避免与主体组织化指标的重复。这里需要说明的是：首先，农产品在流通过程中流通效率难以在每一个环节上都体现出来，比如，流通时间往往是指农产品从采购到零售的时间，无法将每一个环节的时间割裂开来，统计方面也没有这样具体的数据；其次，还有一些指标可能在不同的环节中会有重复，比如农产品损耗率在每个环节上都存在，但是没有关于每一环节损耗的具体统计资料，这类数据往往只有一个综合值。

1. 反映农产品产地收购环节组织化的子系统

反映农产品产地收购环节组织化的子系统包括农产品商品率、农产品成本利润率、农产品生产价格涨幅三个指标。各指标含义如下：

农产品商品率是指农产品商品量占农产品总产量的百分比，这一指标是衡量农产品流通市场化的指标，也是农产品第一环节流通时间的指标，农产品能够及时从生产者（地）进入流通市场是流通过程组织化的开端。农产品滞销现象在中国各地都曾出现，水果、蔬菜的滞销几乎每年都会发生。农产品商品率越高，说明农产品流通组织化程度越高，流通效率越高。关于这一指标，可以从《中国农村住户调查年鉴》中查到农村居民家庭主要农产品出售量，从《中国农村统计年鉴》中查到主要农产品产量，用这两个指标即可求出农产品商品率。农业现代化评价指标体系的目标值被设定为80%，在此也将80%定为目标值。

农产品成本利润率是指农产品生产净利润与总成本费用的比值，这一指标是衡量农产品生产成本—收益的指标，兼顾了农产品收购环节中的流通成本和收益。这里的总成本包括了生产到收购之前的所有费用，除了生产的成本投入之外，还有对农产品进行增值服务的人工费用。农产品在产地收购这个环节上如果能够进行包装、清洗、分级等初级加工的话，就可以大大提高农产品的流通质量和流通速度，在中国，农产品初加工的增值率非常低，尤其是鲜活农产品多是以散装原产品的形式进入流通的。[①] 这个指标可以从《中国农村统计年鉴》中分别找到种植业和养殖业成本利润率的原始数据，对之进行平均后得到，对比其他行业的成本利润率，本书将40%定为目标值。

农产品生产价格涨幅。农产品生产价格指数是反映一定时期内，农产品生产者出售农产品价格水平变动趋势及幅度的相对数。农产品生产价格稳定是农产品价格稳定的基础，也是保证农产品生产者利益的根本，选用这个指标也反映了农产品流通组织化中稳定农产品价格的目标。农产品生产价格越稳定，农产品零售价格波动就越小，组织化评价结果也就越好，这一指标是逆向指标。这一指标的数据可以在《中国农村统计年鉴》中直接查到。农产品价格会受到季节性、气候条件等客观因素的影响，是商品价格中波动最频繁、最剧烈的，通过咨询专家意见，在此将低于8%作为目标值。

2. 反映农产品运销环节组织化的子系统

反映农产品运销环节组织化的子系统包括农产品物流比重、农产品物流成本比重、农产品损耗率三个指标。各指标含义如下：

农产品物流比重是指农产品物流占社会物流总额的比例，这个指标可以衡量农产品物流的发展规模，反映农产品的流通规模。农产品物流包括农产品产后加工、包装、储存、运输和配送等物流环节。发展农产品物

---

① 农产品初加工增值率这个指标是衡量农产品产地收购环节中流通收益的比较好的指标，但是这一指标缺乏统计数据的支持，鉴于指标选取的可操作性原则，将这一指标用农产品成本利润率来代替。

流，可以增加农产品附加值，降低流通成本损耗，保证农产品满足消费者的需求。这一指标可以在《中国物流年鉴》中找到，参照中国农业产值约占全国 GDP 的 10% 这一标准，并参照大部分发达国家这一比例为 8%—10% 的经验，本书将 10% 定为目标值。

农产品物流成本比重是指农产品流通中物流成本占农产品物流总额的比重，这一指标是衡量农产品流通效率的指标，是逆向指标。一般而言，农产品物流成本越低，农产品的流通效率就越高。这一指标来源于中国物流与采购联合会调查数据。欧美等发达国家的农产品物流成本不到 10%，这里将低于 10% 定为目标值。

农产品损耗率是指一定时期内农产品损耗量占农产品流通总量的比重。这一指标是逆向指标，农产品损耗率越低，流通效率则越高。国家发改委在 2010 年 6 月下发的《农产品冷链物流发展规划》中提出，到 2015 年，中国果蔬、肉类、水产品流通环节产品腐损率要分别降至 15%、8%、10% 以下，本书对之综合取平均数，将低于 10% 定为目标值。

3. 反映农产品批零环节组织化的子系统

反映农产品批零环节组织化的子系统包括农产品库存率、农产品批零利润率、农产品零售价格涨幅三个指标。各指标含义如下：

农产品库存率是指农产品库存总额占农产品销售总额的比重，这是衡量农产品流通效率的指标。这一指标是逆向指标，一般而言，库存率越低，农产品的流通成本越低，流通效率就越高。这一指标用《中国贸易外经市场统计年鉴》中的限额以上肉、禽、蛋及水产品批发库存总额除以其销售总额所得值与限额以上肉、禽、蛋及水产品零售库存总额除以其销售总额所得值的加权平均之和得到，参照一般流通业的理想库存率为 2% 这一数值，这里将低于 2% 作为目标值。

农产品批零利润率是指农产品批发和零售环节的利润与销售额之比。这一指标是衡量农产品批零环节收益的指标。农产品在流通过程中的利益分配也是农产品流通组织化关注的问题。在此，这一指标用《中国贸易外经市场统计年鉴》中的限额以上肉、禽、蛋及水产品批发业与零售业的利润总额除以各自的销售总额得到各自的销售利润率，然后加权平均得到。一般合适的销售利润率在 10%—20% 之间，农产品批零利润率应稍高，将 15% 定为目标值。

农产品零售价格涨幅是指一定时期内农产品零售价格比上期农产品零

售价格的变动率，这个指标是衡量农产品价格波动的指标。农产品价格稳定是农产品流通组织化的目标和体现，这一指标是逆向指标。参照国际上以居民消费价格指数（CPI）测定通货膨胀率的做法，一般认为，CPI 上涨低于 3% 是可以接受的，可视为物价基本稳定。[①] 其数据来源于《中国统计年鉴》，用食品零售价格涨幅来代替，由于中国食品在 CPI 指数的计算当中权重约为 33%，权重占比较大，而且农产品零售价格的波动受周期、季节性因素的影响较大，并基于对农民收益的考虑，本书将低于 10% 定为目标值。

（三）反映流通服务组织化程度的指标组

完善、健全的农产品流通服务体系是农产品流通顺畅的保证，是农产品流通组织化水平的体现。在此将农产品流通服务组织化水平指标组分解为基础设施服务、信息服务、质量安全控制服务三个子系统。

1. 反映农产品流通设施服务状况的子系统

反映农产品流通设施服务状况的子系统包括农村公路建制村通畅率、有农产品专业市场的乡镇比例、亿元农产品批发市场交易比重、农产品冷链物流流通率四个指标。各指标含义如下：

农村公路建制村通畅率是指农村公路通畅的建制村数量占全国建制村的比重，这个指标是衡量农村道路基础设施的指标，可以反映农产品流通服务基础设施是否健全。农村公路，尤其是村村道路通畅是农产品流通最基本的设施保障，可以保证农产品在生产出来后不会因交通道路原因而滞留产地，能够及时进入市场。这个指标可以在交通运输部每年公布的农村公路专项调查中得到数据来源，通过咨询专家意见，将 80% 定为目标值。

有农产品专业市场的乡镇比例。农产品专业市场是农产品进入流通的重要载体，有农产品专业市场的乡镇比例是反映农产品流通实体市场设施建设规模的指标。这一指标的数据来源是全国农业普查数据，通过咨询专家，本书将 30% 定为目标值。

亿元农产品批发市场交易比重是指亿元以上农产品批发市场的交易额占农产品市场交易总额的比重，这一指标是衡量农产品市场载体组织力的

---

① 国际上，CPI 通常是世界各国判断是否出现通货膨胀的重要衡量标准之一，3% 是普遍意义上被认为出现通胀的警戒线，超过 3% 则被视为通货膨胀，超过 5% 则被视为严重的通货膨胀。

指标。农产品批发市场是目前农产品流通的中心，现代化的农产品流通市场不仅仅是农产品的集散中心，更是提供农产品流通服务的基础。[①] 这个指标的相关数据可以在《中国商品交易市场统计年鉴》中查到，通过专家咨询，这里将90%作为目标值。

农产品冷链物流流通率是衡量农产品冷链物流占农产品物流总额的比重，这一指标是衡量农产品物流设施服务的指标。国家发改委在2010年6月下发的《农产品冷链物流发展规划》中提出，到2015年中国果蔬、肉类、水产品冷链流通率分别要达到20%、30%、36%以上，将冷藏运输率分别提高到30%、50%、65%左右，在此取平均值，将目标值定为30%。

2. 反映农产品流通信息网络服务状况的子系统

反映农产品流通信息网络服务状况的子系统包括农业网站比重、农产品市场信息比重、农村上网居民比重三个指标。以下各指标的目标值确定，均咨询了专家。各指标含义如下：

农业网站比重是指农业网站占中国网站总数的比例，这个指标可以衡量中国农产品信息网络平台的建设规模。农业网站是农产品流通信息服务的重要载体，是各农产品流通主体获得农产品信息的最重要平台。其数据来源于联网时代（北京）科技有限公司（CNZZ）数据中心，本书将10%定为目标值。

农产品市场信息比重是指涉及农产品供求、价格、交易等市场信息占农业信息的比重。理想中的指标选取目的是衡量农产品市场信息的更新速度和使用程度，但是此类指标无法找到数据来源，只能用农产品市场信息比重这一指标来代替。以中国农业科技信息网的统计数据为来源，用该网站统计的农产品供求热线、市场行情、商业贸易、批发市场、电子商务、产品信息和经济信息预测网站的总数除以农业网站的数量，得到农产品市场信息比重，这里将70%定为目标值。

① 农产品批发市场是农产品流通的主要市场载体，也是提供农产品流通服务的主体，农产品批发市场可以集冷冻保鲜、加工包装、物流配送、餐饮住宿、金融结算、质量检测与追溯等综合服务功能于一体。本书认为，构建以农产品批发市场为中心的农产品流通服务体系是农产品流通组织化的主要内容，考虑到规模大的现代化农产品批发市场的配套设施和服务比较健全，但无法获得具体的数据，因此用亿元农产品批发市场交易比重来间接反映农产品流通服务载体的建设情况。

农村上网居民比重是农村居民的上网人数占农村居民总数的比例，这个指标可以衡量农村居民的网络普及率。农民是农产品信息的主要使用者，他们是否能通过互联网得到的农产品市场信息指导和调整自己的生产是农产品流通组织化的第一步。数据来源于中国互联网络信息中心（CNNIC）发布的《中国互联网络发展状况统计报告》，将50%定为目标值。

3. 反映质量安全控制服务子系统

反映质量安全控制服务子系统包括农产品质量合格率、农业标准化生产普及率、农产品“三品一标”占有率三个指标。各指标含义如下：

农产品质量合格率是指按照规定的方法、程序和标准对主要农产品实施抽样检验，被判定为符合质量安全标准的样品数量占全部抽检样品数的百分比。“民以食为天，食以安为先。”农产品质量安全关乎消费者的身心健康，关乎中国农业发展，也是农产品流通组织化的根本目标。这个指标的数据可以从农业部每年开展的农产品质量安全例行监测中得到。[①] 农业部的《农产品质量安全发展“十二五”规划》确定在“十二五”期间农产品质量安全抽检合格率稳定保持在96%以上。这里将96%定为目标值。

农业标准化生产就是在农业生产过程中实施产前、产中、产后全过程的标准化、规范化管理，是提升农产品质量安全水平、增强农产品市场竞争力的重要保证。农业标准化生产普及率是衡量农产品质量安全服务覆盖率的重要指标。国务院在《质量发展纲要（2011—2020年）》中设定，在“十二五”末，农业标准化生产普及率要达到30%。这里将30%定为目标值。

农产品“三品一标”[②] 占有率是指通过“三品一标”认定的产地占食用农产品产地总面积的比重，这个指标可以衡量安全优质品牌农产品的

---

① 农业部门从2001年开始建立并启动实施农产品质量安全例行监测工作。目前，国家层面的农产品质量安全例行监测工作已经扩大到全国31个省（自治区、直辖市）的138个大中城市，已对蔬菜、水果、食用菌、茶叶、畜禽产品和水产品6大类农产品的质量安全实施例行监测。对农产品质量安全的例行监测，每年实施4次。通过对138个大中城市的6大类农产品的例行监测，基本上可以辐射70%以上的农产品生产基地。

② 无公害农产品、绿色食品、有机农产品和农产品地理标志被统称为“三品一标”。“三品一标”是政府主导的安全优质农产品公共品牌，是当前和今后一个时期农产品生产消费的主导产品。

生产规模，是农产品流通质量安全的保证。农业部在《农产品质量安全发展“十二五”规划》中设定，在“十二五”期间，通过“三品一标”认定的产地面积应达到全国食用农产品生产总面积的60%。这里将60%定为目标值。

五　中国农产品流通组织化程度评价方法

（一）指标权重与目标值的确定

1. 确定指标权重的方法

每一个指标对农产品流通组织化的影响程度是不一样的，因此需要确定每一个指标的权重。本书指标权重的确定方法采用德尔菲法和层次分析法。

德尔菲法（Delphi）也称“专家调查法”，是20世纪40年代由O. 赫尔姆（O. Helm）和N. 达尔克（N. Dalke）首创，经过T. J. 戈尔登和兰德公司进一步发展而成的。首先采用通信方式征询专家意见，然后回收、汇总并整理出综合意见。其次将整理的综合意见再分别反馈给专家，再次征询意见，各专家进行综合评价后修改自己原有的意见，然后再汇总。经过多次这样的反复，逐步取得比较一致的结果，这就是德尔菲决策方法。在农产品流通指标权重的确定中，我们采用的是面对面的问卷方法，然后将问卷回收，再经过综合和整理，对层次分析法下无法通过一致性检验的矩阵判断通过电话的方式征求意见，最终使其通过检验。

层次分析法（AHP）是20世纪70年代中期由美国运筹学家托马斯·塞蒂（T. L. Saaty）正式提出的。它是一种定性和定量相结合的、系统化的、层次化的分析方法。层次分析法的分析步骤是，首先建立递阶层次结构模型，其次构造判断矩阵，计算权向量并做一致性检验，最后计算组合权向量并做一致性检验。农产品流通组织化评价体系分为目标层、准则层、子准则层和方案层四个层次，然后通过专家咨询确定目标权重。具体步骤如下：

第一步，对农产品流通组织化指标体系建立递阶层次结构模型。按照层次分析法将系统分为三个层次：目标层是中国农产品流通组织化程度，一级指标是准则层，二级指标是子准则层，各个三级指标为方案层（指标结构如图4.4）。将一个贯穿一级指标到三级指标的分支表示为H，H_i

为某一指标组的一级指标，表示为 $H = \{H_1, H_2, \cdots, H_m\}$；$H_{ij}$为对应于 H_i 的某组二级指标，表示为 $H_i = \{H_{i1}, H_{i2}, \cdots, H_{ij}\}$；$H_{ijk}$为对应于 H_{ij}的某组三级指标，表示为 $H_{ij} = \{H_{ij1}, H_{ij2}, \cdots, H_{ijk}\}$。具体表示如下：

H_i =（流通主体组织化，流通过程组织化，流通服务组织化）

H_{ij}（对应于流通主体组织化这个一级指标）=（农户组织化，农民专业合作社组织化，农产品经纪人组织化，农产品流通企业组织化）

H_{ijk}（对应于农户组织化这个二级指标）=（农户出售农产品的收入比重，农户流通合作组织参与度，参加“公司 + 农户”的农户比重，农户农产品自销率，农户组织受益率）

第二步，构建指标判断矩阵。采用德尔菲法向各位专家介绍并咨询各级指标的相对重要性。按照层次分析法中的“1—9 标度”法对指标两两进行相对重要性赋值。经过反复汇总、整理、反馈，最后取得比较一致的专家意见时，就可以确定最终判断矩阵。判断标度方法如表 4.1。判断矩阵如下：$X = (a_{ij})_{m \times n}$，其中 a_{ij} 就是表示两个指标间的重要性的标度。这样就可以得到 A_i，B_{ij}，C_{ijk} 三组三级指标的判断矩阵，分别表示为 X_1，X_2，X_3。

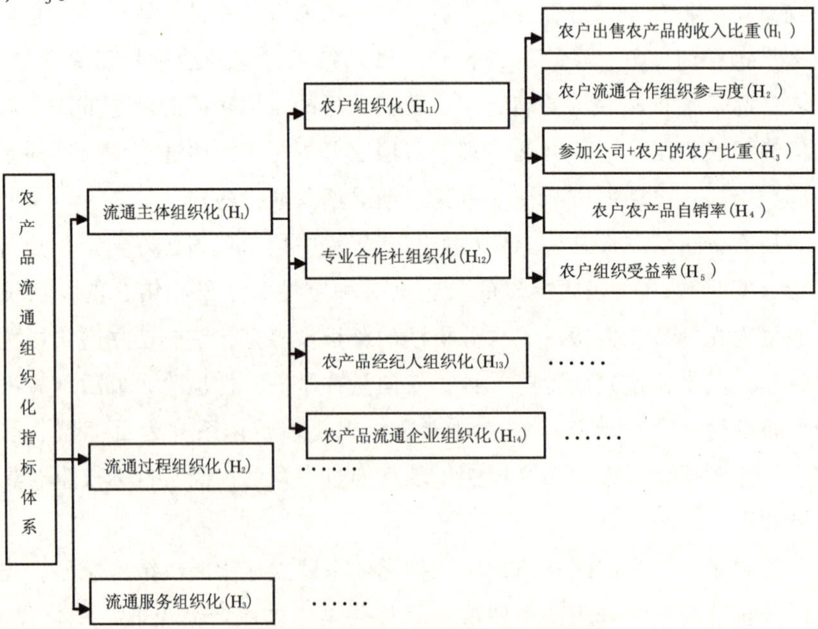

图 4.4 农产品流通组织化评价指标体系结构

第三步，判断矩阵一致性并计算权重。如果矩阵 $X=(a_{ij})_{m\times n}$ 的最大特征值 λ_{max} 稍大于矩阵阶数 n，且越接近于 n 时，一致性越好，反之，一致性越差。判断矩阵的平均值，即 $CI=(\lambda_{max}-n)/(n-1)$，作为判断一致性的指标，将其与平均随机一致性指标 RI（该值可以在表 4.1 中查到）之比称为随机一致性比率，记为 CR。当 $CR=CI/RI<0.1$ 时，即通过一致性检验，否则即不通过一致性检验，需要通过征询专家意见适当修正矩阵。

表 4.1　　　　**标度及含义**

标度	含义
1	表示两个因素相比，具有相同的重要性
3	表示两个因素相比，前者比后者稍微重要
5	表示两个因素相比，前者比后者为重要
7	表示两个因素相比，前者比后者十分重要
9	表示两个因素相比，前者比后者绝对重要
2，4，6，8	表示上述相邻判断的中间值
倒数	若因素 U_i 与 U_j 的重要性之比为 b_{ij}，则因素 U_j 与 U_i 的重要性之比为 $b_{ji}=1/b_{ij}$

表 4.2　　　　**重复计算 1000 次的平均随机一致性指标值**

数	1	2	3	4	5	6	7	8	9	10
RI	0.00	0.00	0.52	0.89	1.12	1.26	1.36	1.41	1.46	1.49

2. 指标权重的确定

对农产品流通组织化的评价指标体系中指标权重的确定采取德尔菲法。首先设计农产品流通组织化评价的调查问卷征询专家意见，采用层次分析法中的“1—9 标度”法对每一层次的指标两两进行相对重要性赋值（调查问卷见附录 1）。在指标权重的确定过程中，总共向专家进行了两轮调查。第一轮是与专家面对面的问卷调查，第二次是通过电话咨询。其中在第一轮调查中，总共向 10 位专家发放了农产品流通组织化评价的调查问卷，最后收到返回的有效问卷 7 份，其中 3 位来自大学和科研院所，2 位是农产品流通企业的管理人员，1 位是蔬菜产销合作社的法人代表，1 位是分管农业的政府官员。其次利用层次分析法 yaahp 软件中的群决策功能进行分析，主要过程如下：

第一，添加7个专家，并将第一轮调查回收的7份问卷的数据依次输入系统，在对判断矩阵赋值的同时参看一致性检验CR值的大小，对于CR值大于0.1的，即一致性检验没有通过的判断矩阵，在第一时间采用打电话方式直接向原专家征求意见，把专家在第一次问卷中的判断结果详细告诉专家，请专家对通不过检验的判断矩阵做出重新调整，直至通过一致性检验（各专家对各指标判断矩阵的一致性检验结果见表4.3）。

表4.3　　**评价指标的一致性检验（CR值）**

准则层指标	专家1	专家2	专家3	专家4	专家5	专家6	专家7
农产品流通组织化	0.0825	0.0000	0.0707	0.0176	0.0904	0.0025	0.0036
农产品流通主体组织化	0.0247	0.0750	0.0805	0.0077	0.0650	0.0740	0.0537
农产品流通过程组织化	0.0019	0.0000	0.0000	0.0088	0.0516	0.0757	0.0053
农产品流通服务组织化	0.0036	0.0088	0.0516	0.0707	0.0624	0.0000	0.0053
农户	0.0579	0.0882	0.0747	0.0835	0.0797	0.0693	0.0160;
农民专业合作社	0.0597	0.0865	0.0733	0.0919	0.0654	0.0930	0.0539
农产品经纪人	0.0050	0.0287	0.0116	0.0688	0.0943	0.0740	0.0079
农产品流通企业	0.0490	0.0106	0.0574	0.0653	0.0764	0.0000	0.0000
农产品收购环节	0.0311	0.0053	0.0025	0.0088	0.0825	0.0000	0.0000
农产品运销环节	0.0136	0.0088	0.0088	0.0088	0.0516	0.0370	0.0000
农产品批零环节	0.0000	0.0036	0.0036	0.0176	0.0036	0.0000	0.0068
流通设施服务组	0.0016	0.0574	0.0688	0.0171	0.0788	0.0805	0.0171
农产品信息服务	0.003	0.0036	0.0000	0.0088	0.0136	0.0516	0.0068
质量安全控制	0.0516	0.0136	0.0000	0.0176	0.0000	0.0370	0.0121

第二，对每位专家赋平均权重（每个专家的权重均为0.1429），专家数据集结方法采用各专家排序向量加权几何平均法，软件系统自动计算出农产品流通组织化各指标的权重。通过yaahp软件可以计算出每位专家对一级、二级、三级指标的权重计算结果，在各自的准则层下，每位专家对各指标的权重评价结果参见表4.4、4.5。通过每位专家对每个准则系统权重的赋值可以看出指标的相对重要性。比如在表4.4中专家7对农产品流通组织化的流通主体、流通过程和流通服务重要性的排序，三者的权重分别为0.6483、0.2297、0.1220，从中可以知道，该

专家认为农产品流通主体组织化的重要性最大。同时，经对比可知，7位专家对于这三个主要因素的重要性排序的次序是相同的，都认为农产品流通主体的组织化最重要，次之，依次是农产品流通过程和农产品流通服务的组织化。7位专家对一、二级指标权重赋值的判断矩阵的详细结果可参看附录2。

表4.4　**各专家对一级和二级指标赋权结果**

准则层指标	专家1	专家2	专家3	专家4	专家5	专家6	专家7	平均值
农产品流通组织化	1.0000	1.0000	1.0000	1.0000	1.0000	1.0000	1.0000	1.0000
主体组织化	0.7286	0.6667	0.6144	0.5499	0.4979	0.6817	0.6483	0.6268
过程组织化	0.1626	0.2222	0.2684	0.2402	0.3669	0.2158	0.2297	0.2437
服务组织化	0.1088	0.1111	0.1172	0.2098	0.1352	0.1025	0.122	0.1295
农产品流通主体组织化	1.0000	1.0000	1.0000	1.0000	1.0000	1.0000	1.0000	1.0000
农户	0.4061	0.38	0.1693	0.311	0.0589	0.0655	0.4457	0.2624
农民专业合作社	0.0659	0.0694	0.2395	0.127	0.4662	0.1465	0.1475	0.1803
农产品经纪人	0.0986	0.1234	0.2164	0.281	0.1524	0.2884	0.0716	0.1760
农产品流通企业	0.4294	0.4273	0.3748	0.281	0.3224	0.4995	0.3352	0.3814
农产品流通过程组织化	1.0000	1.0000	1.0000	1.0000	1.0000	1.0000	1.0000	1.0000
农产品收购环节	0.0977	0.1667	0.2857	0.1634	0.065	0.7147	0.1603	0.2362
农产品运销环节	0.187	0.1667	0.1429	0.5396	0.5736	0.2185	0.6908	0.3599
农产品批零环节	0.7153	0.6667	0.5714	0.297	0.3614	0.0668	0.1488	0.4039
农产品流通服务组织化	1.0000	1.0000	1.0000	1.0000	1.0000	1.0000	1.0000	1.0000
流通设施服务	0.122	0.1634	0.3445	0.2684	0.0719	0.4286	0.1283	0.2182
农产品信息服务	0.2297	0.297	0.1085	0.1172	0.6491	0.4286	0.2764	0.3009
质量安全控制	0.6483	0.5396	0.5469	0.6144	0.279	0.1429	0.5954	0.4809

注：表中每位专家的二级指标对总目标的权重没有得到体现，按所有二级指标所对应的一级指标的权重为1计算得出的结果。

表4.5　**各专家对三级指标赋权结果**

三级指标	专家1	专家2	专家3	专家4	专家5	专家6	专家7	平均值
农户组织化	1.0000	1.0000	1.0000	1.0000	1.0000	1.0000	1.0000	1.0000
出售农产品的收入比重	0.2628	0.2276	0.2213	0.2404	0.0429	0.1263	0.2636	0.1978

续表

三级指标	专家1	专家2	专家3	专家4	专家5	专家6	专家7	平均值
农户流通合作组织参与度	0.4758	0.4845	0.4992	0.4132	0.2453	0.0735	0.4773	0.3813
“公司加农户”的农户比重	0.0529	0.0583	0.0535	0.0741	0.1996	0.2663	0.0531	0.1083
农户农产品自销率	0.1227	0.1162	0.1298	0.1549	0.1841	0.0443	0.0988	0.1215
农户组织受益率	0.0858	0.1135	0.0961	0.1174	0.3281	0.4896	0.1072	0.1911
农民专业合作社组织化	1.0000	1.0000	1.0000	1.0000	1.0000	1.0000	1.0000	1.0000
合作社统一销售农产品比重	0.1664	0.2733	0.1828	0.1672	0.1404	0.0725	0.166	0.1669
合作社经营收入比重	0.3986	0.3282	0.3803	0.341	0.4049	0.1367	0.1864	0.3109
农民专业合作社入社率	0.0378	0.0703	0.0419	0.0548	0.0395	0.0547	0.1844	0.0691
合作社产销对接比重	0.1151	0.0465	0.1076	0.1351	0.1143	0.3415	0.0494	0.1299
合作社组织成员规模	0.0629	0.1504	0.0678	0.0766	0.0625	0.1367	0.1318	0.0984
合作社示范社比重	0.2193	0.1314	0.2196	0.2254	0.2384	0.2578	0.282	0.2248
农产品经纪人组织化	1.0000	1.0000	1.0000	1.0000	1.0000	1.0000	1.0000	1.0000
农产品经纪人从业比重	0.2625	0.0673	0.3	0.165	0.1143	0.0655	0.1807	0.1650
农产品经纪人入会率	0.5077	0.1363	0.5046	0.2775	0.066	0.1465	0.0946	0.2476
农产品经纪人公司化比重	0.0783	0.1441	0.0728	0.3925	0.2791	0.2884	0.1682	0.2033
经纪人完成农产品流通量比重	0.1515	0.6523	0.1225	0.165	0.5406	0.4995	0.5566	0.3840
农产品流通企业组织化	1.0000	1.0000	1.0000	1.0000	1.0000	1.0000	1.0000	1.0000
流通业集中度	0.2736	0.5806	0.2166	0.1787	0.1398	0.375	0.4444	0.3155
农产品流通企业规模	0.0782	0.0663	0.1251	0.0868	0.0506	0.375	0.1111	0.1276
第三方物流比重	0.3405	0.1213	0.3292	0.3095	0.3621	0.125	0.2222	0.2585
连锁经营比重	0.3077	0.2318	0.3292	0.425	0.4475	0.125	0.2222	0.2983
农产品产地收购环节组织化	1.0000	1.0000	1.0000	1.0000	1.0000	1.0000	1.0000	1.0000
农产品商品率	0.7582	0.751	0.7641	0.5396	0.6738	0.4286	0.5	0.6308
农产品成本利润率	0.0905	0.0872	0.1149	0.1634	0.1007	0.4286	0.25	0.1765
农产品生产价格涨幅	0.1512	0.1618	0.121	0.297	0.2255	0.1429	0.25	0.1928
农产品运销环节组织化	1.0000	1.0000	1.0000	1.0000	1.0000	1.0000	1.0000	1.0000
农产品物流比重	0.0751	0.297	0.1634	0.1634	0.065	0.1047	0.1111	0.1400
农产品物流成本比重	0.3332	0.5396	0.297	0.5396	0.3614	0.637	0.2222	0.4186

续表

三级指标	专家1	专家2	专家3	专家4	专家5	专家6	专家7	平均值
农产品损耗率	0.5917	0.1634	0.5396	0.297	0.5736	0.2583	0.6667	0.4415
农产品批零环节组织化	1.0000	1.0000	1.0000	1.0000	1.0000	1.0000	1.0000	1.0000
农产品库存率	0.4545	0.1095	0.1095	0.122	0.0836	0.4286	0.2426	0.2215
农产品批零销售利润率	0.0909	0.309	0.309	0.3196	0.4443	0.4286	0.0879	0.2842
农产品零售价格涨幅	0.4545	0.5816	0.5816	0.5584	0.4721	0.1429	0.6694	0.4944
农产品流通基础设施组织化	1.0000	1.0000	1.0000	1.0000	1.0000	1.0000	1.0000	1.0000
农村公路建制村通畅率	0.099	0.1638	0.1672	0.193	0.6076	0.1612	0.1343	0.2180
亿元农产品批发市场交易比重	0.5182	0.4013	0.2364	0.1233	0.0829	0.093	0.2259	0.2401
有农产品专业市场的乡镇比例	0.099	0.0974	0.1988	0.3592	0.1921	0.4369	0.125	0.2155
农产品冷链物流流通率	0.2838	0.3375	0.3976	0.3245	0.1173	0.3089	0.5149	0.3264
农产品流通信息组织化	1.0000	1.0000	1.0000	1.0000	1.0000	1.0000	1.0000	1.0000
农业网站比重	0.1297	0.309	0.4286	0.1634	0.5917	0.1571	0.2426	0.2889
农产品市场信息比重	0.7324	0.5816	0.4286	0.5396	0.3332	0.5936	0.6694	0.5541
农村上网居民比重	0.1378	0.1095	0.1429	0.297	0.0751	0.2493	0.0879	0.1571
农产品质量安全控制	1.0000	1.0000	1.0000	1.0000	1.0000	1.0000	1.0000	1.0000
农产品质量合格率	0.7089	0.7396	0.5	0.625	0.4545	0.2583	0.7471	0.5762
农业标准化生产普及率	0.1786	0.1666	0.25	0.1365	0.4545	0.637	0.1336	0.2795
农产品“三品一标”占有率	0.1125	0.0938	0.25	0.2385	0.0909	0.1047	0.1194	0.1443

注：表中每位专家的三级指标对总目标的权重没有体现出来，按所有三级指标所对应的二级指标的权重为1计算得出的结果。

第三，计算出各专家一级、二级指标对总目标的权重。通过各专家评价的准则层（一级和二级指标）对总目标的权重（参看表4.6），可以计算得出所有二级指标对总目标的权重。

第四，将一级、二级指标对总目标的权重分别乘以三级指标权重，各自均未考虑总目标的权重，就可以得到所有三级指标对总目标的权重。用yaahp软件计算所得出的结果参见表4.7。

表 4.6　　　　一级、二级指标对总目标的最终权重结果

准则层指标	专家 1	专家 2	专家 3	专家 4	专家 5	专家 6	专家 7	平均值	排序
农产品流通组织化	1.0000	1.0000	1.0000	1.0000	1.0000	1.0000	1.0000	1.0000	
流通主体组织化	0.7286	0.6667	0.6144	0.5499	0.4979	0.6817	0.6483	0.6268	1
流通过程组织化	0.1626	0.2222	0.2684	0.2402	0.3669	0.2158	0.2297	0.2437	2
流通服务组织化	0.1088	0.1111	0.1172	0.2098	0.3669	0.1025	0.1220	0.1295	3
子准则层指标	1.0000	1.0000	1.0000	1.0000	1.0000	1.0000	1.0000	1.0000	
农户	0.2959	0.2533	0.1040	0.1710	0.0293	0.0447	0.2889	0.1696	2
农民专业合作社	0.0480	0.0462	0.1471	0.0698	0.2322	0.0999	0.0956	0.1055	4
农产品经纪人	0.0718	0.0822	0.1330	0.1545	0.0759	0.1966	0.0464	0.1086	3
农产品流通企业	0.3129	0.2849	0.2303	0.1545	0.1605	0.3405	0.2173	0.2430	1
农产品收购环节	0.0159	0.0370	0.0767	0.0393	0.0239	0.1543	0.0368	0.0548	8
农产品运销环节	0.0304	0.0370	0.0383	0.1296	0.2105	0.0472	0.1587	0.0931	6
农产品批零环节	0.1163	0.1481	0.1534	0.0713	0.1326	0.0144	0.0342	0.0958	5
流通设施服务	0.0133	0.0182	0.0404	0.0563	0.0097	0.0439	0.0157	0.0282	10
农产品信息服务	0.0250	0.0330	0.0127	0.0246	0.0877	0.0439	0.0337	0.0372	9
质量安全控制	0.0706	0.0600	0.0641	0.1289	0.0377	0.0146	0.0726	0.0641	7

通过表 4.6 也可以看出，专家在对于影响农产品流通组织化程度因素的评价中，将评价农产品流通主体组织化程度四个指标排在前四位，这也印证了在农产品流通组织化中主体的组织化是最关键的这一结论，而且农产品流通企业的组织化程度排在首位，这具有重要的政策指导意义。除此之外，专家们也比较重视农产品在批零环节的组织化问题，这也反映了专家对于中国农产品流通中批零环节利益分配和价格形成的普遍重视和共识。

3. 目标值的确定

国内普遍认为，中国农产品流通组织化程度低，这个结论如何来证实呢？中国农产品流通发展到什么程度才算高度的农产品流通组织化？要量化以上的问题，需要对每个指标确定科学的、明确的目标值。要制定农产品流通组织化评价体系，各指标目标值的确定至关重要，既要反映农产品流通组织化的动态变化，又要基于中国农产品流通组织化的现状，确定目标值的过程和指标的选取过程一样困难重重。有关目标值的确定问题当然

还存在着难以解决的困难：第一，目前有关农产品流通组织化的数据非常不完善，尤其是历史数据十分欠缺，无法从历史数据中找到有力的规律；第二，中国农产品流通组织化主体有其独特的地方，无法从国际经验中找到相关的借鉴；第三，专家样本数量不多，专家的评价主观性较大。本书在确定各指标的目标值时，主要的依据有：一是参考有关专家学者的观点和研究成果；二是参考国家有关部门制定的"十二五规划"中的目标；三是对比国际水平；四是征求专家意见。在向专家征求意见时，首先参考历史数据评估指标的增长速度，考虑到目标值的增长应该有一个循序渐进的过程，因此不能将其定得过高，应该以可实现的适宜目标为主，为专家提出相关指标的参考值，请专家提出意见。目标值确定的依据在第三节对指标的描述中已经说明。在此对各个三级指标的目标值加以总结，具体见

表 4.7　**农产品流通组织化指标权重的最终结果**

三级指标	权重	三级指标	权重
农户出售农产品的收入比重	0.029	农产品商品率	0.0348
农户流通合作组织参与度	0.0552	农产品成本利润率	0.0084
参加"公司+农户"的农户比重*	0.0144	农产品生产价格涨幅	0.0104
农户农产品自销率	0.019	农产品物流比重	0.0117
农户组织受益率	0.0256	农产品物流成本比重	0.0372
合作社经营收入比重	0.019	农产品损耗率	0.0374
合作社统一销售农产品比重	0.0352	农产品库存率	0.0177
专业合作社入社（会）率	0.0071	农产品批零利润率	0.0238
合作社产销对接比重	0.0128	农产品零售价格涨幅	0.0448
合作社组织成员规模	0.0111	农村公路建制村通畅率	0.0057
合作社示范社比重	0.0266	亿元农产品批发市场交易比重	0.006
农产品经纪人从业比重	0.0185	有农产品专业市场乡镇比例	0.0057
农产品经纪人入会率	0.0247	农产品冷链物流流通率	0.0094
农产品经纪人公司化比重	0.0223	农业网站比重	0.0107
完成农产品流通量比重	0.0409	农产品市场信息比重	0.0229
农产品流通业集中度	0.088	农村上网居民比重	0.006
农产品流通企业规模	0.0319	农产品质量合格率	0.0396
农产品第三方物流比重	0.0739	农业标准化生产普及率	0.017
农产品连锁经营比重	0.0862	农产品"三品一标"占有率	0.0096

表 4.8　　中国农产品流通组织化评价指标体系指标权重与目标值

一级指标	二级指标	三级指标	数据来源	总权重	目标值
农产品流通主体组织化	农户	农户出售农产品的收入比重	中国农业年鉴	0.029	80%
		农户流通合作组织参与度	中国合作经济年度发展报告	0.0552	45%
		参加“公司+农户”的农户比重	全国农业普查	0.0144	10%
		农户农产品自销率	中国经济网	0.019	<20%
		农户组织受益率	中国合作经济发展研究报告	0.0256	80%
	农民专业合作社	合作社经营收入比重	中国农业年鉴	0.019	40%
		合作社统一销售农产品比重	中国合作经济发展研究报告	0.0352	30%
		专业合作社入社（会）率	农业部网站	0.0071	15%
		合作社产销对接比重	中国农业年鉴	0.0128	10%
		合作社组织成员规模	中国农业年鉴	0.0111	100 人
		合作社示范社比重	中国合作经济发展研究报告	0.0266	20%
	农产品经纪人	农产品经纪人从业比重	中国农产品流通产业发展报告	0.0185	3%
		农产品经纪人入会率	中国农产品流通产业发展报告	0.0247	50%
		农产品经纪人公司化比重	中国农产品流通产业发展报告	0.0223	50%
		完成农产品流通量比重	中国农产品流通产业发展报告	0.0409	95%
	农产品流通企业	农产品流通业集中度	中国商品交易市场统计年鉴	0.088	40%
		农产品流通企业规模	中国贸易外经统计年鉴	0.0319	100 人
		农产品第三方物流比重	中国物流统计年鉴	0.0739	10%
		农产品连锁经营比重	中国商业年鉴	0.0862	30%
农产品流通过程组织化	产地收购环节	农产品商品率	中国农村住户调查年鉴	0.0348	90
		农产品成本利润率	中国农村统计年鉴	0.0084	40
		农产品生产价格涨幅	中国农村统计年鉴	0.0104	<8%
	运销环节	农产品物流比重	中国物流年鉴	0.0117	10%
		农产品物流成本比重	中国物流与采购联合会数据	0.0372	<10%
		农产品损耗率	农产品冷链物流发展规划	0.0374	<10%
	批零环节	农产品库存率	中国贸易外经统计年鉴	0.0177	<2%
		农产品批零利润率	中国统计年鉴	0.0238	15%
		农产品零售价格涨幅	中国统计年鉴	0.0448	<10%
农产品流通服务组织化	流通设施服务	农村公路建制村通畅率	全国农村公路通达情况专项调查	0.0057	80%
		亿元农产品批发市场交易比重	中国商品交易市场统计年鉴	0.006	80%
		有农产品专业市场乡镇比例	全国农业普查	0.0057	15%
		农产品冷链物流流通率	农产品冷链物流发展规划	0.0094	30%
	信息网络服务	农业网站比重	CNNC	0.0107	10%
		农产品市场信息比重	中国农业科技信息网	0.0229	70%
		农村上网居民比重	CNNIC	0.006	50%
	质量安全控制	农产品质量合格率	农业部	0.0396	96%
		农业标准化生产普及率	农业部	0.017	30%
		农产品“三品一标”占有率	中国农业年鉴	0.0096	60%

注：所有指标的计算周期为 1 年。

表4.8。表4.8总结了各个指标的权重与目标值，并且指明了所有指标的数据来源。从数据来源一栏中可以看出，除了关于农产品流通信息服务的指标原始数据来自于非政府部门外，其他所有指标的数据均来源于相关统计年鉴或政府权威部门公布的数据，其来源可靠。

本书中的目标值是针对全国平均水平而言的目标值，对发达地区与不发达地区经济发展水平加以平均而确定的一个综合水平。当针对某一特定地区的农产品流通组织化程度进行调研时，为使目标值更能体现当地的发展现状和未来发展的趋势，本书依据当地的经济发展水平和特点做了适当的调整。

（二）数值的计算与多指标综合测定法

1. 数值的计算

指标可以分为正向指标和逆向指标。正向指标是代表向上或向前发展、增长的指标，这些指标值越大，评价结果就越好；逆向指标是指标值越小，评价结果就越好的指标。在农产品流通组织化指标体系中，除了农户农产品自销率、农产品生产价格涨幅、农产品物流成本比重、农产品损耗率、农产品库存率和农产品零售价格涨幅五个指标是逆向指标外，其余指标均为正向指标。各指标指数的计算如下：

R 为正向指标时，

$$R = \begin{cases} 1 & (M \geqslant N) \\ M/N & (M < N) \end{cases} \tag{4.1}$$

R 为逆向指标时，

$$R = \begin{cases} 1 & (M \leqslant N) \\ (1-M)/(1-N) & (M > N) \end{cases} \tag{4.2}$$

在公式（4.1）和（4.2）中，M 是指标实际值，N 是指标目标值。

2. 多指标综合测定法

在农产品流通组织化水平的评价模型中，包括农产品流通组织化水平测评总模型（U）和农产品流通主体组织化子系统模型 A_1、农产品流通过程组织化子系统模型 A_2 和农产品流通服务组织化子系统模型 A_3 三个一级子系统模型，还有农户组织化子系统模型 B_{11}、农民专业合作社组织化子系统模型 B_{12}、农产品经纪人组织化子系统模型 B_{13}、农产品流通企业组织化子系统模型 B_{14}、农产品产地收购环节组织化子系统模型 B_{21}、农产品运销环节组织化子系统模型 B_{22}、农产品批零环节组织化子系统模型 B_{23}、农产品流通设施服务子系统模型 B_{31}、农产品信息网络服务子系统模型 B_{32}、农产品质量安全控制服务子系统模型 B_{33} 10 个二级子系统模型。根据前面各指标的权重和标准处理后的指标指数，可以先计算各个三级子系统的得分，再计算各个二级子系统的得分，最后可以计算得出农产品流通组织化的综合得分。

中国农产品流通组织化程度评价总模型的数学表达式如下：

$$U_t = W_1A_1 + W_2A_2 + W_3A_3 = \sum W_iA_i \tag{4.3}$$

式中，U_t 是评价区域 t 期的总水平，W_i 是各一级子系统权重，A_i 是各一级子系统指数 。三个一级子系统模型的数学表达式为：

$$A_1 = W_{11}B_{11} + W_{12}B_{12} + W_{13}B_{13} + W_{14}B_{14} = \sum_{j=1}^{4} W_{1j}B_{1j} \tag{4.4}$$

$$A_2 = W_{21}B_{21} + W_{22}B_{22} + W_{23}B_{23} = \sum_{j=1}^{3} W_{2j}B_{2j} \tag{4.5}$$

$$A_3 = W_{31}B_{31} + W_{32}B_{32} + W_{33}B_{33} = \sum_{j=1}^{3} W_{3j}B_{3j} \tag{4.6}$$

A_i 是第 i 个一级子系统的得分水平，B_{ij} 是各二级子系统指数，W_{ij} 是各二级子系统权重。

10 个二级子系统模型为：

$$B_{11} = W_{111}C_{111} + W_{112}C_{112} + \cdots + W_{115}C_{115} = \sum_{k=1}^{5} W_{11k}C_{11k} \tag{4.7}$$

$$B_{12} = W_{121}C_{121} + W_{122}C_{122} + \cdots + W_{126}C_{126} = \sum_{k=1}^{6} W_{12k}C_{12k} \tag{4.8}$$

$$B_{13} = W_{131}C_{131} + W_{132}C_{132} + \cdots + W_{134}C_{134} = \sum_{k=1}^{4} W_{13k}C_{13k} \tag{4.9}$$

$$B_{14} = W_{141}C_{141} + W_{142}C_{142} + \cdots + W_{145}C_{145} = \sum_{k=1}^{5} W_{14k}C_{14k} \tag{4.10}$$

$$B_{21} = W_{211}C_{211} + W_{212}C_{212} + W_{213}C_{213} = \sum_{k=1}^{3} W_{21k}C_{21k} \tag{4.11}$$

$$B_{22} = W_{221}C_{221} + W_{222}C_{222} + W_{223}C_{223} = \sum_{k=1}^{3} W_{22k}C_{22k} \tag{4.12}$$

$$B_{23} = W_{231}C_{231} + W_{232}C_{232} + W_{233}C_{233} = \sum_{k=1}^{3} W_{23k}C_{23k} \tag{4.13}$$

$$B_{31} = W_{311}C_{311} + W_{312}C_{312} + B_{313}C_{313} + B_{314}C_{314} = \sum_{k=1}^{4} W_{31k}C_{31k} \tag{4.14}$$

$$B_{32}=W_{321}C_{321}+W_{322}C_{322}+B_{323}C_{323}=\sum_{k=1}^{3}W_{32k}C_{32k} \tag{4.15}$$

$$B_{33}=W_{331}C_{331}+W_{332}C_{332}+B_{333}C_{333}=\sum_{k=1}^{3}W_{33k}C_{33k} \tag{4.16}$$

式中，C_{ijk}是三级系统指数，W_{ijk}是各三级子系统权重。

3. 中国农产品流通组织化程度的评价标准

农产品流通组织化综合评价指数的数值介于0—1之间，可以将农产品流通组织化水平分为四个阶段。综合评价指标指数值低于0.5是农产品流通组织化的初级水平，指数值在0.5到0.7之间是中级水平，指数值在0.7到0.9之间是较高水平，高于0.9表示完全实现了农产品流通组织化。这四个不同水平的基本特征是：

在农产品流通组织化水平的初级阶段，农产品流通主体组织化水平低，农户以分散个体形式进入农产品流通领域，农产品运销主要依靠农户自己；农民专业经济合作组织覆盖面小，合作组织统一销售农产品的比重低；农产品经纪人从业规模小，自营为主，入会率或公司化比例低；农产品流通企业集中度低、规模小；农产品主要依靠批发市场、集贸市场传统渠道流通，没有第三方物流、连锁经营或电子商务等现代流通方式；流通过程缺乏组织与协调，农产品产地滞留严重，流通成本高，损耗率大，农产品价格波动大；农产品流通设施服务不齐全，批发市场的基础设施条件差、交易方式和管理方式落后；农产品信息服务落后，没有农产品信息网站；没有农业标准化生产，农产品质量合格率低。

在农产品流通组织化水平的中级阶段，部分农户加入农民专业合作组织，大部分农产品通过合作社销售，或与企业达成稳定的供销关系，自销率降低。农民专业经济合作组织规模有所扩大，示范社和联合社比重低；农产品经纪人队伍进一步扩大，入会率或公司化比例有所提高，但仍然较低；农产品流通企业规模有所发展，农产品市场体系发育比较完善，但第三方物流、连锁经营或电子商务等现代流通方式比重依然较低；农产品流通过程的流通成本依然较高，冷链物流流通率较低；农产品信息服务水平有待加强，网站建设仍需完善；农产品质量安全服务覆盖率较高，农产品质量安全抽检合格率较高。

在农产品流通组织化水平的较高阶段，绝大部分农户加入农民专业合作组织，农产品依靠合作社统一销售；大部分合作社运作规范，经营规模大、服务能力强；农产品经纪人组织形式多样，经营模式和手段先进；农产品流通企业集中度高，大型农产品流通企业纵向和横向一体化水平高；通过第三方物流、连锁经营或电子商务等现代流通方式的流通比重明显增加；农产品流通成本明显降低，冷链物流普及率高，农产品价格基本保持稳定；农产品流通基础设施建设比较完善，农产品批发市场功能进一步拓展和发挥，专业的农产品流通服务机构开始出现；农产品信息网络基本健全，大量的专业性和实用性强的农产品信息网站，各网站信息实现共享；农产品质量安全控制体系完善，基本实现产前、产中、产后全过程的标准化、规范化管理。

在完全实现农产品流通组织化的阶段，农户全部加入农民专业合作组织，农产品销售全部通过合作组织；农民专业合作社全部实现规范化管理；农产品经纪人形成行业精英队伍，人员素质提高，经营方式和营销手段现代化；农产品流通交易和管理方式发达，第三方物流、连锁经营或电子商务等现代流通方式与传统的流通渠道在农产品流通中都较为普遍；农产品流通效率很高，流通损耗率极低，农产品价格稳定；农产品流通基础设施齐全，流通渠道畅通；专业的农产品流通服务机构提供全方位的专业化流通服务；农产品网络信息平台得到有效整合，建成农产品信息服务中心；农产品质量安全控制服务非常完善，完全实现农产品标准化生产。

六　模型应用：中国现阶段农产品流通组织化程度的测算

（一）农产品流通组织化指标的实际值与指数值

农产品流通组织化评价体系中的38个指标均有可靠的数据来源，数据来源在表4.8中已做了说明。所有指标的实际值经过进一步计算得到，并根据指标指数值的计算方法确定各三级指标的指数值，见表4.9。由于测算的是中国现阶段的农产品流通组织化水平，因此在此主要选取2010年前后的全国数据。同时需要说明的是，目前中国关于农产品流通方面的历史统计资料比较欠缺，比如有关农产品经纪人的统计数据在相关年鉴中几乎没有，有关农产品质量安全控制的指标也是近两年才有的，因此要测算以往中国农产品流通组织化的水平还有一定的困难。

（二）各指标得分情况

依照多指标综合测定法，首先计算10个二级子系统的指标得分，然后计算三个一级子系统的指标得分。各指标的得分参见表4.10。

表4.9 **农产品流通组织化指标的实际值与指数值**

指标	实际值（%）	指数值 C_{ijk}	指标	实际值	指数值 C_{ijk}
农户出售农产品的收入比重	64.48	0.81	农产品商品率	80	0.89
农户流通合作组织参与度	14.30	0.32	农产品成本利润率	39.98	1.00
参加“公司+农户”的农户比重*	3.50	0.35	农产品生产价格涨幅	10.94	0.97
农户农产品自销率	42	0.73	农产品物流比重	1.78	0.18
农户组织受益率	50	0.63	农产品物流成本比重	35	0.72
合作社经营收入比重	20.89	0.52	农产品损耗率	27	0.81
合作社统一销售农产品比重	11.70	0.39	农产品库存率	4.78	0.97
专业合作社入社（会）率	5	0.33	农产品批零利润率	9.30	0.62
合作社产销对接比重	3.70	0.37	农产品零售价格涨幅	7.60	1.00
合作社组织成员规模	77	0.63	农村公路建制村通畅率	52.88	0.66
合作社示范社比重	1.50	0.08	亿元农产品批发市场交易比重	86.28	1.00
农产品经纪人从业比重	1.48	0.49	有农产品专业市场乡镇比例	23	0.77
农产品经纪人入会率	25	0.50	农产品冷链物流流通率	15	0.50
农产品经纪人公司化比重	10	0.20	农业网站比重	4	0.40
完成农产品流通量比重	89	0.99	农产品市场信息比重	46.80	0.67
农产品流通业集中度	16.50	0.41	农村上网居民比重	26.50	0.53
农产品流通企业规模	91	0.91	农产品质量合格率	95	0.99
农产品第三方物流比重	5	0.50	农业标准化生产普及率	10	0.33
农产品连锁经营比重	20	0.67	农产品“三品一标”占有率	30	0.50

注：以上数据除参加“公司+农户”的农户比重、有农产品专业市场乡镇比例数据外是2006年第二次农业普查数据；农村公路建制村通畅率是2007年全国农村公路通达情况专项调查主要数据公报；除合作社示范社比重、经纪人组织化的三个指标和农产品网络信息服务的三个指标、农产品第三方物流比重、农产品物流成本比重、农产品损耗率、冷链物流流通率是2011年数据之外，其余数据均为2010年数据。所有数据来源已在表4.8中说明。

从表4.10中可以看出，在农产品主体组织化系统中，农户组织化水平的得分最高，为0.0762，得分最低的是农产品流通企业组织，为0.1598，这个得分也比较符合中国农产品流通现状。在2003年10月，党的十六届三中全会提出要“支持农民按照自愿、民主的原则，发展多种形

表 4.10　　农产品流通组织化指标的得分情况

一级指标得分	二级指标得分	三级指标	权重	指数值	最终得分
农产品流通主体组织化 0.3437	农户组织化 0.0762	农户出售农产品的收入比重	0.029	0.81	0.0235
		农户流通合作组织参与度	0.0552	0.32	0.0177
		参加“公司加农户”的农户比重	0.0144	0.35	0.0050
		农户农产品自销率	0.019	0.73	0.0139
		农户组织受益率	0.0256	0.63	0.0161
	农民专业合作社组织化 0.0414	合作社统一销售农产品比重	0.019	0.52	0.0099
		合作社经营收入比重	0.0352	0.39	0.0137
		农民专业合作社入社率	0.0071	0.33	0.0023
		合作社产销对接比重	0.0128	0.37	0.0047
		合作社组织成员规模	0.0111	0.77	0.0085
		合作社示范社比重	0.0266	0.08	0.0021
	农产品经纪人组织化 0.0664	农产品经纪人从业比重	0.0185	0.49	0.0091
		农产品经纪人入会率	0.0247	0.5	0.0124
		农产品经纪人公司化比重	0.0223	0.2	0.0045
		经纪人完成农产品流通量比重	0.0409	0.99	0.0405
	农产品流通企业组织化 0.1598	流通业集中度	0.088	0.41	0.0361
		农产品流通企业规模	0.0319	0.91	0.0290
		第三方物流比重	0.0739	0.5	0.0370
		连锁经营比重	0.0862	0.67	0.0578
农产品流通过程组织化 0.1854	产地收购环节组织化 0.0495	农产品商品率	0.0348	0.89	0.0310
		农产品成本利润率	0.0084	1	0.0084
		农产品生产价格涨幅	0.0104	0.97	0.0101
	运销环节组织化 0.0592	农产品物流比重	0.0117	0.18	0.0021
		农产品物流成本比重	0.0372	0.72	0.0268
		农产品损耗率	0.0374	0.81	0.0303
	批零环节组织化 0.0767	农产品库存率	0.0177	0.97	0.0172
		农产品批零销售利润率	0.0238	0.62	0.0148
		农产品零售价格涨幅	0.0448	1	0.0448

续表

一级指标得分	二级指标得分	三级指标	权重	指数值	最终得分
农产品流通服务组织化 0.0913	流通基础设施服务 0.0189	农村公路建制村通畅率	0.0057	0.66	0.0038
		亿元农产品批发市场交易比重	0.006	1	0.0060
		有农产品专业市场的乡镇比例	0.0057	0.77	0.0044
		农产品冷链物流流通率	0.0094	0.5	0.0047
	农产品信息服务 0.0228	农业网站比重	0.0107	0.4	0.0043
		农产品市场信息比重	0.0229	0.67	0.0153
		农村上网居民比重	0.006	0.53	0.0032
	质量安全控制服务 0.0496	农产品质量合格率	0.0396	0.99	0.0392
		农业标准化生产普及率	0.017	0.33	0.0056
		农产品“三品一标”占有率	0.0096	0.5	0.0048
总得分					0.6204

注：所有指标的得分根据多指标综合测定法计算得出。

式的农村专业合作组织”，自此中国的农民专业合作组织得到了空前的发展，农户的组织化程度得到很大提高，农户在农产品流通市场上的地位和市场竞争得到了很大的提高。而中国的农产品流通企业多数规模较小，缺乏实力强的农产品流通企业，而且大多数企业是传统的流通企业，流通方式或手段比较落后。当然农民专业合作社的组织化程度得分也不高，为0.0414，这意味着虽然中国农民专业合作社的数量突飞猛进，但是真正有实力的示范社比重依然很低，合作社之间的合作较少，组织化程度有待提高。从农产品流通主体的组织化角度来看，应该注重和加强农产品流通企业的组织化，推动流通企业间的联合、重组，培育大型的农产品流通企业，提高产业集中度。在农产品流通过程组织化系统评价中，农产品产地收购环节的组织化程度得分最低，为0.0495；在农产品流通服务的组织化系统评价中，农产品流通基础设施服务组织化得分最低，为0.0189；这个结果也与现实相符，今后的农产品流通组织化建设也要侧重于农产品产地收购环节的整合和农产品流通基础设施的建设。

（三）最终评价结果

在三个一级子系统中，最高是农产品流通主体组织化水平的得分，次之是农产品流通过程组织化水平的得分，最低是农产品流通服务组织化水平的得分，分别是0.3437、0.1854和0.0913。三者的平均为中国农产品流通组织化程度的综合得分，为0.6204。根据前文对中国农产品流通组织化水平四个阶段的划分标准，可以判定中国农产品流通组织化水平处于中级阶段，这一结果与中国农品流通组织化的实际情况较为吻合。

七 本章结论

在农产品流通组织化水平评价体系中，确定构建原则与评级目标，从农产品流通主体、农产品流通过程和农产品流通服务三个角度进行评价，选取了3个一级指标、10个二级指标和38个三级指标，构成三个层次，主要从组织化规模和组织化收益两个方面考察，同时兼顾评价各主体的内部组织化、主体间的横向与纵向组织化程度。指标原始数据以统计年鉴为主，来源稳定可靠、易获得；指标体系可以用于中国农产品流通组织化的纵向和横向比较，以此测度中国农产品流通组织化的程度，对于推进农产品现代流通体制的完善和解决农产品流通中的诸多问题有重要的理论和实践意义。利用农产品流通组织化评价模型测算得到中国农产品流通组织化水平处于中级阶段。这一结果与中国农产品流通组织化的实际情况较为吻合，这也说明农产品流通组织化评价模型有较好的实践性。

第五章

农产品流通主体的竞合博弈

一　农户组织化：农户合作行为的静态博弈

目前中国分散的、小规模的农户依然是农产品的主要生产者，他们也是农产品流通中不可或缺的主体，农户的组织化在农产品流通中起着至关重要的作用。在此，我们仅分析农户之间的横向合作，其他农产品流通主体间的横向合作有一定的相似之处。

（一）农户合作的“囚徒困境”

首先分析只有两个农户的古诺竞争博弈模型。该模型的基本假设是：（1）所有农户生产的农产品是同质的、无差异的产品；（2）市场总是出清的，即所有农户提供的农产品等于市场上农产品的需求；（3）农户是理性的，在任何时候的策略都是自身利益最大化的选择；（4）不变单位成本为常数 c，即边际成本等于平均成本，$MC = AC$；（5）完全信息。假设农产品的市场需求反函数为 $P = a - bQ$，成本函数为 $C = cQ$，两个农户的产量分别为 Q_1、Q_2。

则在市场出清时，该农产品的市场价格为：

$$P = a - b(Q_1 + Q_2) \tag{5.1}$$

两个农户的总成本分别为：

$$C_1 = c\,Q_1 \tag{5.2}$$

$$C_2 = cQ_2 \tag{5.3}$$

利润函数分别为：

$$\pi_1 = PQ_1 - C_1 = Q_1[a - b(Q_1 + Q_2)] - cQ_1 \tag{5.4}$$

$$\pi_2 = PQ_2 - C_2 = Q_2[a - b(Q_1 + Q_2)] - cQ_2 \tag{5.5}$$

由上述利润函数可以得出，农户的利润不仅取决于自身的产量和单位成本，还取决于其他农户的产量，可以求出两个农户产量决策的反应函数。

根据利润最大化原则，分别对式（5.4）（5.5）求偏导数：

$$\frac{\partial \pi_1}{\partial Q_1} = 0 \tag{5.6}$$

$$\frac{\partial \pi_2}{\partial Q_2} = 0 \tag{5.7}$$

可以得出两厂商的反应函数：

$$Q_1 = \frac{a - c}{2b} - \frac{1}{2}Q_2 \tag{5.8}$$

$$Q_2 = \frac{a - c}{2b} - \frac{1}{2}Q_1 \tag{5.9}$$

解反应函数，可以得到纳什均衡产量为：

$$Q_1^* = Q_2^* = \frac{a - c}{3b} \tag{5.10}$$

每个农户的纳什均衡利润为：

$$\pi_1^* = \pi_2^* = \frac{(a - c)^2}{9b} \tag{5.11}$$

也就是说，在市场完全信息假设下，每个理性农户在独立决策时，都会以利润最大化为原则，根据前期对方的产量来不断调整自己当期的产量，最后达到纳什均衡。这时双方都没有率先改变策略的动机，结果就是两个农户在个人理性下选择不合作，竞争各自的市场份额。

但是，如果两个农户能够选择合作的话，那么就会发现这个纳什均衡点并不是双方的最大利润点。在此，不妨假设两个农户可以通过成立专业合作组织进行合作，这样，原来的两个农户就形成了一个拥有共同利益的“整体”，类似一个完全的垄断者，他们不再单独决策自己的产量。这个“整体”就是农产品市场上唯一的提供者（假设价格和市场容量不发生变化），农户的产量不是建立在自己个体理性的基础上的。它的利润函数为：

$$\pi = PQ - cQ = Q(a - bQ) - cQ \tag{5.12}$$

由 $\frac{\partial \pi}{\partial Q} = 0$，可以求得均衡产量为：$Q = \frac{a - c}{2b}$　　(5.13)

最大化利润为：$\pi_{\max} = \frac{(a-c)^2}{4b}$ （5.14）

按照合作组织的公平原则，将“整体”的产量和利益均分到每个农户，则甲乙两农户的产量均为：

$$Q_1 = Q_2 = \frac{a-c}{4b} \tag{5.15}$$

利润均为：

$$\pi_1 = \pi_2 = \frac{(a-c)^2}{8b} \tag{5.16}$$

与农户不合作时的利润相比，显然 $\pi_i > \pi_i^*$ ，即农户在选择合作时的利润要大于不合作时的利润，（合作，合作）才是帕累托最优策略。但是也可以发现，在合作时其产量要小于竞争时的产量，即 $Q_i < Q_i^*$ ，这也说明了，虽然合作会给农户带来更大的利润，但却降低了农产品的产量，农产品的总产量从竞争不合作的产量 $\frac{2(a-c)}{3b}$ 减少到了 $\frac{a-c}{2b}$ 。

实际上可以证明农户数量越多，越接近于完全竞争的市场，农户合作的可能性就越低，竞争的可能性就越大。尽管随着农户数量的增多，合作的利润越大于竞争（不合作）的利润，但农户的理性决定了博弈的结果和他们的最优选择点间的差距越大。① 这个结论也符合实际情况，现实中农户的数量众多，将他们完全组织起来困难重重，所以在没有约束机制下的农户之间往往更多的是不合作（竞争）的。

如果农户 1 选择合作，而农户 2 选择不合作的话，则农户 1 的产量是 $Q'_1 = \frac{a-c}{4b}$ ，农户 2 的产量是 $Q'_2 = \frac{(a-c)}{3b}$ ，此时市场出清的价格为：

$$P = a - b(Q'_1 + Q'_2) = a - b\left(\frac{a-c}{4b} + \frac{a-c}{3b}\right)$$

$$= a - \frac{7}{12}(a-c)\ \pi_i^* = (a-c)^2 / (n+1)^2 b \tag{5.17}$$

---

① 可以证明，当农户数量为 n 时，不合作（竞争）时每个农户的利润为 $\pi_i^* = (a-c)^2/(n+1)^2 b$，合作时每个农户的利润为 $\pi_i = (a-c)^2/4nb$，当 $n \leqslant 5$ 时，n 越大，合作时每个农户的利润与不合作时的利润差距就越大；但当 $n > 5$ 时，合作时每个农户的利润与不合作时的利润差距则越小。实际上，在经济学中，寡头垄断厂商的个数一般都不超过 5 个，因为厂商数目越多，厂商的垄断利润就越低。当超过 5 个以后，厂商之间的合作变得越难，市场越趋于竞争结构。当厂商数目无穷大时，就又回到了完全竞争的市场结构里（计算与证明过程见附录 3）。

由此可以计算出两个农户的利润：

$$\pi'_1 = PQ'_1 - cQ'_1 = \left[a - \frac{7}{12}(a-c) - c\right] \cdot \frac{a-c}{4b}$$

$$= \frac{5\ (a-c)^2}{48b} \tag{5.18}$$

$$\pi'_2 = PQ'_2 - cQ'_2 = \left[a - \frac{7}{12}(a-c) - c\right] \cdot \frac{a-c}{4b}$$

$$= \frac{5\ (a-c)^2}{36b} \tag{5.19}$$

如果农户 1 选择不合作，而农户 2 选择合作的话，则两个农户的利润分别为：

$$\pi''_1 = \frac{5\ (a-c)^2}{36b}, \tag{5.20}$$

$$\pi''_2 = \frac{5\ (a-c)^2}{48b} \tag{5.21}$$

上述一次性博弈可以表示成表 5.1 支付矩阵。

表 5.1　　**两个农户一次性博弈的支付矩阵（利润）**

		农户 2	
		合作	不合作
农户 1	合作	$\frac{(a-c)^2}{8b}, \frac{(a-c)^2}{8b}$	$\frac{5\ (a-c)^2}{48b}, \frac{5\ (a-c)^2}{36b}$
	不合作	$\frac{5\ (a-c)^2}{36b}, \frac{5\ (a-c)^2}{48b}$	$\frac{(a-c)^2}{9b}, \frac{(a-c)^2}{9b}$

通过划线法分析可以看出，上述一次性博弈唯一的纳什均衡是（不合作，不合作），这个过程描述了农户在一次性博弈中的“囚徒困境”。“囚徒困境”的实质是个体理性与集体理性、短期利益与长期利益的冲突，其结果说明，虽然一群有着同样利益目标的个体从自身利益最大化的原则出发，但却不会导致集体利益的最大化，个人的理性会导致合作的失败或不合作。我们在模型中假设所有的农户都是理性的，但是这个假设也隐含了农户的利己行为和农户的机会主义。一旦农户之间只是单次博弈，那么他们只会关心眼前的一次性利益，最后的纳什均衡就是双方都选择不

合作。

（二）农户合作的重复博弈

农产品的生产具有周期性和重复性，因此农户之间的博弈是重复的，农户之间的竞争也不只存在于现在，将来也会存在竞争，他们之间可能更注重长远的利益。重复博弈是一种特殊的博弈，在博弈中，相同结构的博弈会重复多次，甚至无限次。其中，每次博弈被称为“阶段博弈”。标准的“囚徒困境”是单阶段博弈。在每个阶段博弈中，参与人可能会同时行动，也可能不同时行动。因为其他参与人过去行动的历史是可以观测的，因此在重复博弈中，每个参与人可以使自己在每个阶段里选择的策略依赖其他参与人过去的行为。然而有限次的重复博弈与无限次的重复博弈的最优策略是截然不同的。

为简化模型，假设两个农户只希望进行两次重复博弈，而且每次他们都同时行动，并且不考虑贴现因素，[①] 这样的话两次博弈的收益（利润）可以简单相加。支付矩阵如表 5.2 所示。首先设想一下农户 1 在第二阶段里的策略。由于农户 1 事先已经知道这是他的最后一次博弈，完成之后就不必考虑博弈继续进行或受到惩罚的问题，于是他会执行他的占优策略——不合作，这样的话无论对方怎样决策，都对他有利。当然农户 2 也会这么做。所以无论在第一阶段里双方采取何种策略，在第二阶段里双方都会采取不合作的策略，各赚取 $(a-c)^2/9b$ 的利润。实际上，只要博弈双方都知道这是最后一次博弈的话，就会选择（不合作，不合作）策略。其次分析农户 1 在第一阶段里的策略。由于第二阶段的策略已定，第一阶段的行动不会影响第二阶段的结果，这样农户 1 在第一阶段里的策略就好像是最后一次行动，这意味着他要采取第一阶段的占优策略——不合作。

虽然从矩阵中可以看出，在这个两次博弈的模型中，如果双方在第一阶段的博弈中选择（合作，合作）策略的话，双方的利润就会比选择不合作时的利润高。这说明两个农户都从个体理性出发，希望实现利润最大化，可结果却没有实现帕累托最优。

---

① 在重复博弈中，有同时行动的可能，也有不同时行动的可能。在此，我们先讨论静态博弈的情形，把不同时采取行动的情形放在后一节农户动态博弈的内容中分析。另外，在重复博弈中，由于加入了时间因素，每一阶段的收益应该折算成收益现值，在此暂不作考虑。

表 5.2 两个农户两次重复博弈的支付矩阵（利润）

		农户 2	
		合作	不合作
农户1	合作	$\frac{17(a-c)^2}{72b}$, $\frac{(17a-c)^2}{72b}$	$\frac{31(a-c)^2}{144b}$, $\frac{(a-c)^2}{4b}$
	不合作	$\frac{(a-c)^2}{4b}$, $\frac{31(a-c)^2}{144b}$	$\frac{2(a-c)^2}{9b}$, $\frac{2(a-c)^2}{9b}$

依照以上思路，可以进一步假设博弈次数为 n 次（有限次），那么农户在第 n 次博弈中的策略必然是（不合作，不合作），这是唯一一个纳什均衡。如此农户就会把第 n－1 次的博弈当成最后的行动，都会采取这一阶段的占优策略——不合作，同样第 n－2 次博弈就成了最后一次行动，那么第 n－2 次的策略肯定是（不合作，不合作），如此将时间向前推移，很明显，每次的平衡都是后一阶段博弈的占优策略（不合作，不合作）。因此可以得到结论：只要博弈次数是有限的，而且单次博弈中存在唯一的纳什均衡，那么每次重复博弈的结果都是一样的，博弈的次数不会影响最后的结果。

从上述分析中可以发现，如果农户无法确定哪一次是他们之间最后一次博弈，他们意识到他们之间的博弈是无限次博弈的话，那么他们之间的策略会有所不同。因为最后一回合是未知的，所以两个农户谁都不敢贸然采取不合作的策略，相反，他们可能希望自己早一点采取合作的策略，以鼓励对方在未来也采取合作的策略。所以，如果每个农户都能考虑长远利益，就都有合作的必要。而现实是，虽然合作能给双方带来最好的利润，但是即使双方一开始都选择合作，可如果没有监督或约束机制，利己主义和机会主义作祟会使某一方出现违约，而且率先违约的一方总能获得更高的超额利润。在此用触发策略（或严酷策略）① 分析他们合作（共谋）的策略。假设农户双方知道这是一场无限次重复博弈，于是他们以合作开始博弈。信息条件为每个农户在 n 阶段可以观察到前 n－1 阶段的博弈结

① 在博弈论中，触发策略（Trigger strategy），或称严酷策略（Grim strategies），是指如果一方采取不合作的策略，另一方随即也采取不合作策略并且永远采取不合作策略。

果，规则是如果发现对方违约的话，自己就会违约，而且合作永远结束。这样，双方就需要不断检查对方是否已经违约，并决定自己是否要违约，每一次这样的过程就是一个简单的单阶段博弈。

现在将时间因素考虑进去，假设时间贴现率为 i，那么贴现因子δ为 $\delta = 1/(1+i)^t$。①

如果在这场无限次重复博弈中，双方一开始就达成了完美共谋，即两人将一直合作下去的话，那么两人每一阶段博弈的利润均为 $(a-c)^2/8b$。设起始时期 $n=0$，那么每个农户的利润现值为：

$$\pi_{pv}^{合作} = \frac{(a-c)^2}{8b} + \frac{(a-c)^2}{8b(1+i)} + \frac{(a-c)^2}{8b(1+i)^2} + \cdots + \frac{(a-c)^2}{8b(1+i)^n}$$

$$= \sum_{n=0}^{\infty} \frac{(a-c)^2}{8b(1+i)^n} = \frac{(a-c)^2(1+i)}{8bi} \tag{5.22}$$

如果农户 1 在第 t（$t<n$）阶段背叛了对方，采取了不合作策略，那他在该阶段的利润将是 $\frac{5(a-c)^2}{36b}$，但是他的这个违约行为将导致农户 2 永不合作的惩罚，农户 1 以后每一阶段的收益都将是 $\frac{(a-c)^2}{9b}$，这样农户 1 的利润现值为：

$$\pi_{pv}^{背叛} = \frac{(a-c)^2}{8b} + \frac{(a-c)^2}{8b(1+i)} + \cdots + \frac{(a-c)^2}{8b(1+i)^{t-1}} + \frac{5(a-c)^2}{36b(1+i)^t}$$

$$+ \frac{(a-c)^2}{9b(1+i)^{t+1}} + \cdots + \frac{(a-c)^2}{9b(1+i)^n}$$

$$= \sum_{n=0}^{t} \frac{(a-c)^2}{8b(1+i)^n} + \sum_{n=t+1}^{\infty} \frac{(a-c)^2}{9b(1+i)^n} + \frac{5(a-c)^2}{36b(1+i)^t} \tag{5.23}$$

现在，不妨假设两个农户一开始就达成了完美的合作，可是农户 1 却

① 贴现因子在数值上可以理解为贴现率，贴现因子 $\delta = 1/(1+r)$ ^t，$0<\delta<1$，r 是贴现率。博弈论中的贴现因子不同于金融学或者财务学的贴现率，贴现因子可以表示企业对未来的重视程度，贴现因子越大，说明企业对未来越重视。张维迎的博弈论将贴现因子解释为参与人的耐心程度，取值为（0，1），取值越大，说明参与人的耐心越好；若是等于 0，则说明参与人完全没有耐心。由于贴现因子是由公式 1/（1+r）定义的，那么可以看到，利率越大，则贴现因子越小，参与人的耐心程度越小；反之，如果利率越小，则贴现因子越大，参与人越有耐心（参看张维迎《博弈论与信息经济学》，第 215 页）。

在第一阶段就开始采取背叛违约策略，此时，他的利润是 $5(a-c)^2/36b$。农户 1 的背叛在第二阶段的博弈中就被农户 2 观察到了，于是农户 2 也选择不合作，一直这样进行下去。这样，农户 1 的利润为：

$$\pi_{pv}^{背叛} = \frac{5(a-c)^2}{36b} + \frac{(a-c)^2}{9b(1+i)} + \frac{(a-c)^2}{9b(1+i)^2} + \cdots + \frac{(a-c)^2}{9b(1+i)^n}$$

$$= \frac{5(a-c)^2}{36b} + \frac{(a-c)^2(1+i)}{9bi} \tag{5.24}$$

对于农户 1 来说，究竟选择合作还是背叛，取决于两者利润的现值。只要下列条件成立的话，那么他背叛就是有意义的：

$$\pi_{pv}^{合作} < \pi_{pv}^{背叛}$$

即 $$\frac{(a-c)^2(1+i)}{8bi} < \frac{5(a-c)^2}{36b} + \frac{(a-c)^2(1+i)}{9bi}$$

$$解得: i > \frac{1}{9} \approx 0.111 \tag{5.25}$$

也就是说，只有在贴现率 $i>0.11$ 的情况下，农户 1 一开始就选择违约背叛，才是有利可图的。

现在再假设农户 1 在第二阶段的博弈中选择背叛，也就是说，在第一阶段的博弈中，双方都是合作的，分别获得 $(a-c)^2/8b$ 的利润，但是当第二阶段博弈开始时，农户 1 就偷偷违约，这样农户 1 就获得了 $5(a-c)^2/36b$ 的利润。当第三阶段博弈开始时，农户 2 观察到了农户 1 上期的违约行为，于是也选择违约，于是二人将（不合作，不合作）无限次重复下去。在这个过程中，农户 1 的利润可以表示为：

$$\pi_{pv}^{背叛'} = \frac{(a-c)^2}{8b} + \frac{5(a-c)^2}{36b(1+i)} + \frac{(a-c)^2}{9b(1+i)^2} + \cdots + \frac{(a-c)^2}{9b(1+i)^n}$$

$$= \frac{(a-c)^2}{8b} + \frac{5(a-c)^2}{36b(1+i)} + \sum_{n=2}^{\infty} \frac{(a-c)^2}{9b(1+i)^n} = \frac{(a-c)^2}{8b} + \frac{5(a-c)^2}{36b(1+i)} + \frac{(a-c)^2(1+i)}{9b\delta} \tag{5.26}$$

只有农户 1 在第二阶段博弈中违约的利润现值高于一直合作的利润现值，他的违约才是值得的。

$$\pi_{pv}^{合作} < \pi_{pv}^{背叛'}$$

即 $$\frac{(a-c)^2(1+i)}{8bi} < \frac{(a-c)^2}{8b} + \frac{5(a-c)^2}{36b(1+i)} + \frac{(a-c)^2(1+i)}{9bi}$$

解得：$$i > \frac{-15+\sqrt{281}}{14} \approx 0.126 \quad (已舍去无意义的值) \tag{5.27}$$

也就是说，只有在贴现率 $i > 0.126$ 时，农户 1 在第二阶段博弈中选择违约背叛才是有利可图的。

比较农户 1 的这两次行为，可以得出，农户 1 在第二阶段违约背叛的贴现率 12.6% 要高于在第一阶段违约的贴现率 11.1%。得到的结论是：农户 1 的违约背叛付诸行动越晚，贴现率将越高。实际上，第一阶段违约的贴现率已经不在合理的范围内，在经济活动中贴现率不会很高，因为贴现率越高，意味着净现值越小，意味着企业对未来的利润不重视，所以经济学家认为，一个对未来非常重视的企业，贴现率不会很高，一般合理的贴现率在 5%—10% 之间。如果这样来看的话，农户在第一阶段违约的贴现率为 11.1%，已经超出了合理贴现率的范围，所以农户选择违约是不明智的，这也就是说，农户 1 如果在一开始就贸然违约的话，不仅会丧失未来合作的机会，还会丧失更多的利润。而且随着时间的推移，违约的贴现率会越高。所以可以得到，如果博弈是无限次重复的话，谁先违约都是不理智的，在每个阶段的博弈中，（博弈合作，合作）是最优的策略。每个农户都有继续合作下去的耐心，而且都愿意做一个守约的人，也有积极性去惩戒对方的机会主义行为。

（三）引入奖惩机制的长期博弈

然而，如果回头总结一下两个农户合作博弈的各种情形和结果，我们会发现，在现实中农户之间的博弈几乎不可能是无限次的，这样就不可避免地会出现农户的机会主义与利己主义，最后导致其陷入“囚徒困境”。而且影响其有效合作（共谋）的因素在以上的模型中都没有体现出来，除了市场竞争力因素之外，达成和维持合作协议的成本也会影响共谋的实现。除此之外，实现有效合作（共谋）还需要有识别和惩罚背叛者的能力。沃德曼和詹森（Waldman, D. E., Jensen, E, J., 2009）所描述的影响有效共谋难易的主要因素有成本和需求条件（表 5.3）。如果以此分析农产品市场，需求因素和成本因素对农户合作（共谋）既有促进作用也有减弱作用，是交互起作用的。从需求因素来看，农户的生产成本和农产品差异不大是促进有效共谋（合作）的需求因素，而农产品市场进入几乎无壁垒、农户的数量众多、低市场集中度也会促进农户间的竞争；从成本因素来看，农产品生产的技术进步率较低、需求稳定、需求弹性低、销售速度快是促进有效共谋（合作）的成本因素。

表 5.3 **影响共谋难易的不同因素**

促进有效共谋的需求因素	促进有效共谋的成本因素
进入障碍：进入障碍大	技术变动率：技术进步率低
厂商成本的差异：所有厂商成本相同	需求增长率：需求增长率稳定
产品的差异：无产品差异	需求弹性：需求弹性低
厂商的数目：厂商数目少	销售速度：销售速度快
集中度：高集中度	

资料来源：沃德曼（Waldman，D. E.）、詹森（Jensen，E，J.）：《产业组织理论与实践》，李宝伟、武立东、张云译，机械工业出版社 2009 年版，第 4、201 页。

除了明确农产品流通中客观因素对农户合作的影响外，还要引入激励和奖惩机制，以监督和约束农户的背叛行为。如果对于农户的合作行为给予奖励，对于农户的背叛行为给予惩罚，那么就可以避免农户的投机行为，实现帕累托最优。

假设对合作的农户给予奖励 s，对不合作的农户给予惩罚 k，当然，这里的奖惩不限于经济手段，在现实中，农户可能更注重守约给自己带来的良好声誉，声誉效应不仅能够带来经济效应，而且声誉是农户在生产经营中的磁场效应。从表 5.4 来看，奖惩力度越大（k 和 s 值越大），则用下划线法可以得到最后唯一的纳什均衡是（合作，合作）。在现实中，农户之间的合作往往是一种关系型契约，关系型契约往往没有法律约束，依靠更多的是农户的自我约束，农户对个人声誉的维护。霍姆斯特姆（Bengt Holmstrom，1982）认为，“声誉效应”是一种隐性激励机制，在长期合作中，可以达到显性激励机制同样的效果。中国农村是个“熟人社会”，农户与农户之间有着天然的相似性和亲缘关系，他们之间的合作多是一种亲缘信用，而且他们之间的交往更多地注重社会道德和伦理，个人声誉是具有高成本的资本，能够有效约束农民的机会主义行为。

表 5.4　　　　引入奖惩机制的农户博弈支付矩阵（利润）

		农户 2	
		合作	不合作
农户1	合作	$\frac{(a-c)^2}{8b}+s$，$\frac{(a-c)^2}{8b}+s$	$\frac{5(a-c)^2}{48b}+s$，$\frac{5(a-c)^2}{36b}-k$
	不合作	$\frac{5(a-c)^2}{36b}-k$，$\frac{5(a-c)^2}{48b}+s$	$\frac{(a-c)^2}{9b}-k$，$\frac{(a-c)^2}{9b}-k$

（四）现实阐释：农户竞合关系的形成与稳定

通过以上农户竞合博弈模型的分析可以得到以下主要的结论：一是农户本身有“不合作”的内在动机。农户的机会主义往往会导致个体理性与集体理性的冲突，使农户之间的合作陷入“囚徒困境”。而且只要是有限次博弈，农户们都会产生利己行为，结果都是出现不合作的局面。二是农户之间所建立的合作信心和信念是合作的基础。走出“囚徒困境”的途径是将有限次重复博弈变为无限次重复博弈，只要农户无法认定他们之间的合作期限，谁都不会贸然选择违约，双方就会有足够的耐心将博弈无限次进行下去，那么合作将是最后的均衡。三是农户的合作需要有监督与约束机制。现实中农户的博弈往往不可能是无限次博弈，农户的“短视”往往会导致合作的终止，农户的合作除了自身的“声誉效应”约束外，还需要有效的外部监督与约束机制。

1. 农户的机会主义难以消除

霍姆斯特姆（Bengt Holmstrom，1982）认为，团队合作中的偷懒问题，可以通过激励机制来解决。从以上模型的分析中可以看出，解决农户违约和不合作的根本途径是双方对未来合作的信心与信念，这种信心和信念能否坚持下去是农户合作的基础。一旦某一方贸然违约，双方的合作就此终止。这种奖惩机制显然并不限于经济手段，农户合作所产生的“声誉效应”也会奏效，但是仅靠这种隐性激励机制，农户的自我约束力在面临巨大的机会成本时往往大大降低，农户就会勇于尝试不合作的风险。

现实中，农户加入农民专业合作社的意愿并不高。虽然中国农民专业合作社数量增长得很快，但是农民加入合作社的比例并不高。从2006年全国第二次农业普查中有关实体型农民专业经济合作组织的乡镇比例来看，全国有实体型农民专业合作组织的乡镇比例是18.5%。在全国31个省、市、区中，北京农民专业合作组织的乡镇比例最高，为69.5%；青海最低，为0.3%；东部地区平均为23.4%，西部地区平均为10.9%。总体来看，农户入社的比例不高，而且地区差异比较大（见表5.5）。从农户之间竞合博弈过程来看，帮助农户走出“囚徒困境”的途径是从单次博弈到重复博弈，但是只要博弈次数是有限次的，而且农户不考虑未来的贴现因素，农户的最优选择就是不合作。从理论上看，如果没有有效的奖

表5.5 **2006年有实体型农民专业合作组织的乡镇比例**

地区	比重（%）	地区	比重（%）
北京	69.5	广东	9.8
天津	18.1	广西	10.2
河北	8.9	海南	7.4
山西	14.9	重庆	23.7
内蒙古	17	四川	12.1
辽宁	16.3	贵州	5.9
吉林	26.4	云南	9.8
黑龙江	17.3	西藏	0.3
上海	32.4	陕西	9.2
江苏	45	甘肃	10.9
浙江	40.3	青海	3.3
安徽	23.6	宁夏	27.8
福建	12.1	新疆	8.4
江西	13.4	全国平均	18.5
山东	28.3	东部地区平均	23.4
河南	16	西部地区平均	10.9
湖北	19.2	中部地区平均	17.4
湖南	17.6	东北地区平均	19.2

资料来源：2006年“全国第二次农业普查数据”，http://www.stats.gov.cn/tjsj/tjgb/nypcgb/。

惩机制的话，农户选择入社和退社就会“随心所欲”，太过自由，最后的合作关系就会瓦解。曼瑟尔·奥尔森（Mancur Lloyd Olson, Jr, 1995）认为，组织的主要功能是增进集团的共同利益，但组织中的成员要面对两难的选择：一方面是组织共同的利益，另一方面是纯粹的个人利益。在农民专业合作社实践中，作为理性的个体，农户追求自身利益最大化，往往会与集体利益发生冲突，由于很多合作社几乎没有有效的监督约束机制，最终大多数农户选择消极的不负责行为。在调查中我们也发现，农民专业合作组织是在农民自愿原则上组建的，很多农民并没有很强的入社意愿，也没有合作社的归属感。农户往往注重眼前小利，缺乏长远的目标，结果就会导致农民之间合作关系的不稳定。

2. 农民专业合作社是农户合作的最好形式和选择

在中国，合作社并不是新生事物。新中国成立之后，1951—1958 年，中国农民经历了互助组、初级社、高级社三种生产合作组织形式，这三种形式的合作化程度越来越高，在当时计划经济体制下大大促进了农民生产的积极性和农业生产力的发展。但是 1958 年以后，合作社发展成为全面高度集体化的人民公社，公社“一大二公”的体制，违背了市场经济发展规律，使农户的利己行为和机会主义得到了滋生的土壤，严重束缚了生产力的发展，严重打击了人们的生产积极性。20 世纪 70 年代末 80 年代初期人民公社解散，以家庭为生产单位的家庭联产承包责任制建立起来，个人付出与收入挂钩，大大提高了农民生产的积极性，解放了农村生产力。但是随着市场经济的发展，分散的农户在市场中的弱势地位凸显出来，单一的农户无法对抗市场风险。从 20 世纪 90 年代后期开始，中国农业合作进入了新的发展阶段，农民专业合作社迅速发展起来。从历史变迁的角度来看，农民专业合作社在中国的发展是一个螺旋状上升的过程，合作社的发展适应了当时的历史条件。在计划经济体制下的生产合作社将农民的生产活动组织起来，到市场经济体制下的专业合作社把农民与市场连接起来，增强了农户的市场地位和农产品的市场竞争力。

沃德曼和詹森（Don E. Waldman, Elizabeth J. Jensen, 2007）认为，在竞争程度低的行业中成立贸易联盟和非营利组织是合作的两大途径。农民专业合作社可以看成是农民联合参与市场的非营利组织，农民专业合作社是建立在农户自愿基础上的互助组织，它将分散的农户组织起来，是农民合作行为的约束机制，也是农民组织化参与农产品流通的载体。一方面，农民专业合作社统一购入农资、组织标准化生产、统一销售农产品，可以大大降低农户的生产成本和交易成本，因此参与合作社的农户的成本要低于不参与合作社的农户的成本；另一方面，参与合作社的农户可以依据自己的交易量（额）分享盈余返还，农户通过合作社销售的农产品越多，盈余返还就越多，这是对合作农户的激励机制。在中国的现实中参加合作社的农户收入要高于普通农户30%。合作社的章程是对入社农户行为的约束，虽然合作社是入社自愿、退社自由的，但是合作社在后期与农户签订销售合同，运用契约这种经济和法律手段来约束农户的经济行为，对农户的违约行为进行惩罚，以确保每个入社农户合理的利益，建立长期合作的信念和氛围。与此同时，政府通过引导和扶持农民专业合作社的发展，政府不对其进行强制行政干预。

3. 农产品经纪人的发展有利于农户的合作稳定

阿尔钦和德姆塞茨（Alchian，Demsetz，1972）认为，市场合约关系是一种约束，农户在面对违约时，有两种选择：或者起诉到法院，或者撤销未来的合作关系。对于团队合作中的“偷懒”行为，最好选出一个监督者——委托人实施监督。而对这个监督者的监督，通过市场的约束，即用潜在的更有能力的监督者来替代这一威胁，并不是最有效的办法。一个更好的方法是让这位监督者拥有团队生产的剩余索取权。在农户的合作中，农产品经纪人可以充当农户合作的监督人或委托人。农产品经纪人是农产品流通中从事农产品收购、储运、销售以及销售代理、信息传递、服务等中介活动而获取佣金或利润的经纪组织和个人，他们大多是从农户中分化出来的，与农户的关系亲密，比农户更了解市场。设想两个建立合作关系的农户通过合约将农产品的销售权委托给农产品经纪人，农产品经纪人根据农产品的销售额提取一定的佣金。在这种情形下，农产品经纪人拥有了农产品销售利润的索取权，那么他将有更高的积极性去监督、识别农户的行为和估算农户提供农产品的质量和数量。如果一方农户暗地里违约，将农产品私自售卖，农产品经纪人将会告知另一方，这样一来，合作关系或者会终止，或者违约一方将受到惩罚。但是现实中的农产品经纪人没有作为委托人所拥有的激励或奖惩农户的权力，他们虽然可以观察到农户的行为，并希望农户能够维持合作的现状，但是经纪人只是农户与市场联系的一个中介组织，权力的缺失，使他们不能成为完整的委托人，他们和农户之间也难以形成真正的委托与代理的关系。虽然如此，在农产品流通中，农产品经纪人却是不可或缺的流通主体，是农产品流通组织化中的重要主体。

二　农户与农产品流通企业的竞合动态演化博弈

农户与企业是在农产品流通组织化中联系比较紧密的两个主体，他们之间的合作对农产品流通组织化程度有促进作用。实际上，不同主体间的纵向合作在演化机理上是相似的，在同一个农产品流通体系中，不同的流通主体有不同的利益最大化目标，他们之间的竞合关系是在系统内部不断选择、调整各自策略的演化博弈过程。在此，我们仅以农户和企业的合作演化为例，从农户与农产品流通企业的动态博弈开始，不断修正二者博弈中的不稳定因素，最后得到农产品流通组织主体间的竞合稳态均衡机制。

（一）农户与农产品流通企业的演化博弈模型

与传统古典博弈论对于主体的完全理性假设不同，演化博弈论对于主体的假设是有限理性主体，他们不可能每次都会对信息做出迅速的最优反应。演化博弈论有两个核心概念：演化稳定策略（evolutionary stable strategy）和复制者动态（replicator dynamic）。

如果整个种群中的每一个成员都采取这个策略，那么在自然选择的作用下，不存在一个具有突变特征的策略能够侵犯这个种群，这个策略称为演化稳定策略，简称 ESS［约翰·梅纳德·史密斯（John Maynard Smith），1973］。史密斯和普瑞斯（John Maynard Smith and Price，1973；Maynard Smith，1974）所定义的演化稳定策略：$x \in A$ 是演化稳定策略，如果 $y \in A$，$y \neq x$，存在一个 $\varepsilon \in (0, 1)$ 的不等式：

$$u[x,\varepsilon y + (1-\varepsilon)x] > u[y,\varepsilon y + (1-\varepsilon)x] \tag{5.28}$$

对于任意 $\varepsilon \in (0, 1)$ 都成立。其中 A 是群体中个体博弈时的支付矩阵；y 是变异策略；ε 是变异策略 y 在总体中所占的比例，称之为侵入界限；$\varepsilon y + (1-\varepsilon)x$ 表示选择演化稳定策略群体与选择突变策略群体所组成的混合策略群体。$u[x, \varepsilon y + (1-\varepsilon)x]$ 是现有策略（ESS）进入后的收益（适用度）；$u[y, \varepsilon y + (1-\varepsilon)x]$ 是变异策略进入后的收益（也称适用度）；ESS 定义的直观意思就是，演化稳定策略的收益大于任何变异策略的收益，当系统处于一个演化稳定均衡的状态时，它能够抵御任何外来的突变力量对系统的冲击。

在生物进化过程中，当同一个生存环境中的不同种群竞争同一种生存资源时，只有那些有较高适应度的种群才能存活下来，那些适应度低的种群在竞争中将被淘汰，即“物竞天择，适者生存”的自然规律。于是当一种策略的适应度比群体的平均适应度高时，这种策略就会在群体中发展，这就是复制者动态的基本思想。复制者动态是所描述的某一个特定策略在一个种群中被采用的频数或频度的动态微分方程，指采用某一纯策略的个体数在群体中所占比例的增长率等于策略使用概率乘以使用该策略时的支付与群体平均支付之差，反映了演化博弈理论的基本动态，泰勒和乔克（Taylor，Jonker，1978）和乔根·W. 威布尔（Jorgen W. Weibull，1995）提出的复制者动态的微分方程一般表示为：

$$\frac{d\varepsilon_k}{dt} = \varepsilon_k(u_k - \bar{u}) \qquad k = 1,\ 2,\ 3,\cdots \tag{5.29}$$

式中，ε_k 是一个种群中使用策略 k 的比例；u_k 表示使用策略 k 时的适应度；$\bar{u}$ 表示平均适应度；k 代表不同的策略。

种群之间的演化博弈过程就是利用“选择策略—演化—选择新策略—再演化”的“复制动态”机制，最后判定具体策略是不是演化稳定策略（ESS）的过程。

根据鹰鸽演化博弈的思想建立农户与农产品流通企业在不完全信息下的演化博弈模型。假设农户与农产品流通企业都是有限理性个体；将农户与农产品流通企业分别看作两个“种群”，双方的策略集合都是（合作，不合作）。这里的农产品流通企业是从事鲜活或初级农产品批发或零售的组织，主要强调农户生产的农产品可以通过农产品流通企业的不加工或简单加工直接销售到市场上，而不考虑农产品在此过程中的增值。合作策略假设农户与企业之间按照事先的契约关系销售农产品，不合作策略假设单方或双方出现了违约或不签约的情况。两者博弈的支付矩阵如表 5.6 所示。

5.6 **农户与农产品流通企业博弈的支付矩阵**

		农产品流通企业	
		合作	不合作
农户	合作	$R_1 - C_1$, $R_2 - C_2$	$\pi_1 - C_1$, π_2
	不合作	π_1 , $\pi_2 - C_2$	π_1 , π_2

在支付矩阵中，农户与农产品流通企业都选择“不合作”策略时的正常收益分别为 π_1 和 π_2；都选择“合作”时的收益为 R_1 和 R_2；C_1，C_2 分别表示农户和农产品流通企业因合作而产生的成本，这样都选择“合作”时的净收益分别为 $R_1 - C_1$ 和 $R_2 - C_2$；当农户选择“合作”而企业选择“不合作”时，农户为合作而投入的成本无法挽回，收益为 $\pi_1 - C_1$，而企业的收益不受影响，为 π_2；当企业选择“合作”而农户选择“不合作”时，企业为合作而投入的成本无法挽回，收益为 $\pi_2 - C_2$，而农户的收益不受影响，仍为 π_1。假设 R_1, R_2，C_1, C_2 均大于零，根据合作竞争所具备的经济效应，假设双方选择“合作”时的净收益大于选择“不合作”时的收益，即 $R_i - C_i > \pi_i$；并且合作的收益大于投入的成本，即 $R_i > C_i$。

假设选择“不合作”策略的农户比例是 x，选择“合作”策略的农户比例为 $1-x$；农产品流通企业中选择“不合作”策略的公司比例是 y，选择“合作”策略的公司比例是 $1-y$。这里的比例也可以理解为选择某种策略的概率。

那么，农户选择“不合作”策略时的期望收益（适应度）为：

$$u_{1f} = y\pi_1 + (1-y)\pi_1 = \pi_1 \tag{5.30}$$

农户选择“合作”策略时的期望收益为：

$$\begin{aligned} u_{1c} &= (1-y)(R_1 - C_1) + y(\pi_1 - C_1) \\ &= (R_1 - C_1) - y(R_1 - \pi_1) \end{aligned} \tag{5.31}$$

因此，农户的平均收益（平均适应度）为：

$$\begin{aligned} u_1 &= xu_{1f} + (1-x)u_{1c} = x\pi_1 + (1-x) \\ &\quad [(R_1 - C_1) - y(R_1 - \pi_1)] \end{aligned} \tag{5.32}$$

由上式可以得出，农户选择“不合作”策略的复制者动态微分方程为：

$$\begin{aligned} \frac{dx}{dt} &= x(u_{1f} - u_1) \\ &= x(u_{1f} - xu_{1f} - (1-x)u_{1c}) = x(1-x)(u_{1f} - u_{1c}) \\ &= x(1-x)[y(R_1 - \pi_1) - (R_1 - C_1 - \pi_1)] \end{aligned} \tag{5.33}$$

同理，可以求出农产品流通企业选择“不合作”策略的复制者动态微分方程为：

$$\frac{dy}{dt}=y(u_{2f}-u_2)=y(1-y)(u_{2f}-u_{2c})$$
$$=y(1-y)[x(R_2-\pi_2)-(R_2-C_2-\pi_2)] \tag{5.34}$$

令两个微分方程式（5.33）（5.34）等于零，就可以得到使农户与农产品流通企业两个群体达到演化稳定状态的5个平衡点，分别是（0，0）（1，0）（0，1）（1，1）和（$1-\frac{C_2}{R_2-\pi_2},1-\frac{C_1}{R_1-\pi_1}$），这5个点是不是演化稳定策略（ESS），需要利用雅克比矩阵（Jacobian Matrix）的局部稳定分析得出。即对上述两个微分方程式依次求关于x和y的偏导数，可得出雅克比矩阵J：

$$J=\begin{pmatrix}(1-2x)[y(R_1-\pi_1)-(R_1-C_1-\pi_1)]x(1-x)(R_1-\pi_1)\\ y(1-y)(R_2-\pi_2)\\ (1-2y)[x(R_2-\pi_2)-(R_2-C_2-\pi_2)]\end{pmatrix} \tag{5.35}$$

再用局部稳定分析法来判断这5个平衡点的局部稳定（见表5.7）。由表5.7可知，在这5个局部平衡点中，E_1（0，0）和E_4（1，1）是稳定点，即总群体的演化稳定策略（ESS）；E_2（1，0）和E_3（0，1）是不稳定点；$E_5(1-\frac{C_2}{R_2-\pi_2},1-\frac{C_1}{R_1-\pi_1})$是鞍点。$E_1(0,0)$的含义是当总体达到演化稳定时，农户和农产品流通企业这两个群体中的个体都选择“合作”策略，这时（合作，合作）是唯一的演化稳定策略（ESS）；E_1（1，1）的含义是当总体达到演化稳定时，农户和农产品流通企业这两个群体中的个体都选择“不合作”策略，这时（不合作，不合作）是唯一的演化稳定策略（ESS）。大量个体的无限次博弈所引起的总群体动态演化过程可以表示为图5.1。

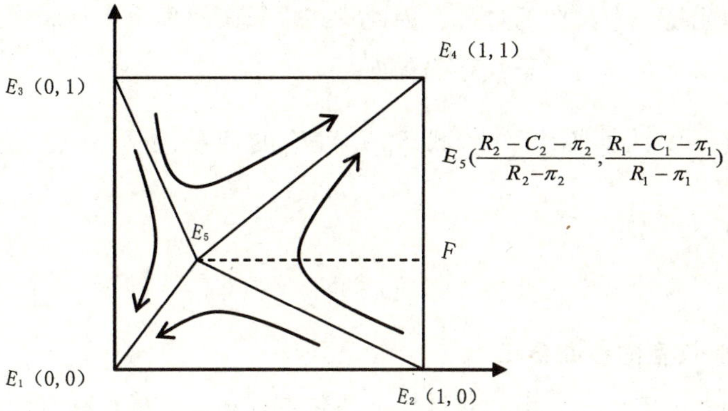

图 5.1　“农户—农产品流通企业”策略选择博弈复制动态相位图

表 5.7　　**均衡点稳定分析结果**

均衡点	J 的行列式(Det)	Det 符号	J 的迹(Tra)	Tra 符号	稳定性
$E_1(0,0)$	$(R_1-C_1-\pi_1)(R_2-C_2-\pi_2)$	+	$-(R_1-C_1-\pi_1)-(R_2-C_2-\pi_2)$	-	稳定
$E_2(1,0)$	$(R_1-C_1-\pi_1)C_2$	+	$(R_1-C_1-\pi_1)+C_2$	+	不稳定
$E_3(0,1)$	$C_1(R_2-C_2-\pi_2)$	+	$C_1+(R_2-C_2-\pi_2)$	+	不稳定
$E_4(1,1)$	C_1C_2	+	$-(C_1+C_2)$	-	稳定
$E_5(1-\frac{C_2}{R_2-\pi_2},1-\frac{C_1}{R_1-\pi_1})$	$-\frac{C_1C_2(R_1-C_1-\pi_1)(R_2-C_2-\pi_2)}{(R_1-\pi_1)(R_2-\pi_2)}$	-	0		鞍点

从图 5.1 可知，由不稳定点 E_2（1，0）和 E_3（0，1）及鞍点 E_5 构成的折线是群体动态演化博弈达到均衡后个体选择不同策略的分界，它把演化空间分为两个区域：$E_1E_2E_5E_3$ 和 $E_2E_5E_3E_4$。如果 $E_1E_2E_5E_3$ 的面积大于 $E_2E_5E_3E_4$ 的面积，系统收敛于 E_1（0，0），则意味着向全面合作演进的概率大于向全面不合作的概率，“合作”策略将是唯一的演化稳定策略（ESS）；如果 $E_2E_5E_3E_4$ 的面积大于 $E_1E_2E_5E_3$ 的面积，系统收敛于 E_4（1，1），则意味着向全面不合作演进的概率大于向全面合作的概率，“不合作”策略将是唯一的演化稳定策略（ESS）。因此，农户和农产品流通企业两个群体中的全部个体长期的博弈可能会向两个方向演化：当群体达到演化稳定均衡时，全部成员要么都选择“不合作”，要么都选择“合作”。

系统的演化是一个长期的过程，因此，在很长时间里农户与农产品流通企业可能会保持合作与竞争共存的局面。

在此可以计算不合作区域 $E_2E_5E_3E_4$ 的面积为 $S=\frac{1}{2}(\frac{C_1}{R_1-\pi_1}+\frac{C_2}{R_2-\pi_2})$。①

（二）模型的参数分析

从图 5.1 中可以看出，总群体的演化过程和最终稳定状态受到双方开展博弈时的初始状态（即子群体中选择不同策略的个体所占比例）与鞍点 E_5 相对位置的影响。鞍点 E_5 是系统演化特性改变的阈值，如果初始状态在鞍点附近的时候，初始状态的微小变化可能会影响演化的结果，这是系统对初始状态的敏感性；如果初始状态不在鞍点附近，则初始状态的微小变化则不会影响演化的结果，这是系统对初始状态的依赖性。当初始点在 $E_1E_2E_5E_3$ 区域内时，“合作”策略将是唯一的演化稳定策略（ESS）；当初始点在 $E_2E_5E_3E_4$ 区域内时，“不合作”策略将是唯一的演化稳定策略（ESS）。所以，农户与农产品流通企业这两个群体将随着初始状态相对鞍点 E_5 的不同位置而沿着不同的路径达到相应的稳定状态。

鞍点 $E_5(1-\frac{C_2}{R_2-\pi_2},1-\frac{C_1}{R_1-\pi_1})$ 的位置受到 R_i,C_i,π_i 值的影响，从而也影响到整个系统从初始状态到演化稳定均衡的路径和最终的演化稳定策略（ESS）。下面分析影响系统演化稳定的因素。

1. 合作的成本因素

C_1 和 C_2 分别是农户或农产品流通企业合作的投入成本，在其他变量不变的前提下，如果农户和农产品流通企业合作的投入成本都增加，则鞍点 $E_5(1-\frac{C_2}{R_2-\pi_2},1-\frac{C_1}{R_1-\pi_1})$ 的横纵坐标都减小，意味着“合作”区域 $E_1E_2E_5E_3$ 的面积减小而“不合作”区域 $E_2E_5E_3E_4$ 的面积增大，系统收敛于 E_4 的概率增加，系统更可能向 E_4（1，1）演进，即（不合作，不合作）是演化稳定策略（ESS）；相反，如果双方投入成本都减小，系统更

① 区域 $E_2E_5E_3E_4$ 的面积等于梯形 $E_3E_5FE_4$ 和三角形 E_5FE_2 的面积之和，经过简单计算可以得到，在此省略。

可能向 E_1（0，0）演进，即（合作，合作）是演化稳定策略（ESS）。所以当其他条件不变时，双方投入成本的多少决定着竞合关系，合作的成本越大，将越不利于合作关系的形成，反而会增加双方竞争的机会。实际上，如果一方的合作成本不变（不妨假定农户的成本不变），而另一方（企业）的合作成本增加，那么“不合作”区域 $E_2E_5E_3E_4$ 的面积也将增大，这意味着当其他条件不变时，只要一方的合作成本有所增加的话，就会导致系统向 E_4（1，1）演进，即（不合作，不合作）是演化稳定策略（ESS）。反之，如果一方合作成本有所降低的话，就会导致系统向合作演进。

2. 合作的收益因素

R_1 和 R_2 分别是农户和农产品流通企业合作的收益，在其他条件不变的前提下，如果农户和农产品流通企业的合作收益都增加，则鞍点 $E_5(1-\frac{C_2}{R_2-\pi_2},1-\frac{C_1}{R_1-\pi_1})$ 的横纵坐标都增加，意味着“不合作”区域 $E_2E_5E_3E_4$ 的面积减小而“合作”区域 $E_1E_2E_5E_3$ 的面积增大，系统收敛于 E_1 的概率增加，系统更可能向 E_1（0，0）演进，即（合作，合作）是演化稳定策略（ESS）；相反，如果双方的合作收益都减小，系统更可能向 E_4（1，1）演进，即（不合作，不合作）是演化稳定策略（ESS）。这意味着双方如果能在合作中获得更大的收益，将会促进双方合作的积极性，同时也会吸引其他个体选择“合作”的策略。反过来，如果合作的收益减小，则会导致相反的结果。

3. 竞争的收益

π_1 和 π_2 分别为农户与农产品流通企业都选择“不合作”策略时的正常收益，也就是竞争时的收益。在其他条件不变的前提下，如果农户与流通企业在竞争时的收益增大，则鞍点的横纵坐标就会减小，意味着“不合作”区域 $E_2E_5E_3E_4$ 的面积增大，系统更可能向 E_4（1，1）演进，即（不合作，不合作）是演化稳定策略（ESS）；这意味着，双方如果违约的收益增加，就会导致双方合作关系终止或破裂，反之，如果违约的收益减小，就会促使双方继续回到合作关系中去。

4. 合作的收益增值

$R_1-\pi_1$ 和 $R_2-\pi_2$ 分别是农户和农产品流通企业合作时的收益与竞争时的收益增值。在合作投入成本不变的条件下，合作与竞争的收益差额增加，鞍点的横纵坐标都增加，意味着“不合作”区域 $E_2E_5E_3E_4$ 的面积减小，而“合作”区域 $E_1E_2E_5E_3$ 的面积增大，系统收敛于 E_1 的概率增加，系统更可能向 E_1（0，0）演进，即（合作，合作）是演化稳定策略（ESS）；反之，（不合作，不合作）是演化稳定策略（ESS）。这说明合作的收益增值越大，双方合作的积极性越大。

5. 合作的相对成本

$C_1/(R_1-\pi_1)$ 和 $C_2/(R_2-\pi_2)$ 分别是农户和农产品流通企业合作的投入成本与合作收益增值的比值。如果合作的成本相对于合作的收益增值越大的话，鞍点的横纵坐标都会减小，“合作”区域 $E_1E_2E_5E_3$ 的面积减小，系统更可能向 E_4（1，1）演进，即（不合作，不合作）是演化稳定策略（ESS）；反之，如果合作收益增值相对于合作成本增加越快的话，则（合作，合作）是演化稳定策略（ESS）。这说明农户或企业是否采取合作策略主要取决于合作的成本相对于合作的收益增值的大小。

6. 考虑贴现因子

一般而言，现实中的农户与农产品流通企业的地位是不一样的，农户分散，处于劣势，而企业处于优势地位。所以在农户与企业的竞合博弈过程中，企业往往有“先行优势”，有定价权。如此往往会导致农户与企业的合作收益分配是不均衡的。假设农户的贴现率 δ_1 和企业的贴现因子 δ_2，均为 $\delta(0<\delta<1)$；假设双方合作的收益增值总和为△R，易知 $\Delta R=(R_1-\pi_1)+(R_2-\pi_2)$。根据罗宾斯坦定理，[①] 如果是具有优势的企业先出价（在此可理解为先提出合作的价格），则最后的企业与农户合作的契约结果是：

$$R_1-\pi_1=\frac{\delta_2(1-\delta_1)}{1-\delta_1\delta_2}\cdot\Delta R=\frac{\delta}{1+\delta}\cdot\Delta R \tag{5.36}$$

$$R_2-\pi_2=\frac{1-\delta_2}{1-\delta_1\delta_2}\cdot\Delta R=\frac{1}{1+\delta}\cdot\Delta R \tag{5.37}$$

由上可知，鞍点可以表示为 $E_5(1-\frac{C_2(1+\delta)}{\Delta R},1-\frac{C_1(1+\delta)}{\delta\cdot\Delta R})$，将其

① 马克·罗宾斯坦（Mark Rubinstein）在 1982 年用完全信息动态博弈方法建立讨价还价模型，他认为，讨价还价的过程是双方合作博弈的过程，如果 1 先出价，那么，最后双方博弈的纳什均衡解是 $x'=(1-\delta_2)/(1-\delta_1\delta_2)$（参看杨小凯《经济学——新兴古典与新古典框架》，社会科学文献出版社 2003 年版，第 177—178 页）。

代入不合作区域 $E_2E_5E_3E_4$ 的面积公式 $S = \frac{1}{2}(\frac{C_1}{R_1 - \pi_1} + \frac{C_2}{R_2 - \pi_2})$，得：

$$
\begin{aligned}
S &= \frac{1}{2}(\frac{C_1}{R_1 - \pi_1} + \frac{C_2}{R_2 - \pi_2}) \\
&= \frac{1}{2}(\frac{C_1(1+\delta)}{\Delta R \cdot \delta} + \frac{C_2(1+\delta)}{\Delta R}) \\
&= \frac{(1+\delta)}{2\Delta R}(\frac{C_1}{\delta} + C_2) \qquad (5.38)
\end{aligned}
$$

由此可以看出，影响系统演化稳定的因素还有贴现因子。如果其他条件不变，贴现因子的变化如何影响不合作区域 $E_2E_5E_3E_4$ 的面积呢？对此需要进行进一步分析。

先对式（5.38）的δ求导，得：

$$S' = \frac{1}{2\Delta R}(C_2 - \frac{C_1}{\delta^2}) = \frac{C_2}{2\Delta R}(1 - \frac{C_1}{C_2\delta^2}) \qquad (5.39)$$

如果 $C_1/C_2 > 1$，则 $S' < 0$，即式（5.39）是个减函数。这意味着，当初始状态农户合作的成本大于农产品流通企业的合作成本时，贴现因子越大，不合作区域 $E_2E_5E_3E_4$ 的面积就越小，系统更可能向 E_1（0，0）演进，即（合作，合作）是演化稳定策略（ESS）。这说明，双方对未来的合作所产生的额外收益越重视，则合作的可能性就越大。

如果 $C_1/C_2 < 1$ 时，当且仅当 $0 < \delta \leqslant \sqrt{C_1/C_2}$ 时，$S' < 0$，式（5.39）是个减函数；当 $\sqrt{C_1/C_2} < \delta < 1$ 时，式（5.39）是个增函数。这意味着，当初始状态农户的合作成本低于企业的合作成本时，贴现因子只有小于二者合作成本的平方根时，贴现因子越大，不合作区域 $E_2E_5E_3E_4$ 的面积越小，（合作，合作）是演化稳定策略（ESS）；当贴现因子大于二者合作成本的平方根时，（不合作，不合作）才是演化稳定策略（ESS）。通过以上分析可以看出，除了贴现因子外，农户与企业合作的相对成本也是影响演化稳定策略的重要因素。

从式（5.39）中也可以看出，如果农产品流通企业先出价的话，可以得到，在最后演化稳定时，企业分得的收益增值的比例为 $1/(1+\delta)$，因此 $0<\delta<1$，所以可以得出这个比例肯定大于0.5，这意味着企业分得的收益增值总是大于农户，企业在演化博弈中始终处于有利地位。而且，先开价企业的优势随着贴现因子的减少或农户忍耐力的下降而增加。反过

来，如果农户先主动出价的话，则农户始终处于有利地位。在现实中，农户处于信息劣势一方，他们先出价的机会往往比较小。另外也可以得出，农户与企业分享合作增加值的比率是δ，而$0 < \delta < 1$，这意味着虽然农户在合作中的利益分成要小于企业，但贴现因子越大，农户与企业的利益分配就越趋于平均。这说明，在竞合博弈中只要农户有足够的耐心，就可以使自已在合作中的收益增多，分配也将越平均。

如果贴现因子不一样的话，贴现因子越大的一方就越有优势，也就是越有耐心的人就越有优势。因此，如果农户有足够的耐心的话，即农户的贴现因子大于农产品流通企业的贴现因子的话，那么企业的“先行优势”也有可能被农户超高的耐心所抵消。这里非常重要的政策含义是，农户的合作意识和忍耐力的培养对于提高其在与农产品流通企业谈判时的地位起着重要的作用。在现实中，农户在与农产品流通企业合作时，往往一开始就处于被动地位，如果农户对未来的合作不抱有信心，那么这种被动地位将越来越严重，农户在合作中的利益相对而言就会越来越少。

（三）现实阐释："订单农业"合作演化稳态机制的构建

在现实中，农户与农产品流通企业之间的合作以“订单农业”为主要形式，这种契约型关系的形成可以看作竞合演化的结果。“订单农业”或“合同农业”[①] 于20世纪30年代在美国和欧洲地区兴起，是发达国家现代农业发展的基本特征，而且国外“订单农业”发展的经验表明，“订单农业”可以节约生产成本和交易费用，在促进农业标准化生产、提高农产品流通效率等方面具有优势。

中国自20世纪80年代以来开始发展“订单农业”，目前“订单农业”已成为中国农户与企业纵向合作的主要形式，受到农户的普遍欢迎。农户在“订单农业”中的最大受惠是免去了农户寻找市场的交易成本，解决了农产品销售难的问题。对于农产品企业而言，订单可以保障企业未来稳定的农产品供应来源。但是“订单农业”的实施效果一直不甚理想，

① “订单农业”又称“合同农业”、“契约农业”，是农户根据其与企业事先签订的农产品购销合同，组织安排农产品生产的一种农业产销模式。订单农业很好地适应了市场需要，避免了盲目生产。

在“订单农业”的实际履行中，农户不遵守合同、企业单方毁约的事件屡有发生。根据农业部公布的数据，中国“订单农业”的违约率高达80%。从实践来看，这种模式在农业生产方式中的推广比例并不高。2006年全国第二次农业普查数据显示（参见表5.8），2006年通过“公司+农户”的方式生产、销售农产品的村的比重只有10.6%，参加其中的农户的比重只有3.5%。在中国，多数农户都是规模小而分散地经营，而且他们的市场意识也比较淡薄，他们往往不太注重信誉，也不在乎长远利益，在市场价高于合同价时，就会将农产品卖给别人；而处于强势地位的企业，在市场价低于合同价格时，则会有亏损的风险，由于利益的驱动，企业也有违约的动机。

对于“订单农业”的不稳定，国内学者也给出了不同的解释。刘凤芹（2003）认为，“订单农业”违约率高的内在原因是合约的不完全性，尤其是在短期合约中，没有太好的约束或监督方案；张一梁（2005）认为，“农户+企业”是农业产业化的主要经营模式，但主体市场地位的不对称性导致企业买方垄断、契约不稳定等问题。曹子坚等（2009）认为，合同农业中的农户与企业利益联结机制会因为市场价格的不稳定而处于非稳态均衡状态。这些研究主要是从农户与农产品流通企业契约的不完全性来寻找原因的，实际上从两者竞争演化的过程来看，两者合作的不稳定与稳定都可能是演化的结果，合作的稳定只是其中的一种结果。

通过对农户与企业的演化博弈模型的参数分析，可以得出影响“订单农业”稳定性的关键因素是合作的收益与成本因素，合作收益的增加或合作成本的降低都能促进“订单农业”的稳定发展。但是在现实中，除了成本和收益因素外，往往由于企业与农户在市场上地位的不对称而导致合作利益分配的不公平，而且由于农户的“短视”和企业的“强势”更加剧了双方合作的不稳定性。因此从演化的角度来看，“订单农业”合作稳态机制的构建也应遵循生物群体演化稳态的基本原则。诺瓦克将生物演化中的合作稳态机制归结为五个原则：亲缘选择（Kin selection）；直接互惠（Direct reciprocity）；间接互惠（Indirect reciprocity）；网络互惠（Network reciprocity）；群组选择（Group selection）。在农户与农产品流通的竞合演化博弈中，农户与企业是两个群体，它们之间合作的稳态机制可以从五个方面来构建。

表 5.8　　2006 年各地参加“公司 + 农户”方式的基本情况

名称	通过“公司 + 农户”的方式生产、销售农产品的村		年末参加“公司 + 农户”的农户	
	个数（个）	比重（%）	户数（户）	比重（%）
全国总计	67382	10.6	7796087	3.51
北　京	278	7.0	16151	1.08
天　津	143	3.7	15909	1.36
河　北	2670	5.4	244344	1.77
山　西	1353	4.8	89880	1.52
内蒙古	1953	16.7	257757	7.34
辽　宁	1380	11.6	146378	2.25
吉　林	1117	11.8	89997	2.49
黑龙江	974	10.8	86048	2.04
上　海	119	6.4	21316	1.66
江　苏	2062	11.1	442067	3.09
浙　江	2927	8.8	196160	2.19
安　徽	2200	10.1	270713	2.27
福　建	1753	11.9	114997	2.05
江　西	1744	10.0	134032	1.94
山　东	5819	6.9	373458	1.77
河　南	4752	9.9	483298	2.54
湖　北	2613	9.8	290015	3.18
湖　南	4636	10.3	346422	2.92
广　东	2232	10.7	232978	2.21
广　西	2794	18.9	527768	6.37
海　南	241	9.4	18392	1.93
重　庆	2153	21.2	376344	6.41
四　川	9154	18.0	1121818	7.21
贵　州	2591	13.1	271958	3.92
云　南	2930	22.4	826815	10.03
西　藏	107	1.8	5169	1.26
陕　西	2090	7.6	167663	2.53
甘　肃	2319	14.2	393713	8.88
青　海	150	3.6	11507	1.48
宁　夏	348	14.7	48089	5.37
新　疆	1780	19.1	174931	7.26

资料来源：2006 年第二次农业普查数据，http：//www.stats.gov.cn/tjsj/tjgb/nypcgb/。年末参加“公司 + 农户”的农户比重是用参加“公司 + 农户”的农户除以当年农户总数得出的。

第一，亲缘选择是影响合作稳态机制的第一个因素。农户与农产品流通企业的联结并不是与生俱来的，中国“订单农业”约始于20世纪80年代。在早期的农产品流通体系中，它们的“距离”较远，一个是传统农业下的农民，一个是现代化的企业，可以说，农户与企业之间没有天然的相似性和亲缘关系。所以从亲缘选择的原则上讲，它们之间缺乏“基因”的相似性，因此合作的倾向几乎没有。然而在农业产业化背景下，“订单农业”在外界力量（政府）的干预下应运而生，而且得到了蓬勃的发展，有着非常巨大的发展潜力。如果从演化的角度来看，虽然有外力的干预，但是路径依赖使演化方向不会有太大的偏差，“订单农业”既然能够存在并发展，当然也应看作自然选择的结果。“订单农业”的核心是“订单”，农户与企业的关系体现在契约合同中，要使二者的关系更紧密，关键是能否通过契约农户与企业结成一个利益共同体。在前文的参数分析中也可以看到，双方的利益或成本的同方向变动会带来“合作”的演化均衡，如果双方的利益或成本向相反方向变动，则会导致“不合作”演化均衡。

第二，互惠是合作稳态机制的重要因素。美国经济学家马太（Matthew）将互惠定义为：“当别人对你友善时，你也对别人友善；当别人对你不友好时，你也对别人不友好。”诺瓦克将互惠分为三种：直接互惠；间接互惠；网络互惠。直接互惠是引入贴现因子和惩罚力度来分析博弈双方的合作。也就是说，在博弈中你对未来的合作越重视，对方也会越重视；在博弈中，贴现因子越大，则双方最后实现“合作”演化均衡策略的可能性就越大。在中国，多数的农户素质不高，他们只注重眼前利益，往往会产生机会主义下的利己行为，这就会导致合作的不稳定性。农户如能消除短视行为，有足够的耐心参与合作以重视未来合作所产生的额外收益，则合作的可能性就越大。从企业的角度来看，虽然企业在博弈中处于优势地位，但是企业的优势也有可能因为农户足够的忍耐力或自身忍耐力的下降而有所抵消。直接互惠的另一个含义是对对方的恶意行为进行惩罚，在前面的模型中，我们没有引入双方违约的惩罚机制，也就是因为违约对违约方来讲没有损失，这样双方自然就都敢违约。如果通过惩罚机制来增大违约成本同时弱化违约收益，使违约一方付出昂贵的代价，那么农户与企业自然都愿意尽力消除违约倾向，双方就会朝着合作的稳定均衡发展。间接互惠是引入声誉效应来解释合作。在一个重复博弈中，参与人可能都试图建立一个对于这个特定方式的声誉，而且这种声誉如同无形资产，声誉投资会换来丰厚的回报（Drew Fudenberg，2010）。只要参与人有足够的耐心和长远的未来计划，那么声誉效应就是一种激励机制，就会对农户与企业合作中的违约行为有所抑制。网络互惠是合作的第三个互惠体现，各个群体共同构成了一个网络，网络中的群体可以从网络中共享资源并从中获利，成员在网络中的利他行为也能够获得汇报。在农产品流通网络中，每个流通主体都是这个网络中的成员，它们之间形成合作、协调的网络互惠关系。

第三，群组选择是解释合作稳态的第三种因素。群组选择是指在种群中可以分为多个群组，同一群组内的个体和不同群组的个体之间存在着竞争关系，这样同一群组内个体的合作有利于这个群组的生存。虽然与群组内的竞争相比，合作并不具备优势，但是当面对群组之间的竞争时，内部合作则是有利的。如果这种群组的优势被其他群组所复制，那么一种稳定的合作关系便有可能形成。农户数目多，规模小，抵御市场风险的能力差，农户之间的合作可以增强农户的实力。现实中农民专业合作社、专业协会等形式是农户群组的体现，农户的组织化有利于改善农户与企业博弈中的劣势地位，也有利于促进农户与企业合作的稳定。从演化的角度来看，由“农户 + 企业”模式到“农户 + 合作社 + 企业”模式，是农户群组选择的结果，是更稳定的合作模式。

三　本章结论

农产品流通主体组织化是竞合博弈的过程。竞争与合作是一对矛盾统一体，两者之间相互转化，彼此包含，农产品流通主体之间同时存在着竞争与合作的关系，合作可以实现资源互补，发挥核心竞争力，竞争可以有效配置资源，促进主体间的协调。因此，合作竞争强调合作，但并不排除竞争，是一种高层次的竞争，是个体从自身发展的战略角度出发，基于共同的利益诉求，寻求合作和协调，在合作中实现了有效竞争，降低了交易成本，推进了社会资源的优化配置。在本章中，对于相同农产品流通主体间的横向竞合关系，选取了农户作为对象，采用静态和比较静态分析方法，分析了农户之间的博弈过程；而对于不同产品流通主体间的纵向竞合关系，从“订单农业”的角度，选取了农户与农产品流通企业，从动态演化博弈的角度分析了农户与企业竞合的稳定机制。从模型的分析中可以看出，每个农产品流通主体的行为和合作的成本与收益决定了它们之间合作状态的稳定性。主要有以下几点结论：

第一，农户的机会主义往往会导致个体理性与集体理性的冲突，使农户之间的合作陷入“囚徒困境”。而且只要是有限次博弈，农户都会产生利己行为，结果就是出现不合作的局面。走出“囚徒困境”的途径是将有限次重复博弈变为无限次重复博弈，只要农户无法认定它们之间合作的期限，就谁都不会贸然选择违约；如果双方有足够的耐心将博弈无限次地进行下去，那么合作将是最后的均衡。然而现实中农户的博弈往往不可能是无限次博弈，农户的“短视”往往会导致合作的终止，农户的合作需要有监督与约束机制。

第二，改善农户显性违约的有效途径有两种：一是委托农产品经纪人销售农产品并赋予农产品经纪人监督的权力；二是成立合作组织，通过合作组织机制来激励和约束农户的经济行为。然而对于农户的隐性违约，除了提高农户的法律意识和市场意识之外，农户对自己声誉的重视与维护以及合作行为所产生的“声誉效应”也是有效的约束机制。

第三，虽然文中没有一一论述其他农产品流通主体间的横向竞合博弈问题，但是它们与农户之间的博弈过程与结果具有相似性。因此，可以得出，任何相同的农产品流通主体之间（如合作社与合作社、经纪人与经纪人等）都有竞合最优均衡的机制。

第四，从演化博弈的角度看，“订单农业”的稳定与不稳定都是演化稳定策略。农户与农产品流通企业合作的不稳定有四个原因：一是合作成本的增加或合作收益的减少；二是违约成本很小；三是农户与企业利益分配的不均；四是合作双方的不信任。一般而言，农户与农产品流通企业的合作才是二者竞合博弈过程中理性选择的结果。

第五，促进农户与农产品流通企业的合作稳态均衡主要有三个方面：一是合作收益的增加和合作成本的降低；二是有代表共同利益的长期契约和公平的利益分配；三是双方合作的信用和信心。“外部”力量可以促进农户与企业保持长期稳定的合作关系：农民专业合作社将农户组织成力量更强大的群组和政府的政策扶持与引导。

第六，从博弈理论角度讲，农产品流通主体的组织化是一个动态的、重复的竞合博弈过程，最终结论是博弈各方基于长远利益考虑，以及相关机制的设计，比如利益分配机制、惩罚机制等，最终都会选择合作。

第六章

农产品流通过程的组织协调

一　农产品流通过程组织协调的内容

（一）农产品流通的协调机制

协调是和谐一致、配合得当的意思，其静态的含义是事物间关系的和谐一致，动态的含义是使事物间的关系和谐一致的过程。机制是指系统内部组织和运行变化的客观规律，在系统中起着基础性、根本性的作用。协调机制是系统内各种要素之间相互作用达到相互之间和谐一致、配合得当的过程。

农产品流通的协调机制是农产品流通体系中的利益协调机制，是指农产品流通体系中的主体（包括个体和组织）为获得流通领域中利益的最大化而主动参与竞争并通过利益分配来协调自身与其他成员关系的过程。农产品流通组织化是农产品流通主体之间通过多种方式的竞争、合作与协调，将流通环节进行整合再造，不断优化农产品流通渠道、提高农产品流通效率的动态过程。因此，农产品流通组织化过程的本质也是农产品流通协调机制的构建过程，农产品流通组织化的实现目标就是农产品流通协调机制下农产品体系的有序运行。农产品流通协调机制应以市场机制为主，政府调控或政府规制为辅，让市场机制在农产品流通领域里充分发挥作用，用市场的无形之手组织各流通主体的行为，由市场力量催生各种流通组织模式，它们之间进行竞争与合作的博弈，通过各种契约关系来约束其行为和分享流通利益，在市场交易成本过高时，流通组织之间会产生内部化动机，进行纵向或横向一体化协调，最终使流通资源达到最优配置。这样，在农产品流通中，利益主体的利益分配以效率为优先，在利益分配难以兼顾公平的时候，由政府进行适当干预，促进利益的公平分配，限制垄断性利润，扶持流通主体多元化发展。

因此我们认为，农产品流通协调机制应该包括三个过程：一是各个农产品流通主体之间充分竞争与合作的过程；二是以大型农产品流通主体为核心的纵向与横向组织一体化过程；三是在政府调控与规制下的农产品流通组织化。① 在这样的协调机制之下，农产品流通主体在市场机制下进行充分有效竞争，一些流通主体的实力与竞争力不断增强，进而产生规模经济，有了组织一体化的动机，通过兼并重组和投资合作，向生产领域和零售环节延伸，从而提高产业集中度和组织化水平。随着组织一体化程度的提高，当形成行业垄断与壁垒时，又不利于农产品流通领域的自由竞争，这个时候就需要政府的监督与协调。可以断定，在农产品流通过程的协调中，流通企业的组织一体化行为是提高农产品流通组织化程度的必经之路。

（二）农产品流通过程组织协调的内容

农产品流通过程的组织协调是组织一体化的过程，包括纵向协调与横向协调。按照产业组织理论的观点，可将其分为纵向一体化与横向一体化。

阿内尔（Avenel，2000）认为，纵向一体化就是在产品的生产和分销过程中，一个厂商如果参与了其中两个以上的相继阶段，就称为纵向一体化（Vertical Integration），也称为垂直一体化（Avenel，et al.，2000）。徐顺暖认为，企业的纵向一体化是企业发展过程中各种因素协调作用的结果，从企业能力和资源角度考察企业的边界，当资源和市场需求占主导地位时，纵向一体化策略适应企业经营发展的需要；当技术、制度等其他要素占主导地位时，企业不必采取一体化措施。农产品流通的纵向一体化是解决中国农产品流通环节分散化、组织性差的途径。对于纵向一体化的原因，产业组织学派认为，主要是垄断动机、产业生命周期、不确定性三个方面，而交易费用学派则认为，市场与企业的替代、资产专用性才是原因。

---

① 对于农产品流通的第一个过程——各个农产品流通主体之间充分竞争与合作的过程，在第五章中已经论述，因此本章将着重论述农产品流通企业的纵向与横向一体化过程。至于政府的调控与规制对于农产品流通组织化的作用本书暂不作研究。

横向一体化（Horizontal Integration）在有些研究中被称作横向整合或者水平整合。多西（Dorsey，2006）将其界定为在市场体系相同环节上的合并。欧结敏在其研究中将横向一体化界定为企业通过自建和购并两种方式实现市场占有率扩大和提高行业集中度的战略行为。横向一体化是改变行业分散，提高组织程度的一个重要途径。农产品流通的横向一体化是解决中国农产品流通主体众多、竞争力低的途径。而对于横向一体化，规模经济是其首要原因和重要动因。马歇尔（Marshall，1890）提出“规模经济”这个概念，将规模经济界定为随着企业自身内部规模的扩大，企业成本减少、效率提高的情况，横向一体化是实现这个规模经济的重要途径，而规模经济也往往是企业进行横向一体化的动因。

二 农产品流通过程的纵向一体化

（一）农产品流通纵向一体化的必要性

第一，农产品流通环节太多导致农产品价格过高。中国的农产品流通是以农产品批发市场为主的模式，在这一模式中，由于批发市场的门槛较低，参与者众多，这也导致农产品流通环节太多。从农业部 2008 年 2 月 26 日至 3 月 19 日对粮、畜、菜三大类 9 个品种进行的专题调研中可以发现，农产品的流通一般要经过四个环节，如番茄的流通要经过产地收购—产地批发市场—销地批发市场—零售（超市）等环节，参与的流通主体至少有农产品生产者、农产品经纪人、农产品批发商、农产品零售商等，农产品经纪人从农户或农民专业合作社手中以 1.4 元收购番茄，到超市零售价为 3.8 元，上涨了 1.7 倍，其中有 33 个发生费用的项目。流通环节过多的最明显后果就是抬高了农产品价格，处于各个环节的农产品流通主体都有成本支出和利润目标要求。所以在农产品价格形成中，环节越少，流通成本就越低，价格也越低。番茄从批发商进入超市的价格是 1.7 元，如果超市供应商能够越过产地批发商，则价格将会明显降低，简单算来，将会下降 2.1 元。

第二，农产品流通环节多导致利润损失。在冗长的流通环节中看似每个流通主体都获得了可观的利润，但是实际上每个人获利都甚少。原因是流通环节过多，导致了流通资源的浪费与配置不合理，从而使流通利润在流通中变成了流通成本。假设农产品从农户到消费者之间的流通过程只有一个批发商和一个零售商，过程如图 6.1 所示。我们通过比较批发商和零售商在纵向一体化之前和之后的利润，来判断是否应该进行纵向一体化。

批发商获得农产品的价格为 p_0 ，批发商售出农产品的价格，即零售商获得农产品的价格为 p_1 ，零售商售出价格为 p_2 ，假设流通过程的农产品数量为 q ，q 是消费者的消费需求，只取决于零售价格 p_2 ，即 $q = \mathrm{d}(p_2)$ 。因此零售商的价格决策会对批发商的利润产生外部效应。

零售商的利润为：

$$r_2 = (p_2 - p_1)q = \mathrm{d}(p_2)(p_2 - p_1) \tag{6.1}$$

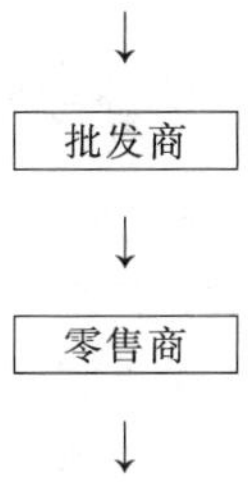

图 6.1　只有一个批发商和一个零售商的农产品流通示意图

批发商的利润为：

$$r_1 = (p_1 - p_0)\mathrm{q} = d(p_2)(p_1 - p_0) \tag{6.2}$$

在此不妨假设需求函数为：

$$q = d(p_2) = 1 - p_2, \quad 且 0 < p_0 < p_1 < p_2 < 1 \tag{6.3}$$

那么，零售商利润最大化的一阶条件为：

$$\frac{dr_2}{dp} = \frac{d(1 - p_2)(p_2 - p_1)}{dp_2} = 1 - 2p_2 + p_1 = 0 \tag{6.4}$$

得：

$$p_2 = \frac{1 + p_1}{2} \tag{6.5}$$

将式（6.5）代入式（6.3），则对农产品的需求量为：

$$q = 1 - p_2 = 1 - \frac{1 + p_1}{2} = \frac{1 - p_1}{2} \tag{6.6}$$

此时得到农产品零售商的最大利润：

$$r_2 = (p_2 - p_1)q = \frac{1 - p_1}{2}(\frac{1 + p_1}{2} - p_1) = (\frac{1 - p_1}{2})^2 \tag{6.7}$$

批发商利润最大化的一阶条件为：

$$\frac{dr_1}{dp_1}=\frac{d(\frac{1-p_1}{2})(p_1-p_0)}{dp_1}=\frac{1}{2}(1-2p_1+p_0)=0 \tag{6.8}$$

得：

$$p_1=\frac{1+p_0}{2} \tag{6.9}$$

将式（6.9）代入式（6.2）可以得到农产品批发商的最大利润：

$$r_1=(p_1-p_0)q=(\frac{1+p_0}{2}-p_0)(\frac{1-\frac{1+p_0}{2}}{2})=\frac{(1-p_0)^2}{8} \tag{6.10}$$

将式（6.9）代入式（6.7），得到农产品零售商的最大利润：

$$r_2=(\frac{1-p_1}{2})^2=\frac{(1-p_0)^2}{16} \tag{6.11}$$

所以流通过程的总利润为：

$$r^0=r_1+r_2=\frac{(1-p_0)^2}{8}+\frac{(1-p_0)^2}{16}=\frac{3}{16}(1-p_0)^2 \tag{6.12}$$

且农产品的零售价格为：

$$p_2=\frac{1+p_1}{2}=\frac{1+\frac{1+p_0}{2}}{2}=\frac{3+p_0}{4} \tag{6.13}$$

如果采取某种方式将流通过程进行纵向一体化，此时，在农产品流通过程中就只有从生产到零售一个环节，将批发环节省去，则一体化后的组织利润为：

$$r^1=(p_2-p_0)q=(1-p_2)(p_2-p_0) \tag{6.14}$$

则利润最大化的一阶条件为：

$$\frac{dr^1}{dp_2}=\frac{d(1-p_2)(p_2-p_0)}{dp_2}=1-2p_2+p_0=0 \tag{6.15}$$

得：

$$p_2=\frac{1+p_0}{2} \tag{6.16}$$

一体化后的组织利润为：

$$r^1=(1-\frac{1+p_0}{2})(\frac{1+p_0}{2}-p_0)=\frac{(1-p_0)^2}{4} \tag{6.17}$$

通过比较，容易得到：

$$r^1 > r^0 \tag{6.18}$$

可以看出，纵向一体化后的利润要大于一体化之前农产品批发商和零售商利润之和。也就是说，复杂的农产品流通环节导致了流通利润的损失。

而且也容易判断出，纵向一体化下的农产品零售价格 $(1+p_0)/2$ 要小于没有进行纵向一体化之前的价格 $(3+p_0)/4$ ，这也意味着，纵向一体化不仅可以提高农产品流通商的利润，而且可以让消费者以更低的价格得到农产品，可以提高农产品的消费者剩余。这也印证了农产品流通环节太多将导致农产品价格过高的论断。

现实中的农产品流通尽管与我们假设的状况不完全一致，但是基本的思想是一致的，流通环节太多，每一个环节上的农产品流通主体都从自己的角度出发，期望获得较满意的利润，导致在本环节上农产品价格的上涨，这会对其他环节产生负的纵向外部性，因为本环节价格的上涨最终会导致消费者的消费需求下降，造成其他环节利润下降。这也就是为什么农产品价格上涨，消费者怨声载道，而农户和其他流通主体并未见到利益的原因。

以潍坊市主要经营“潍县青萝卜”的农民专业合作社为例。作为潍县萝卜的主要产地——潍坊市寒亭区的潍县萝卜标准化种植面积已达到6万多亩，种植潍县萝卜的专业生产合作社有48家，年销售额达10余亿元。我们实地调查了山东省潍坊市寒亭区5家以生产青萝卜为主的农民专业合作社，分别为俊青蔬果合作社、金惠园农民专业合作社、益民农产品供销合作社、玉河缘蔬菜合作社、农多乐种植专业合作社。在调查中发现，基于农民专业合作社的“潍县青萝卜”的流通方式主要有四种：一是“合作社+批发市场或运销商”方式，这种方式是将萝卜统一运送到农产品批发市场或通过运销商向外销售，之后的萝卜流通交给萝卜批发商，是一种松散的流通方式，合作社在萝卜销售中发挥的作用不大；二是“合作社+超市”模式，这种方式是合作社与超市签订供货协议，实现产销对接；三是“合作社+专卖店”，这种方式主要是合作社通过设立专卖店的形式销售萝卜，这是合作社实现纵向一体化的实践；四是“合作社+酒店”，萝卜通过酒店、会所等特供方式进入高端市场。这四种方式下的合作社销售萝卜价格有很大的差异，一般在农产品批发市场上的价格约为每公斤3.5元左右，进超市的价格约为每公斤4元左右，专卖店的价格为每个2—3元，进酒店或高级会所的价格为每个5元左右，当然萝卜的品质也有所不同。可以看出，从合作社的角度而言，流通渠道越短，合作社销售萝卜的价格越高，获利就越大。

第三，流通中交易费用较高。关于企业与市场之间究竟选择由谁来配置的问题，是科斯首先提出的，而这一问题讨论的前提就是交易存在交易费用，如果交易费用为零，则全部都应该由市场进行配置。但是市场交易是不可能不存在交易成本的。科斯（1960）列举了一些交易费用的情况。“为了进行市场交易，有必要发现谁希望进行交易，有必要告诉人们交易的愿望和条件，有必要通过讨价还价的谈判缔结契约，有必要督促契约条款的严格履行等”。威廉姆森（Oliver Eaton Williamson，1971）非常鲜明地提出“实行纵向一体化的主要目的在于节省交易成本”，从三个维度即资产的专用性、交易的不确定性以及交易发生的频率刻画了交易的完成情况，认为资产专用性、人的有限理性和机会主义会影响交易费用，是产生交易费用的原因。达尔曼则进行了归纳，将交易费用描述为“搜寻与信息成本、议价与决策成本、检验与执行成本”。卡尔顿从缓解不确定性的角度出发，认为纵向一体化在于确保“供给可靠性”。

按照上述观点，农产品流通过程中农产品高昂的交易费用的存在，是农产品流通过程进行纵向一体化的理论依据。这里仅挑选几个方面进行验证，尽管并不充分，但足以说明问题。

其一，供求之间信息不对称。

完全信息是经济学的经典假设之一，是指交易双方对产品的信息掌握情况完全相同，但是在现实的交易中，完全信息并不符合假设，交易者为了进行交易“有必要发现谁希望进行交易，有必要告诉人们交易的愿望和条件”，这些获得信息的过程是需要付出一定成本的。

在中国的农产品流通中，同样面临这个问题，生产者和消费者之间信息不对称，消费者不可能完全掌握他所需要的农产品的产地，以及产品的价格、质量；而生产者也不可能掌握需求状况和需求数量，大多只是坐等购买者上门，一些电视、报纸等的新闻时常会报道一些农产品滞销的信息，但报道后没几天，在后续报道中便会出现农产品脱销的信息。这些问题的根源都是信息掌握不充分，这也导致农产品的流通困难。

信息不充分甚至在种植的时候便已存在，种植户在决定种植数量时，无法知道足够的信息，只能依据以往的价格和种植面积等信息做出决策，这很容易造成供给与需求的不符，使得农产品价格大幅波动，也给农产品流通过程带来风险。

其二，流通环节太多。

按照科斯等新制度主义经济学家们的观点，任何一次交易都存在着交易费用，一方面将导致交易效率的下降，另一方面也会增加产品的成本，使得产品价格提高。企业对于市场的替代，正是通过减少交易来降低交易费用的，从而提高了交易效率。但是，在中国的农产品流通中，正如前一部分所介绍的，流通环节太多，从生产者到消费者，要经过产地批发、销地批发以及零售等环节，中间有更多的经手人，而且各个环节之间、经手人之间都是通过交易来连接的，所以多次交易的农产品累积的交易费用很大，最终造成农产品成本增加，价格上升。

在此，以福建省德化县黄花菜产品为例。黄花菜从产地福建省德化县到福州市农产品流通过程各个环节的成本利润如表 6.1 所示。

表 6.1　**黄花菜产品流通各个环节的成本利润**　（元）

流通环节	生产环节			批发环节			零售环节		
	成本	利润	价格	费用	利润	价格	费用	利润	价格
黄花菜	26.7	7.30	36	0.43	3.02	39.45	0.585	15.96	56

资料来源：刘振铭：《农产品流通过程中参与主体的利益分配研究》，福建农林大学 2010 年硕士学位论文。

黄花菜从福建德化县种植户到福州市消费者手中，种植户的费用占生产流通成本的比重最高，为 39.5%；零售环节费用次之，占 28.45%；批发环节费用在生产流通成本中排在第三位，占 8.1%。假设批发环节和零售环节采用合并的纵向一体化方式，合并后的利润为 18.98 元，为批零环节总成本 37.015 元的 51.28%，其成本利润率高于合并前的任何一个环节。如果合并后并不需要如此高的成本利润率，则农产品价格将会大大降低。

其三，资产专用性较高。

威廉姆森在交易费用理论上的最大贡献之一是提出了资产专用性这一变量，并用资产专用性解释交易费用的高低。资产专用性是从资产的用途上界定的，如果资产专用性高，则资产只在此用途上能够获得足够大的效益，而不能用于其他用途，这样就存在一个较大的沉没成本，这个沉没成本就应该被认定为交易费用。因此，资产专用性越高，交易费用就越高。

中国农产品流通过程中交易的完成所需要的众多的资产具有较高的专用性。中国有600多万常年从事农产品经济业务的专职农产品经纪人，相对于短期的季节性从业人员来说，其专用性较高，因而其所获得的收益都可以被看做交易过程中的交易费用。庞大的专职农产品经纪人一方面方便了交易的达成，另一方面则能够反映交易费用的巨大。农产品批发市场、农产品物流的信息平台、装卸设备等是专门为农产品流通、交易服务的，尽管仍然可以变更用途，但是，变更起来难度较大，变更后的收益远不能保证超过服务农产品流通的收益。

（二）农产品流通纵向一体化的途径

1. 纵向兼并

上游和下游企业之间通过兼并的方式形成一体的就是纵向兼并，又称垂直兼并。1989年2月19日，原国家体改委、国家计委、财政部、国家国有资产管理局制定的《关于企业兼并的暂行办法》，对于兼并有了一个权威的界定：兼并是一个企业购买其他企业的产权，使其他企业失去法人资格或改变法人实体的一种行为。这个界定涉及两点：一是产权购买；二是兼并后多个企业结成整体进行经营。这个文件也介绍了四种企业兼并的形式：

（1）承担债务式，即在资产与债务等价的情况下，兼并方以承担被兼并方债务为条件接收其资产。

（2）购买式，即兼并方出资购买被兼并方企业的资产。

（3）吸收股份式，即被兼并企业的所有者将被兼并企业的净资产作为股金投入兼并方，成为兼并方企业的一个股东。

（4）控股式，即一个企业通过购买其他企业的股权，达到控股，实现兼并。[①]

这些方式都可以成为农产品流通领域实现纵向一体化的具体方式。在

① 《关于企业兼并的暂行办法》，中国宏观经济信息网，2001-05-11，http://www.macrochina.com.cn/enterpriser/gslaw/20010511004990.shtml。

实际操作过程中，不可避免地要面临这样几个困难：

一是产权购买的资金来源。对于兼并方来说，购买被兼并方的产权，不管是全部产权还是部分产权，都需要一定的投入，这就会占用资金，资金问题是企业的通病。选择兼并方式必然会面临是否有足够的资金，资金如何筹措等问题。

二是出资价格。对于产权的购买，还存在一个对于这些产权的估价问题，这个价格的确定需要综合各方面的信息，信息不充分又是需要面对的问题。

三是复杂的法律程序。合法的产权转让必须签订必要的合同，完成必要的过户手续；兼并后企业的工商注册或者变更需要很多部门的审批。这些必要的程序是兼并完成的必要环节，对企业而言也是一个十分繁琐而又困难的问题。

上、下游农产品流通企业之间兼并后结成整体进行经营，可以改变纵向流通结构，能够解决纵向外部性，可以有效降低交易费用，避免双重加价等问题。在实际的农产品流通中，一些处于上、下游的农产品流通企业，包括农产品加工企业、物流企业、批发和零售企业等，它们之间可以通过兼并重组和跨区域联合合作，延伸、完善农产品流通产业链，实现规模化和集约化经营，提高产业集中度。大型农产品流通企业可以通过购买、控股的方式实现对上、下游农产品流通企业的纵向兼并，形成一个更大的企业集团，控制农产品从产地到餐桌的整个农产品流通。

当然众多的困难也会影响希望一体化的企业对于兼并方式的选择，而兼并并不是实现一体化的唯一途径，选择其他方式可能会绕过这些困难。实现纵向一体化，不必完全通过兼并的方式来进行。

2. 纵向约束

纵向约束相比于纵向兼并，是较为松散的一体化，通过契约安排对上、下游之间的交易或经营进行控制。尽管较为松散，但是泰勒尔（又译梯若尔）（Tirole，J.，1988）认为："通过一些包含了纵向约束的恰当的契约，完全的纵向控制有时也是可以达到的。"并且纵向约束是通过商业契约来实现的，不需要资金投入，不涉及产权转让和产权价格的确定，也不必经过繁琐的法律程序，这样可以避免兼并的一些困难。对于常见的纵向约束，泰勒尔认为是指特许费、转卖价格维持协议和数量定额。沃德曼和詹森所总结的三种常见的纵向约束是特许费、转卖价格维持协议和专卖。

特许费。是指制造商要求零售商对销售它的产品的权力支付固定费用。通过征收特许费可以达到对下游企业的控制，实现一体化。在之前所构建的简单的批发商—零售商模型中，如果不实行纵向一体化，经过批发商和零售商两个环节的两次加价之后，零售价格 p_2 > 批发价格 p_1 。而批发价格 p_1 是批发商在 p_0 的进货价格基础上依据利润最大化原则做出的决策，$\max r_1 = (p_1 - p_0)\mathrm{d}(p_2)$ ，而零售价格 p_2 是零售商在 p_1 的进货价格基础上依据利润最大化原则做出的决策，$\max r_2 = (p_2 - p_1)\mathrm{d}(p_2)$ 。批发商向零售商征收特许费 A 之后，可以进货价格 p_0 销售给零售商，因此，零售商进行利润最大化决策时，所面临的价格条件由 p_1 变为 p_0 ，$\max r'_2 = (p'_2 - p_1)\mathrm{d}(p'_2) - A$ ，以此决定销售价格 p'_2 。可以确定 $p'_2 < p_2$ ，消费者可以更低的价格获得农产品，如果价格降低，则 $\mathrm{d}(p'_2) > \mathrm{d}(p_2)$ ，批发商乃至生产者都可以销售出更多的产品。在农产品流通过程中，尤其是对那些品牌农产品的流通，可以采用特许费的方式进行纵向约束。当然，特许费的方式要有一定的前提条件，例如产品必须具有差异化，并以此保证零售商的利润，吸引零售商的参与；如果产品是无差异的，则某一批发商在征收特许费之后，零售商会转向其他不收取特许费的同类商品，特许费方式将会不复存在。

转卖价格维持协议。是指契约中就零售商对价格的选择做出限定的一种规定，既可以选择最高限价也可以选择最低限价。批发商将零售商的销售价格限定在 p_1 上，而批发商将农产品出售给零售商的价格也是 p_1 ，这样批发商通过这个契约对零售商的经营进行了干预，将销售价格维持在其最大利润 p_1 的水平上，避免由于零售商提高销售价格所导致的纵向外部性，同时也能保证消费者以合理价格获得农产品。当然，尽管保证该纵向结构的总利润为批发商的利润，但是零售商的利润为零，批发商必须从自己的利润中拿出一部分对零售商进行返还补偿，这样才能够吸引零售商参与销售。

专卖。是指零售商只销售这个批发商的产品。专卖的最重要的贡献在于因为批发商和零售商花更少的时间和精力搜寻买者和供给者而降低了交易成本。并且由于专卖，批发商对零售商有着更多的信任，为零售商提供更多的培训、服务、广告等。但是，在竞争激烈的环境下，单一产品专卖也会使零售商面临较大的风险。品牌农产品专卖、绿色农产品专卖、有机农产品专卖等方式时下非常受欢迎，迎合了人们追求健康自然生活方式的需要，市场上还出现了更细分化的农产品专卖，如粗粮专卖、野菜专卖等。

除了上述三种纵向约束方式之外，其他的纵向约束形式还有：

数量定额。数量定额就是规定零售商的购买数量。这种方式同样可以避免纵向外部性，无论零售商以多高的价格进行销售，规定好了购买数量，都不会影响批发商的销售量。如果需求只是价格的函数，则数量定额和专卖价格维持协议相同，因为规定了零售商的采购数量，零售商在必须销售完定额的前提下，销售价格不能高于限定价格。这种方式适用于高端高档农产品的销售。

配售和搭配。假设下游单位使用数种投入品，搭配是指一种投入品的供给者强迫下游单位从他那里购买别的投入品。配售比搭配更进一步，规定了购买其他投入品的数量。在这种模式下，多种投入品具有互补性的特点，并且要与其他模式配合使用，例如销售汽车的4S店，就会面对汽车生产商所提出的销售一定数量或金额的配件要求。汽车和汽车配件就是互补品。农产品能够成为互补品的有很多，粮食和蔬菜、蔬菜与肉、蔬菜与葱姜蒜等都可以称得上互补品。能够对某一种投入品形成垄断供应，是能够采用配售或搭售模式的前提。而农产品的垄断供应，农产品的差异化生产和经营，可以构建形成稳定的品牌效应，吸引零售商的参与。

排他性经营和排他性区域经营。排他性经营区域，是指在同一个市场上存在多个零售商竞争时，为了避免过度竞争而在零售商之间划分最终市场。通过对于经营区域的划定，零售商之间各自经营，互不影响。这也就为零售商在相应区域内确立了垄断优势。排他性区域经营可以与其他方式相搭配来完善纵向控制的效果，例如“特许费+排他性经营区域”，赋予零售商一定区域内的垄断优势，从而吸引零售商支付特许费，促进纵向约束的推进。这种方式也适应于高端高档的农产品销售。

以上这些模式都需要在农产品零售商和批发商之间建立稳定的联系，这种稳定的合作关系的维系靠的是契约，通过双方之间达成合作意向签订契约，通过契约安排控制农产品流通上、下游之间的交易或经营，从而降低交易成本。

（三）农产品流通纵向一体化的案例实证

1. 潍坊市益民农产品供销合作社[①]

潍坊市寒亭区益民农产品供销合作社于2006年成立，从设立之初的236名社员，目前已发展成为拥有11处分社、1260名社员的农民合作经济组织。该合作社主要以潍县萝卜、有机小香米、有机韭菜种植与销售为主，近年来又拓展了市民农园、有机蔬菜配送等经营方式。益民合作社成立以来，带动成员销售农产品累计达450多万公斤，收入850多万元，带动约1.5万农户，带动种植业生产8万亩以上，是潍坊市规模最大、发展最好的农民专业合作社之一，也是农业部扶持的农民专业合作示范社。

益民合作社是集农产品的种植、加工、销售于一体的农民专业合作组织，为社员提供统一的技术支持，采用统一的检验标准，集中销售并负责售后保障，实现了“农产品标准化示范基地建设—产品包装贮藏加工、品牌质量认证、新技术新品种引进推广—市场营销”产业链的一体化经营。合作社已有潍县萝卜、春谷、韭菜等七处标准化试验示范基地，研制开发了7个系列、28种产品包装，认证了有机食品1个、绿色食品13个、无公害产品13个，建成1000立方米的恒温库，对所生产的农产品进行统一包装、配送和销售，产品在潍坊本地已占有较大的市场份额，同时在北京、天津、济南、青岛等城市设立了经销处，初步构建起产、供、销一体化的生产经营格局。合作社分为生产分社、流通分社和服务分社，分别负责农产品的生产、农产品的销售和服务，三大领域的专业合作社同步推进，形成一个功能齐全的经济联合体。该合作社在经营业态上积极创新，发展观光、旅游农业，于2009年投资建设了500亩潍县萝卜观光采摘园，是一个花园式的集观光、采食、休闲体验于一体的绿色有机食品观光采摘园。

益民合作社生产的“潍县牌”青萝卜口感脆甜、多汁，辣味适中，肉质翠绿，根形直立，表皮光滑鲜嫩，是潍坊市萝卜十大品牌之一。合作社对青萝卜进行标准化生产，采用统一采购农资，统一使用生物有机肥栽培，统一配送，统一销售，实现了“产、供、销”的纵向一体化。合作

---

① 本案例是作者在对潍坊市寒亭区益民农产品供销合作社进行实地调研基础上整理而成的。

社的萝卜生产基地在青萝卜流通中的纵向一体化方式主要有两种：一是专卖方式：合作社在潍坊城市社区开立“潍县牌”青萝卜专卖店，通过统一配送专供专卖的方式销售；二是设立总经销处：合作社在天津、济南、青岛、泰安等多个城市设立了总经销处，指定授权下游商家进行区域性的萝卜销售代理。在合作社未成立之前，萝卜的市场价格每个不到 0.5 元，益民农产品供销合作社成立以后，实行产业化、品牌化、一体化运作，每个至少能卖到 2.0 元，甚至在 10—11 月萝卜销售紧俏的季节，“益民精品潍县萝卜”最高能卖到 10 元一个。

随着农民专业合作社的发展壮大，合作社的纵向一体化成为可能。

2. 寿光市田苑果菜生产有限公司①

潍坊寿光市田苑果菜生产有限公司是一家从事“有机、绿色”农产品研发、生产、加工、销售一体化的大型农产品流通企业，是潍坊市农业标准化生产重点龙头企业和示范点、“全国无公害蔬菜标准化示范区”和“全国农产品加工示范基地”。公司成立于2000 年，自有基地1000 亩，并通过协议与农民合作 500 个蔬菜大棚，辐射带动周围 1 万亩蔬菜生产，年加工能力 2 万吨，31 个蔬菜品类通过绿色食品认证、37 个蔬菜品类通过有机认证。目前公司拥有农资连锁超市 10 家，现代化的加工车间 10000 平方米，物流配送车辆 15 部，设立了寿光燎原果菜检测中心，保障蔬菜的质量安全。公司下设寿光市燎原果菜专业合作社、山东燎原现代农业有限公司、沈阳燎原现代农业有限公司，并且在北京、青岛、济南、天津设立销售分公司，实现了跨地区的纵向一体化经营。

公司在 2002 年注册的“燎原”牌蔬菜，是山东省第一个品牌蔬菜，2007 年被评定为山东省著名商标。“燎原”牌蔬菜分为有机蔬菜和绿色蔬菜两类，品种几乎包括人们日常生活消费的所有蔬菜。公司对“燎原”牌蔬菜应用安全追溯条码进行管理，采取“生产种植—采摘加工—物流配送—市场销售—安全追溯”一体化的运作模式，在蔬菜种植端，公司除了自有标准化生产基地之外，采用“公司 + 农户”的模式，与农户签订生产协议，统一提供农资供应和技术指导，派技术员田间指导并监督种植，定期组织农户参与技术培训；在蔬菜流通中，采取统一检测、收购、加工、包装、运输销售，实现了从生产到销售的整个蔬菜供应链的协调；

① 本案例是作者对实地调研资料整理而成的。

在蔬菜零售端，公司采用两种方式：超市直销和网上销售。公司的“燎原”牌蔬菜实行直销连锁经营，该产品已相继进入北京、上海、青岛、济南、烟台、威海、淄博、大连等大中型城市，在全国共开设了206个“燎原”牌蔬菜直销专柜，200个连锁经销专柜，并开设了北京朝阳区蔬菜专供生产基地。

与此同时，“燎原”牌蔬菜也实现了网上销售。目前公司的网上配送平台已经运行，是潍坊市第一家实现蔬菜网上销售的农产品流通企业。消费者可以登录公司网页（http：//www.sgliaoyuan.cn/）填写并提交订单，由公司或公司在超市中的直销专柜进行配送。网上销售的“燎原”牌蔬菜分为绿色蔬菜、精品蔬菜、新鲜水果和保鲜蔬菜四类，主要有套餐或自由选择两种方式。有两口之家、三口之家、五口之家单月、季度、半年、一年的套餐配送方式，有针对孕妇、幼儿、儿童和老人的定制套餐，也有各种蔬菜礼盒。自由选购方式是已经包装好的各位蔬菜小份，价格同超市专柜的价格相同。

农产品流通企业的做大做强，可以充分发挥其在农产品流通中的主导作用。农产品流通企业的纵向一体化可以大大降低交易成本，提高农产品流通组织化的程度，是对传统的农产品流通体制的创新和优化。

三　农产品流通过程的横向一体化

（一）农产品流通横向一体化的必要性

第一，流通过程中的规模不经济。农产品流通成本中主要是固定成本，这些固定成本的存在导致流通效率低，成为中国农产品流通的最大问题。例如物流成本，根据毕马威[①] 2011年11月的报告，中国的物流成本占GDP的18%，据估计，物流成本高达产品生产成本的30%—40%。《中国农产品流通产业发展报告2012》分析认为，流通成本高的原因就是以中小企业为主的物流交通方式组织程度低，竞争多，合作少，经常是超载出去，空载归来，大约40%的运输能力被浪费。除运输成本之外，如农畜产品的检疫、屠宰和管理费，农产品批发市场和超市的摊位费和管理

①　毕马威（KPMG）是一家网络遍布全球的专业服务机构，专门提供审计、税务和咨询等服务。

费，个体零售商或者工作人员的利润或工资，甚至技术投入、设备的耗损等成本也难以消除。流通成本随着流通规模的增加，使整个农产品流通难以发挥效率，表现为流通主体组织程度低，实力较弱，规模经济难以实现。所以，组织化程度低则不能很好地实现规模经济。农产品流通领域有必要推进横向一体化，从而扩大单个经营主体的经营规模，实现规模经济，降低农产品平均流通成本。

第二，价格波动性大，风险高。农产品零售价格是收购价格的几倍甚至几十倍，农业部2008年2月26日至3月19日对粮、畜、菜三大类9个品种进行了专题调研，从其对部分农产品在各流通环节的价格统计中，可以看到农产品价格形成链条长，收购、运输、加工、销售等流通环节的层层加价，最终造成农产品价格大幅上涨（参看表3.10）。正是流通环节的效率问题才导致价格大幅上涨。农产品流通过程中每一个环节都是农产品所有权的转移，因此每一个流通主体都承担着相应的价格风险。而且一些农产品的生长周期较长，部分流通主体期望通过存储来获得更大的收益，这样，时间越长所面临的价格风险就越大。一般认为，规模与其抵御风险的能力成正比。国际商业银行的大规模购并在一些分析看来正是为了降低风险，增加风险抵御能力。将这一通识借鉴到农产品流通领域显然也能够成立。为了抵御价格波动所带来的风险，流通主体应该逐步扩大其规模。

第三，农产品流通利润低。农产品流通中各个主体分散经营，由于规模较小，无法通过薄利多销的方式获得足够利润，只能以提高销售价，提高利润率的方式来进行。假设 W 为社会平均工资水平，分散的流通主体由于过度竞争只能将目标定为获取社会平均工资，因此 $W = r \cdot Q = Q \cdot \Delta P/P$。其中 Q 为销售量，代表规模；P 为价格；r 为利润率，$r = \Delta P/P$。对于流通主体而言，要想保证一定的工资水平 W，只能通过两个途径：一是提高利润率 r；二是增加规模 Q。由于流通主体受其实力所限，没有能力增加投入，改变经营规模，因而只能选择提高利润率 r，而 r 的提高只能是提高本环节的价格差 ΔP，这就会导致农产品价格在本环节出现大幅增加。如果每一个环节的价格差 ΔP 都是如此，到达消费者手中的农产品总价格必然大幅上升。但是，当流通主体能够通过横向整合等方式组织起来，提高规模与实力，则可以通过提高规模的方式来保证一定的工资水平，而不必提高价格差。

（二）农产品流通横向一体化的途径

1. 横向兼并

横向兼并与前面所介绍的纵向兼并的方式基本一致，但其目的是有区别的，纵向兼并通过对上、下游之间企业的兼并实现纵向一体化，而横向兼并是对处于同一阶段的企业进行兼并以实现规模经济，形成能够承受风险的横向一体化。尽管目的不同，但是方式基本一致，其所面临的困难也大体相同。对处于同一流通环节上的农产品流通企业通过兼并重组和跨区域联合合作，可以提高产业集中度，实现规模经济。横向兼并并不是实现横向一体化的唯一途径。

2. 战略联盟

战略联盟指的是由两个或两个以上有着共同战略利益和对等经营实力的企业，为达到共同拥有市场、共同使用资源等战略目标，通过各种协议、契约而结成的优势互补或优势相长、风险共担、生产要素水平式双向或多向流动的一种松散的合作模式。战略联盟即可以通过合资、股权投资形成股权式联盟，也可以通过合同等方式形成契约式联盟。战略联盟具有快速性、互补性、低成本、成效大等非常显著的优势，而且是一个相对比较容易实施的策略。同一环节中流通组织间的战略联盟形式有合作组织主导的农户联盟、合作社联盟组成的合作社联合社、农产品流通加工企业主导的企业联盟、农产品营销企业主导的商业联盟和商业超市主导的直销联盟等。但是，这些联盟的共同缺点是边界模糊、关系松散，这些缺点可能会导致产权不明晰，带来联盟关系不稳定等隐患，利益分配可能会存在争议。因此，尽管很容易实施，但是在实施前应该注意规避争议。

3. 合作社：农户横向联盟的特有方式

农民专业合作社可以看作一种农户横向联合所形成的一定的横向一体化，是农户横向一体化的特有方式。1995 年，国际合作社联盟第 31 届代表大会，对合作社下了一个定义：合作社是人们自愿联合、通过共同所有和民主控制的企业，以满足社员经济、社会和文化方面共同需求和渴望的自治组织。2006 年颁布的《中华人民共和国农民专业合作社法》对农民专业合作社进行了定义：农民专业合作社是“在农村家庭承包经营基础上，同类农产品的生产经营者或者同类农业生产经营服务的提供者、利用者，自愿联合、民主管理的互助性经济组织”。另外，该法还对合作社的服务对象和服务内容作了规定："农民专业合作社以其成员为主要服务对象，提供农业生产资料的购买，农产品的销售、加工、运输、贮藏以及与农业生产经营有关的技术、信息等服务。"[①] 农民专业合作社将投入少、风险承受能力差的分散农户联合起来，扩大了规模和实力，以共同应对风险，成为非常有效的横向一体化方式。

农民专业合作社在组织农户经营、降低生产和流通成本、增加农产品产量和农户收入等方面发挥了巨大作用。同样，以福建省德化县黄花菜产品为例。刘振铭（2010）调查了黄花菜生产过程中农户在加入农村经济合作社前后的情况，经对比分析可以看出合作社所带来的规模经济。

表 6.2　**参与农民专业合作社前后的对比**

成本项目	参与前	参与后	差额
生产成本（元/公斤）	26.7	22.3	4.4
产量（公斤/亩）	113	123	10
出售价格（元/公斤）	36	38.2	2.2

资料来源：刘振铭：《农产品流通过程中参与主体的利益分配研究》，福建农林大学 2010 年硕士学位论文。

（三）农产品流通横向一体化的案例实证：农民专业合作社联合社

农民专业合作社联合社是农民专业合作社横向一体化的创新方式，近年来发展较快。农民专业合作社联合社是在一定地理范围内，性质相同或相似的，并且业务上有较多联系的农民合作组织通过联合协议，由多个农民专业合作组织组成的联合体。农民专业合作社联合社将原本规模小的合作社联合起来，形成更大强大的市场主体，进一步整合优化了合作资源，促进了农产品生产和流通的规模化，节约了交易费用，可以较低的成本实现规模经济。当然，由于联合社的成员由合作社构成，每个合作社之间的发展目标不尽相同，都有自身利益最大化的利己主义，这样，联合社内部难免会出现分化或解散的可能，而且成员数目越多，利益就越难协调。

以潍坊市寒亭区的众合潍县萝卜专业合作社联合社为例。[②] 该联合社

① 参看《中华人民共和国农民专业合作社法》。

② 众合潍县萝卜专业合作社联社的数据资料是经作者实地调研取得的。

组建于2009年9月，由寒亭区益民农产品购销服务合作社发起，由国平蔬菜专业合作社、河元潍县萝卜合作社等6家农民专业合作社组成，入社农户2210户，潍县萝卜种植面积达2.2万亩，占寒亭区潍县萝卜种植面积的68.7%，生产的潍县萝卜约占市场供应量的1/3。联合社采用统一经营与合作社分工生产的统分合一模式，联合社在潍县萝卜的生产上实行标准化生产，统一提供种植技术指导与培训，统一采购化肥、地膜等生产资料，在潍县萝卜的销售上，注册商标品牌，实行品牌化营销。联合社向各合作社统一提供市场供求信息，制定生产计划，由各合作社分工负责具体农户的种植生产。成立联合社之后，避免了合作社之间的相互恶性竞争，产生了巨大的规模效应。所生产的潍县萝卜原来以2.5元一个出售，而联合社以8个萝卜一箱进行包装，每箱的售价为39元，平均每个萝卜可以卖到4.8元，价格提高了将近一倍，最高可以卖到8元一个。联合社统一采购化肥，采购量是单个合作社的10倍之多，每吨化肥比市场价便宜100多元。

在没有组建联合社之前，农户种植的萝卜品相外形不好，无法包装销售的萝卜属于次品，约占产量的30%左右，这部分萝卜虽然口感没有差别，但卖相不好，只能零散地以低价销售，每斤的售价在1元左右。如此低廉的价格却依然会滞销，出现无人收购的局面，联合社为这些萝卜积极寻找销路，2010年开始与山东赛维绿色科技有限公司签订购销合同，将这些萝卜加工成萝卜片，大大增加了萝卜的附加值。目前“品维”牌潍县萝卜脆在市场上销量极好，每盒售价为16.8元。按照88克一盒的萝卜脆由1600克鲜萝卜制成计算，每斤萝卜的售价可以达到5.25元之多，去除每斤1.5元左右的加工成本，其售价要高于鲜萝卜的平均售价。截至目前，联合社与赛维公司已累计签订了2000多吨的购销合同，实现了农户、合作社与农产品龙头企业的联合与合作，不仅实现了企业产业化、规模化发展，也增加了农民的收入和合作社的效益。

据潍坊市农业局的统计数据，潍坊市农民专业合作社联合社发展迅速。截至2011年，潍坊市农民合作社共有4668家，其中582家农民专业合作社加入了联合社，占当年合作社总数的12.46%。2011年，在工商部门登记注册的农民专业合作社联合社有61家，其中，新登记注册的联合社有52家，占联合社总数的85.2%。可以看出，潍坊市的合作社联合社发展速度很快，而且合作社之间的横向联合实现了跨区域发展。据统计，联合社合作社成员跨县域的有 11 家，跨市域的有 4 家，占联合社总数的 24.5%。例如，2010 年 10 月成立的潍坊然中然农民专业合作社联合社位于青州市，成员来自寿光、寒亭、安丘、青州四个县市区的 16 个农民专业合作社。目前，潍坊市有 26 家联合社的产品与超市实现“农超对接”，占联合社总数的 42.6%，联合社的产品直接进入银座、家乐福、佳乐家、沃尔玛等 30 多个超市。

潍坊市的农民专业合作社之间通过组建联合社，实现横向联合，不仅可以带动规模小、实力弱的合作社的发展，而且形成的战略联盟可以有效地增加抵御市场风险的能力和提高市场竞争力，充分发挥了联合社的组织协调优势，形成产业集群效应和规模经济效应，是农产品流通横向组织一体化的例证。

四　本章结论

农产品流通的协调机制是农产品流通体系中的利益协调机制，是农产品流通体系中流通主体为获得流通领域中的利益而参与竞争并通过利益分配来协调自身与其他成员关系的过程。

农产品流通过程中的根本性问题就是组织程度不足，较为分散。提高组织程度成为改善农产品流通问题的关键，而组织程度提高的一个重要表现是组织一体化。农产品流通过程的协调是组织一体化的过程，包括纵向协调与横向协调。按照产业组织理论，可将其分为纵向一体化与横向一体化。农产品流通纵向一体化主要是纵向兼并和纵向约束，纵向约束相比于纵向兼并，是较为松散的一体化，而且方式多样化，实施起来比较容易，关键是双方契约安排的稳定。农民专业合作社、农产品流通企业的纵向一体化是农产品流通过程纵向一体化的主体。农产品流通横向一体化主要是横向兼并、战略联盟，目前农民专业合作社和农民专业合作社联合社是较好的实践形式。

第七章

农产品流通服务的优化

一　中国农产品流通服务体系的构成

对于中国农产品流通服务体系的构成，一种观点是将农产品流通服务体系分为生产服务层、流通服务层和消费服务层三个层面，其中生产服务层包括农产品生产基地、农民专业合作组织、农产品加工企业、农产品运销商等，主要为农产品生产提供农资和信息方面的服务；流通服务层包括农产品产地批发市场、销地批发市场和其他批发商，主要为农产品交易提供交易信息和场所服务，联系生产和消费；消费服务层包括农产品农贸市场、零售市场、超市和其他零售商，主要为消费者提供农产品。另一种观点认为，农产品流通服务体系建设要从组织平台、生产平台、市场平台、信息平台、机制平台五个方面构建：组织平台构建包括农户组织化、龙头企业规模化、中介组织创新化和农产品经营公司化；生产平台构建包括生产标准化和生产安全化；市场平台构建包括农产品批发市场规模化、建立农产品虚拟批发市场、发展农产品批发市场（商）联盟；信息平台构建包括农产品信息网络系统和信息共享模式的建设；机制平台构建包括市场准入机制、信任机制、利益分配机制和监管机制的建设。还有一种观点认为，农产品流通服务体系包括流通渠道、流通载体和流通环境三个方面。流通渠道指各类农产品主体和中介组织；流通载体指农产品批发、零售和期货市场；流通环境指农产品信息保障和政策支持。上述三种关于农产品流通服务体系构成的观点主要侧重的是各类农产品流通组织、市场载体的功能和作用以及农产品流通服务的政策与制度，虽然比较全面、客观地描述了农产品流通服务体系的构成，但却难以细致地对具体的服务内容进行一一评价，甚至忽视了一些重要的农产品流通服务内容，比如与农产品流通密不可分的物流服务、金融服务。

商流、物流、信息流和资金流是现代流通的四大要素，“四流”相互依存、相互作用，完成整个商品流通过程。我们认为，农产品流通服务体系就是农产品流通过程中每一环节的配套服务，包括农产品商流服务、物流服务、信息流服务和资金流服务四个方面，以保障“四流”的通畅。农产品商流是农产品在流通过程中所有权的转移，包括农产品的收购、批发、零售等一系列买卖交易活动。农产品商流服务是为促进农产品所有权转移而提供的服务，包括为农产品买卖双方谈判、交易、履约等过程而提供的农产品展销促销、餐饮住宿、交通、通信、商务办公、会议洽谈、培训等服务；农产品物流是伴随着农产品商流而来的农产品的分拣、包装、装卸搬运、保管、运输等活动，农产品物流服务是农产品物流活动的系统协调和配套，使之构成一个有机整体；农产品资金流是随着农产品及其所有权的转移而发生的资金往来，农产品资金流服务是农产品交易的结算服务和金融服务；农产品信息流是指农产品信息的传递和交换，没有及时的信息流，就没有顺畅的商流、物流和资金流。农产品信息流服务是提供产地种植、市场供求、仓储运输、产销对接、质量安全检测等信息的服务。在农产品流通中，农产品“四流”是一个有机的整体，彼此联系，相互依存。因此需要利用商流、物流、资金流、信息流“四流”协同理念打造现代农产品流通服务体系，只有同时提高“四流”的服务水平，才能将农产品顺利地送到消费者手中，使流通顺利地组织下去。

表 7.1　　**农产品流通服务体系的构成**

服务项目	服务内容
物流服务	仓储、分级、包装、保鲜、加工、运输、配送等物流服务
信息流服务	供求、仓储配送、产销对接、交易、价格、质量安全检测等信息服务
资金流服务	电子结算服务、财务、质押、担保、垫资、租赁、融资、保险等金融服务
商流服务	餐饮住宿、交通、通信、商务办公、展览展示、会议洽谈、培训服务

二　当前农产品流通服务存在的问题

（一）农产品商流服务与资金流服务缺失

农产品商流和资金流虽然是传统性的经济活动，但是给予这“二流”

的服务却远远不够。商流是农产品交易的动机和目的，是农产品流通的开始，只有有了商流，才会产生农产品流通的其他“三流”，因此促进农产品商流形成的服务是非常必要的。例如，2010年，农业部及各级农业部门举办的各类农产品展会近40场，累计实现贸易成交及意向金额达2328亿元；推动地方农产品产销对接活动，涉及金额近100亿元；依托中国农业信息网建立的中国农产品“网上展厅”和“供求一站通”，“十一五”期间累计发布供求信息近150万条。[①] 目前，各类农产品营销促销的展会、产销对接活动、网上促销等大大促进了农产品商流的形成，但是这些活动多数是以政府组织投入为主，而专业性提供农产品营销促销服务的机构甚少，相关的餐饮住宿、交通、通信、商务办公、会议洽谈、培训等配套服务有很大的拓展空间。另外，资金流的功能是付款和结算，但中国大多数的农产品交易，即使是大中型农产品批发商、零售商，都是“一手交钱，一手交货”，没有实行农产品所有权的委托或转移交易，电子统一结算率低，基本资金流的服务没有发挥出来。据2005年全国城乡贸易联合会对农产品批发市场的抽样调查，拥有电子结算设备的农产品批发市场比例不足2%。[②]

（二）农产品物流服务发展滞后

与农产品巨大的物流规模相比，农产品物流的配套服务明显不足，物流服务发展滞后。布局合理、设施装备先进、上下游衔接配套、功能完善、运行管理规范、技术标准体系健全的农产品物流服务体系还远远没有形成。一是物流技术落后。中国农产品物流以常温物流为主，冷链物流率低，蔬菜类进入冷链系统的比重为5%，肉类为15%，水产品为23%，而欧美、日本等发达地区和国家这一比例在95%以上。二是物流主体的组织化程度低。中国的农产品物流主体分散，农产品收购、运输、储存、装卸、搬运、包装、配送、分销等一系列物流活动缺乏合理统一协调和设计，导致物流环节的脱节，带来物流资源的严重浪费。另外，第三方物流服务缺乏，能提供全程冷链物流服务的规模化、现代化的跨区域冷链物流

① 《中国农业年鉴2011》，中国农业出版社2011年版，第226页。

② 《农贸市场电子结算不足2%》，2005-06-01，http：//finance.sina.com.cn/roll/20050601/123497641.shtml。

配送中心和企业数量不足市场需求的5%。

（三）农产品信息服务有待完善

农产品流通信息服务体系初具规模，还需进一步完善。目前覆盖省、地、县、乡的农业信息网络平台初具规模，2006年，全国已有31个省级农业部门、80%左右的地级和40%左右的县级农业部门建立了局域网和农业信息服务网站。[①] 以中国农业信息网为核心、集30多个专业网于一体的国家农业门户网站是促进农产品流通组织化的重要平台。但目前农产品信息网络仍然不健全，缺乏专业性和实用性强的农产品信息网站和农产品信息人才，各网站信息难以实现共享，信息质量参差不齐，针对性不强，时效性差，尤其是农产品流通过程中各环节产生的农产品信息不能实现共享，制约了农产品的流通效率。

（四）农产品批发市场的服务功能远未发挥

在中国传统的农产品流通，特别是鲜活农产品流通过程中，农产品批发市场是中心环节，连接农产品的供应和销售，不仅是农产品交易的场所，更是一种流通服务组织。农产品批发市场是农产品批量交易的区域性市场，大量的农产品在此集散，容易形成农产品市场价格和农产品供求信息，而目前大多数农产品批发市场仅仅停留在提供场所或租赁摊位的单一服务功能上，其他的服务功能还未充分发挥和拓展。如农产品产地与市场的对接服务，农产品的市场供求信息服务，农产品质量安全监测服务，农产品分拣、包装、储藏、加工等增值服务，电子统一结算服务，农产品营销促销服务，物流服务，培训服务等都没有得到有效和充分开展。

（五）农产品服务主体分散，缺乏合作

目前，中国农产品流通主体有农户、合作社、农产品经纪人、运销商、加工企业、批发商（企业）、零售商（企业）等多种，它们同时也提供着各种农产品流通服务。它们之间的组织化程度低，造成了服务功能各自为政，相互之间的流通服务互不联系、互不配套。而且流通主体的服务

---

① 国务院信息化办公室：《中国信息化发展报告》，2006-06-24，http：//www. china. com. cn/chinese/PI－c/1254097. htm。

功能单一，比如农户只负责农产品的生产，运销商只负责农产品的运输，加工企业只负责加工；当然也有可能带来流通服务的重复，比如物流服务主体之间缺乏协调，造成农产品的重复装卸甚至回流，农产品质量安全信息不能共享，导致重复检测等问题，造成了流通资源的浪费。

（六）缺乏专业化的农产品流通服务机构和人员

目前，农产品流通服务主体主要是政府和各类农产品流通主体。政府的服务专业而针对性不足，农产品流通主体的服务单一而专业性不强，缺乏专门从事农产品流通服务的机构和人员。

三 农产品现代流通服务的优化途径

（一）依托批发市场的农产品“四流”服务合一

农产品批发市场是中国农产品流通的主要渠道，是连接农产品生产与消费的重要平台。目前，中国农产品批发市场已达4000多家，70%以上的农产品都要经过批发市场。农产品批发市场作为农产品现货交易的场所，集农产品商流、物流、信息流和资金流于一体，在农产品集散、价格形成、信息传递等方面发挥着巨大的功能和作用，而且随着中国经济发展和农产品流通体制的不断完善，农产品批发市场在市场功能的定位上将越来越突出其服务功能。中国农产品批发市场按照其在农产品供应链中的位置，可以分为产地批发市场和销地批发市场。产地批发市场连接农产品生产端，销地批发市场连接农产品零售端，分别侧重于提供生产性服务和消费性服务。以产地批发市场和销地批发市场为中心向农产品供应链上、下游拓展服务，组织实现农产品流通中的商流、物流、信息流和资金流服务的相互配套，实现农产品“四流”服务一体化。以农产品批发市场为中心的流通服务拓展参看表7.2。

从物流服务的角度来看，农产品批发市场具有强大的商品集散能力，物流服务优势也非常明显。中国许多的产地农产品批发市场只是农产品交易场所，它们零散地分布在农村乡镇，数量多，规模小，基础设施落后。物流主体主要是农户和批发商贩，农户将农产品运到当地产地批发市场，批发商贩坐地收购。而且这种批发市场往往是季节性的收购型批发市场，农产品收获旺季一过，产地批发市场就基本上闲置起来。因此产地农产品批发市场物流服务的前提是产品批发市场的整合，将分散的小型市场通过合并、扩张等方式发展成区域性的农产品集散中心，物流服务应该侧重于大宗农产品的集散服务，同时发展分拣、分级、包装等物流增值服务。与产地批发市场相比，中国的销地批发市场在硬件配套、管理水平、服务功能等方面都有优势，它们依托大中型城市的消费力，是人们日常农产品消费的主要供应者。销地批发市场的物流服务应侧重仓储配送功能，发展保鲜、冷链等物流技术要求高的服务。产地批发市场和销地批发市场之间系统地协调物流配套服务，减少农产品物流成本，使农产品物流服务构成一个有机整体。

表 7.2　**以农产品批发市场为中心的流通服务内容**

	农产品产地批发市场	农产品销地批发市场
物流服务	分拣、清洗、仓储、运输、装卸、包装、保鲜	仓储、分级、包装、保鲜、加工、运输、配送
信息流服务	产地种植信息、供求信息、仓储运输信息、产销对接信息、交易信息、质量安全检测信息	供求信息、仓储配送信息、产销对接信息、交易信息、价格信息、质量安全检测信息
资金流服务	电子结算服务、金融服务	电子结算服务、财务、质押、担保、垫资、租赁、融资、保险等金融服务
商流服务	餐饮住宿、交通、通信	餐饮住宿、交通、通信、商务办公、展览展示、会议洽谈、培训服务

资料来源：《流量称雄，什么是批发市场服务拓展型农产品流通模式》，2010－04－06，http：//blog. sina. com. cn/s/blog_ 51722bf40100h909. html。

从信息流服务的角度来看，农产品批发市场是农产品信息集散中心。农产品产地批发市场连接生产，其信息服务的主要目的是指导农业生产和协调产销关系，传递生产指导信息、农产品质量信息等；农产品销地批发市场连接消费，其信息服务的主要目的是畅通流通渠道和调节供求关系，传递供求信息、价格信息、城市物流配送信息等。因此依托农产品批发市场，将现有的农产品市场信息采集系统、信息发布系统、交易数字化管理系统和交易电子商务平台等一些现有的信息平台进行有效整合，实现信息共享，从而提高农产品流通效率。基于完善高效的信息系统，建立虚拟农产品批发市场，发展农产品电子商务。

从资金流服务角度来讲，农产品批发市场要发挥其农产品结算中心的功能，实现电子统一结算。目前，农产品批发市场的交易主体以分散的农户为主，交易方式是现货现金交易，难以形成公开、公正的交易价格，不仅影响交易安全，还往往会导致强买强卖等欺行霸市现象的发生。产地与销地批发市场都应尽快实现电子统一结算，保证资金安全和流转速度，同时引入银行、保险等金融机构，与这些机构合作为批发市场的客商提供财务、质押、担保、垫资、租赁、融资、保险等金融服务，最终提高农产品的流通效率。

从商流服务角度来讲，农产品批发市场应借助其区位优势，为农产品商流提供服务。农产品产地批发市场的商流服务侧重于农产品的产销对接服务，为农产品生产者寻找农产品销路，为农产品收购商提供餐饮住宿、交通、通信等基础服务；销地批发市场的商流服务侧重于农产品的营销促销，开展农产品展会、会议洽谈、信息咨询、智力培训、品牌营销等服务，并配套餐饮住宿、交通、通信等基础设施服务。

农产品批发市场的“四流”服务合一是农产品批发市场服务功能拓展的未来发展方向，也是农产品现代流通服务体系优化的途径之一。大中型批发市场或大型批发商是提供流通服务的主要力量，通过“旗舰”型批发商群（农产品批发集团）的组建或批发市场（商）间的联盟或联合，增强农产品批发市场的服务实力，系统地协调“四流”，使农产品商流、物流、信息流和资金流服务构成一个有机整体。

（二）专业流通服务组织下的农产品“四流”服务分离

在商品流通中，商流、物流、信息流与资金流承担着不同的功能，它们之间既是统一的整体，又可以相互分离，“四流”分离是在一定条件下流通合理化分工的结果。农产品“四流”服务分离是指将农产品商流、物流、信息流和资金流服务功能进行合理化分工并由农产品专业流通服务组织专业化提供。

农产品物流中心将农产品物流服务分离出来。农产品物流中心也称农产品物流园区，是在农产品物流衔接地形成的具有综合物流功能的结点和空间集聚体，在这个空间内集聚着多个农产品第三方物流企业，可以提供全面的专业化的农产品物流服务。中国农产品流通效率低的主要原因在于农产品物流环节的低效，其根源就是流通中农产品商流与物流不分离，缺乏专业的物流主体。在流通过程中，农产品的所有权随着农产品商流过程不断转变，从农户或合作社开始，经过产地批发商、销地批发商及各类中间商转手之后到达零售终端，最后到达消费者手中，这个过程冗长，从而也导致了农产品被反复多次装卸、运输和仓储，物流成本加大。如此，农产品商流途径也是物流途径，农产品流通主体同时也是物流主体。农产品，特别是鲜活农产品对物流技术和物流设施要求高，而分散多元化的物流主体又无法提供专业化的物流服务，因此将农产品物流与商流分离，由专业化的组织承担农产品物流服务是农产品现代物流服务的发展方向。如图 7.1 所示，将农产品物流从错综复杂的商流中分离出来，交由农产品物流中心负责整个流通过程中的农产品物流活动，使分拣、包装、运输、装卸、存储、保鲜和配送等物流环节成为一个完整的有机整体。目前，中国第三方农产品物流企业发展迅速，区域性的农产品物流中心正在兴起，专业化的农产品物流服务体系正在形成和完善。

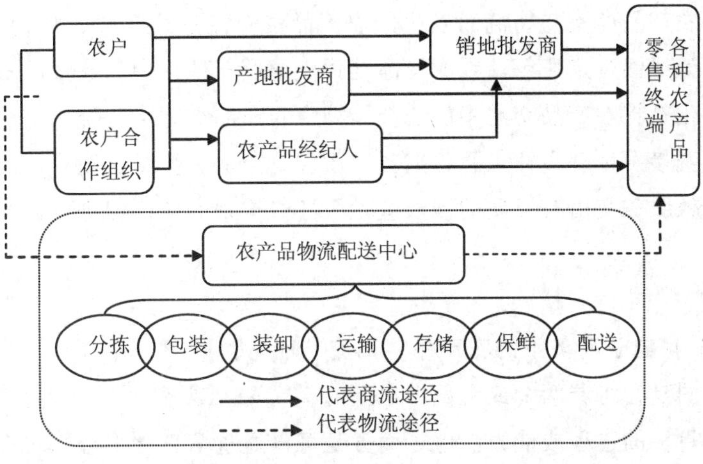

图 7.1　农产品流通过程中商流与物流的分离

农产品信息服务中心将农产品信息流服务分离出来。农产品信息服务中心是利用现代信息技术通过网络平台，提供农产品供求信息、市场行情信息、仓储配送信息、产销对接信息、交易信息、价格信息、质量安全检测信息等的专业化信息服务机构。由于农产品信息在某种程度上具有“公共物品”的性质，使用农产品信息的边际成本几乎为零，但是收集成本又很高，因此，农产品信息服务或者无人愿意提供或者定价很低甚至接近于零。所以企业和个人一般不会主动收集和发布信息，而应由政府作为信息服务主体，由政府投资建设农产品信息服务机构，配备信息工作人员，完成农产品信息的收集、分析和发布工作。但是，由政府提供的农产品信息服务往往针对性和时效性不强，个人或企业难以在海量信息中甄选出有价值的信息，因此在公益性全国农产品信息服务平台建设的同时，营利性的专业化农产品信息服务机构是未来的发展方向，可以为农产品信息需求者提供农产品信息定制服务和一对一服务。

农产品商流和资金流虽然是传统性的经济活动，具有较强的规则性，而且已经比较成熟和定型，但是对这“二流”的专业化服务也可以创新和拓展。专业化的农产品商流服务组织是从农产品的市场需求出发的，由零售终端向上拉动，引导并协助各个农产品流通主体销售农产品和建立流通渠道，是流通主体之间信息沟通的桥梁，主要提供农产品交易中介服务、农产品品牌营销、农产品商务谈判与履约监督等商流服务。

农产品结算中心和涉农金融服务机构将农产品资金流服务分离出来。伴随着农产品商流与物流而发生的农产品资金流形式多样，如现金支付、支票付款或银行走账等。在农产品现代流通服务体系中，农产品资金流服务专业化是将农产品交易中的资金结算由农产品结算中心统一完成，交易双方不直接发生现金往来；将财务、质押、担保、垫资、租赁、融资、保险等金融服务交由有资质的涉农金融服务机构来完成，促进资金流转速度与安全。

（三）电子商务下的农产品“四流”服务协同

协同是指协调两个或者两个以上的不同资源或者个体，协同一致地完成某一目标的过程或能力。电子商务是可以通过信息化平台，实现有效的线上信息服务与线下业务服务的有机结合，实现消费者的网上购物、商户之间的网上交易和在线电子支付以及各种商务活动、交易活动、金融活动和相关的综合服务活动的一种新型的商业运营模式。电子商务下的农产品“四流”服务协同的含义是在协同电子商务平台的支持下，通过信息流的组织和支配，将农产品流通中的信息流服务与商流、资金流和物流服务有机整合。协同电子商务理论支撑下的农产品流通服务协同模式可以实现农产品流通系统中资源的优化与整合，促进农产品流通组织化。

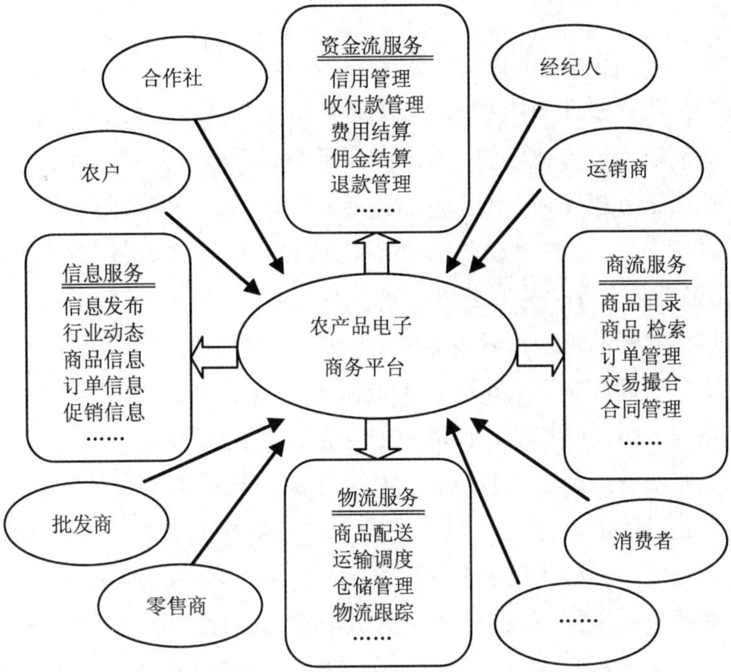

图 7.2　农产品电子商务中的“四流”服务协同模型

农产品电子商务平台用互联网信息技术和供应链管理系统把农户、合作社、批发商、零售商、经纪人、运销商和消费者连接起来，使产、供、销一体化运作，减少了中间环节，实现了各方信息的整合和共享，以虚拟市场为载体，为整个农产品流通中的参与主体提供交易、信息、物流、结算的全程服务。在农产品电子商务平台上，一般分为四个模块：农产品信息管理与发布模块；电子交易模块；物流配送模块；支付结算模块。其中农产品信息管理与发布模块提供农产品信息服务，包括发布行业动态、商品信息、订单信息、促销信息等；电子交易模块提供农产品买卖双方的交易沟通、价格磋商与合同签订等服务；物流配送模块主要依托第三方物流实现农产品的配送、运输、仓储以及系统中的物流追踪服务；支付结算模块主要依托支付平台完成买卖双方的资金结算。这四个模块分别发挥着信息流、商流、物流和资金流的功能，看似相互分别，实际上相互协同，并且会产生极大的协同效应。

（四）农产品流通服务的社会化

农产品流通服务的社会化是以农产品流通公共服务机构为依托，以各类农产品流通主体为基础的，公益性服务与经营性服务相结合、综合性服务与专业性服务相互补充的农产品流通服务体系。一方面是把流通服务当做“公共产品”，由政府提供与管理，同时又把流通服务当做“私人产品”，由社会化专业化的服务组织来提供。

政府在农产品现代流通服务体系构建中，第一要健全流通政策，优化流通环境。通过法律法规来规范流通服务行为，在市场准入、市场行为、市场价格等方面加强立法，同时加强政府的监督与管理。第二，要加大农产品流通基础设施的公共投入。主要从运输设施、物流设施、信息设施、批发市场建设等方面进行扶持，完善交通运输网络、农产品冷链物流建设、农产品物流中心建设、公共信息服务网络等方面的建设。第三，加强农产品的质量安全控制服务。继续加大农产品的标准化、农产品质量监督检验、“三品一标”农产品认定、农产品质量可追溯体制等方面的政府投入。

农产品流通经营性服务首先是发展多元化的流通服务主体。发挥农民专业合作组织、经纪人、龙头企业等流通主体的服务优势，拓宽流通服务的内容与范围，提供多样化的服务。其次培育专业化的农产品流通服务组织。由专业化的服务组织提供专业化、针对性强的流通服务，涉及农产品流通中生产技术服务、营销促销服务、信息服务、金融保险服务、物流配送服务、技能培训等各个方面。

四　农产品流通服务优化的案例实证

（一）寿光农产品物流园的“四流”服务合一①

寿光农产品物流园是在寿光蔬菜批发市场的基础上建立起来的，项目总投资15亿元，园区占地总面积3000亩，是中国面积最大的农产品物流园。目前已形成了集“农产品批发、交易、信息采集发布、食品质量安全检验监测、冷藏保鲜、冷链物流加工配送、综合配套服务”于一体的

① 本案例是作者在实地调研之后整理成文的。

多功能、网络化、智能化新型农产品交易平台。寿光农产品物流园实现了农产品物流、商流、信息流与资金流服务的有机地整合与协同，在这个农产品交易平台上可以提供全面优质的农产品流通服务。

寿光农产品物流园是农产品物流中心，提供专业化的物流服务。在园区内专业化的物流区——蔬菜交易区、理货区、仓储区、降温区（冷库）提供农产品的包装、装卸、分拣、存储、保鲜、配送、运输等物流服务，各物流环节有效衔接，形成一个完整的物流服务体系。物流园区的电子结算中心提供完善的资金流和信息流服务。农产品交易实现了电子结算和信息化管理，设有电子交易大厅、电子拍卖大厅、结算中心，农业银行提供电子结算服务，使所有农产品交易都实现了电子化交易，保证了交易的安全和快捷。农产品交易信息及时在交易大厅的 LED 屏上显示与更新，同时通过中国寿光蔬菜指数网（www. sgvindex. com）发布农产品价格指数与物流指数，及时反映寿光蔬菜的价格变化和物流变化趋势，真正实现了物流资源和信息资源的共享。园区采用 ERP 管理系统，在供应链上参与的流通主体之间形成了紧密的联系，实现了物流、资金流、信息流全面一体化的信息管理，满足了现代化农产品批发和物流市场的需求。另外，物流园区还设有检测中心、种子农资供应区、汽修区、住宅区等区域，还完善了饭店、超市、银行、日用百货等商业配套基础设施。

寿光农产品物流园的运行，是农产品流通现代服务优化的典型案例。一方面，物流园将农产品流通中的“四流”有机地整合为一体，将不同服务功能的流通主体集合在同一个园区内，实现了生产要素的共同使用，可以产生规模经济。另一方面，物流园各个区域的设置又将不同的服务内容进行细化和分工，实现了流通服务的合理化分工，可以提高农产品流通服务的质量和效率。

（二）中国农业信息网①

中国农业信息网（http：//www. agri. gov. cn/）是中华人民共和国农业部官方网站，于 1996 年建成。目前已经形成了以 54 个精品频道、28 个专业网站以及各省（区、市）农业网站为主的农业系统网站群，全国

① 本案例由中国农业信息网站内容和《中国农业年鉴 2011》和《中国电子商务年鉴 2011》中的相关数据整理而成。

各级政府农业网站联网运行，日均点击数340万次左右，访问量在国内农业网站中居首位，成为具有权威性和广泛影响的国家农业综合门户网站，位居全球农业网站第二位。作为中国政府农业官方网站，中国农业信息网始终坚持“两个服务”的发展主线，充分发挥各方面优势，以业务系统信息为支撑，逐步拓展“一站式”服务，集20多个专业/行业网站和各省（区、市）农业网站于一体的农业系统网站群已初具规模，其国内外影响日益扩大。

中国农业信息网网站由“全国农产品批发市场价格信息网”、“一站通 商机服务”、“中国农业网上展厅”、“中国农业产品促销平台”、“中国国际农产品交易会”、“全国农产品促销系列活动”、“中国农业科教信息网”7个服务平台构成。其中建立的中国农产品“网上展厅”和“一站通”，收集、发布各地批量农产品上市预供应信息，使得重要产区、重要产品在上市前将供应信息提前向客商发布，促进网上产销对接，已经成为网上交易的权威平台，功能日益强大。“一站通”农村供求信息全国联播系统覆盖31个省（区、市）93%的县，全国农产品批发市场价格信息网覆盖325个市场，每日采集、发布390个农产品品种价格和行情动态。

中国农业信息网网站利用互联网信息技术，实现了农产品市场信息的整合和共享，为农产品流通中的参与主体提供交易、信息、物流的全程信息服务。但是由于中国农业信息网是政府网站，到目前为止，主要提供农产品交易的信息服务，促进农产品的交易，还没有建成可以实现农产品网上交易的电子平台，“四流”服务的协同效应还远没有发挥出来。未来的农产品电子商务平台应是以虚拟农产品交易市场为载体，通过网络把各类农产品流通主体和消费者连接起来，实现农产品商流、物流、信息流和资金流的全面协同并可以提供全面的农产品流通服务。

（三）潍坊市现代农产品流通体系建设的实践①

潍坊市是农业大市，农业产业化水平处于全国前列，粮食产量、蔬菜产量、肉类产量等一直位居山东省前列，其中蔬菜人均产量位居全省第三位，是全国蔬菜主产区。寿光市是全国蔬菜集散地和全国蔬菜价格指数发布中心。2013年，潍坊市农林牧渔业总产值为850.7亿元，第一产业增

① 本案例是由笔者参考潍坊市商务局提供的资料整理而成的，在此深表感谢。

加值为433.1亿元。2013年，农民人均纯收入达到13273元，比上年增长12.5%，增幅连续四年高于城市居民收入。潍坊市将农产品现代流通体系建设作为深化流通体制改革和发展现代农业的重要内容，着力构建统一开放、竞争有序、安全高效、绿色低碳的农产品流通体系。从2010年起，作为全国农产品现代流通综合试点城市，潍坊市按照《山东省现代流通综合试点方案》的要求，相继制定出台了《关于推进农产品“农超对接”工作的意见》《关于加快商贸流通业发展的意见》《潍坊市骨干商品市场（含特色商业街）建设五年行动规划》《潍坊市现代物流基地（区域物流中心）发展规划》等政策意见，通过培育农产品流通市场主体、优化农产品流通链条、推进农产品市场转型升级、加强农产品流通信息建设等措施，大大提高了农产品流通组织化程度，促进了农产品流通资源的合理配置，提高了流通效率和效益，保障了农产品市场供应、信息畅通和价格稳定。

培育农产品流通市场主体。出台免税、财政奖励、配套资金等扶持政策，鼓励农民专业合作社和农产品企业的组织化、规模化发展。安排专项资金518.4万元，支持和促进农民专业合作社的提升发展，通过开展农民专业合作社联合社组建试点，给予每家联合社10万元的资金扶持，鼓励强强联合和跨区域发展，形成产业集群效应，创新了农民专业合作社合作机制。目前，潍坊市农民合作社共有4670余家，辐射带动全市80%的农户，其中约15%的农民专业合作社加入了联合社。培植形成寿光蔬菜产业集团、山东鲁丰集团、诸城外贸有限责任公司、得利斯集团有限公司等一大批实力强、水平高、外向型的农产品龙头企业，全市农业龙头企业达到2800多家，国家级重点龙头企业12家、省级重点龙头企业44家，年销售收入过亿元的有135家，形成了有主导产业就有龙头企业带动的现代农业格局。潍坊百货集团、山东全福元商业集团、寿光蔬菜产业集团等33个农产品龙头企业，投入资金23.6亿元，建设完善了生鲜配送中心，大大提高了农产品流通组织化程度。目前，全市有150多个农民专业合作社、600多家农产品企业与全国240家连锁超市建立了长期稳定的产销一体化联盟。

打造农产品现代流通链条。加快农产品冷链设施建设，推进“农超对接”，建立采购、存储、加工、销售供应链，打造以潍坊百货集团、山东全福元集团和潍坊百货大楼为核心的3个农产品流通链条，支持流通企业利用自身冷链物流设施优势直采直购、直供直销生鲜农产品，提高农产品流通水平。实施超市企业与农民专业合作社、农产品生产加工企业、出口农产品质量安全示范区和自建生产基地建立长期稳定的合作关系，实行订单生产。全市已有15家商贸流通企业、4家星级酒店与193家农民专业合作社、农产品企业、种养殖基地建立了直供直销关系，年农产品采购额达43亿元。全市有240家连锁超市与600多家企业、156个专业合作社、23家农产品出口示范区实现对接。寿光农产品物流园、安丘外贸食品、昌乐乐港食品、诸城龙海水产批发城等15个冷链物流重点企业，实际投资29.2亿元，建设了3大农产品冷链物流中心、3个农产品冷链流通链条，有133个企业参与。目前，农产品冷链物流居全省前列，全市冷链物流总储存能力达286万吨，其中，储存能力在5万吨以上的企业有22家，储存能力达243万吨，占总储存能力的85%。新建的山东中凯兴业贸易广场有限公司和诸城市杨春集团冷链物流的冷库库容都在60万吨以上。

推进农产品市场转型升级。潍坊市目前建成各类农产品市场1496家，年交易额过亿元的农产品批发市场达到41个，在此基础上，近几年改造和新建农贸市场17处，建筑面积4.2万平方米。共投入4300万元扶持资金，带动骨干商品交易市场建设了一批冷藏冷冻、电子结算、信息发布等基础设施建设项目。推进农产品批发市场信息化升级改造，发展电子商务，开展电子结算业务，引进农产品现货电子交易拍卖方式。全市有10家农产品批发市场采用信息化结算系统，实行圈存圈提银行卡交换和货物登记检索，采用LED屏幕显示市场交易信息。寿光农产品物流园已形成了集农产品批发、交易、信息采集发布、食品质量安全检验监测、冷藏保鲜、冷链物流加工配送、综合配套服务为一体的多功能、网络化、智能化新型农产品交易平台。寿光果蔬批发市场引入荷兰农产品现货电子交易拍卖系统，创建国内首家以果蔬类农产品为主的现货电子交易拍卖市场。寿光蔬菜、安丘姜蒜、青州花卉、昌乐西瓜、昌邑大姜等特色农产品交易市场在国内已具有一定的影响力，“中国·寿光蔬菜价格指数”成为北方蔬菜行情的风向标。

建设农产品流通信息平台。2013年，潍坊市建立了以1个城市追溯管理平台、6个子系统（生猪定点屠宰企业、产销对接企业、肉菜批发市场、大中型超市、农贸市场、团体采购单位）和200个追溯节点为框架的肉菜流通追溯体系，提高了农产品流通信息化水平。目前已在70多家大型批发市场、生猪屠宰企业、连锁超市、酒店食堂布设了追溯系统，登记备案供应商和经营业户15000户，以正向跟踪、逆向溯源的追溯体系保障农产品的质量安全。2014年，潍坊市以潍坊市肉类蔬菜流通追溯体系采集的农产品交易数据为基础，获取农产品品种、交易量、交易价格等数据，建设集农产品信息采取、加工、发布于一体的农产品流通信息平台，该平台将发挥引导生产、追踪流向、市场分析、产销对接、信息咨询、消费服务、政策宣传和行业指导等作用，将农产品物流、商流、信息流与资金流服务进行有机整合与协同，进一步推进高效、畅通、安全的农产品流通体系建设。

集中连片进行农产品流通体系建设。按照统筹规划、优化布局、突出特色、提升功能的要求，集中连片地推进农产品市场体系建设，加快规模化、集群化发展，增强辐射力和带动力。在培强做大30处骨干农产品市场的同时，投资90.7亿元，建设提升了以果蔬为主的寿光农产品物流园、山东寿光蔬菜产业集团，以姜蒜为主的山东宏大生姜市场、安丘盛大农产品交易市场，以水产品为主的诸城杨春龙海国际水产城、山东中凯国际水产冷链物流园三大专业市场集群。投资2.9亿元支持15个重点农产品流通项目建设，形成“市场、企业、园区”连片发展的新格局。支持寿光农产品物流园、宏大农副产品批发市场和诸城市龙海水产品批发市场的加工配送、冷藏仓储、分级包装、电子结算等设施建设，形成特色鲜明、辐射面广的农产品流通节点。支持潍坊百货集团、山东全福元集团和潍坊百货大楼等大型流通企业建设农产品配送中心、冷藏贮存库和质量追溯系统，衔接出口农产品示范区企业和农产品生产企业，建立采购、储存、加工、销售全过程质量安全监控机制，提高农产品流通的信息化、组织化水平。目前潍坊市共有16个项目进入山东集中连片推进农产品流通和农村市场体系建设项目名单，其中包括寿光果蔬批发市场等基础设施项目10个，昌邑宏大冷链物流等冷链项目3个，潍坊市农产品信息化平台等信息化建设项目2个和农村市场体系项目1个。

推进农产品内外贸一体化发展。按照“一个标准、两个市场”的思路进行转型发展，加快推进标准国际化、内外贸融合和产销对接综合服务；指导内、外贸流通企业统筹开拓国内、外市场，全面提升农产品流通水平。促进出口农产品示范区建设，以出口农产品示范区建设带动出口农产品转型升级基地的发展，目前全市 8 个出口农产品质量安全示范区有 5 个农产品转型升级基地。潍坊市肉菜流通追溯体系试点中既突出内贸企业，又重视外贸企业的参与，以出口农产品质量标准推动内销农产品上档升级。将“区超对接”做为农产品内外贸一体化发展的重要抓手，推进出口示范区农产品与超市“区超对接”，目前全市 8 个县市全部创建出口示范区，23 个出口示范区实现了“区超对接”。先后组织了 1 次沃尔玛亚洲生鲜采购中心寿光农产品订货会、两届潍坊—岛蔬菜产销及质量安全战略合作会、4 次潍坊—岛农产品对接洽谈会、多次潍坊市“农超对接”会，一批出口农产品走进国内超市，深受消费者欢迎。

五　本章结论

农产品流通组织化程度的提高离不开完善的流通服务的配套。完善农产品流通过程中的商流、物流、信息流和资金流的“四流”服务，是农产品现代流通服务体系优化的主要内容，也是农产品流通组织化水平提高的体现。目前，中国农产品流通服务存在的主要问题是农产品商流服务与资金流服务缺失，物流服务和信息服务有待提高与完善，农产品批发市场的服务功能远未得到发挥，农产品服务主体分散，专业化的服务机构缺乏，这些问题导致“四流”服务之间缺乏协同效应，服务质量和服务效率低下。优化农产品流通服务体系主要有四个途径：一是依托农产品批发市场，发挥农产品市场的“四流”服务一体化；二是培育专业化的农产品流通服务组织，合理专业化的“四流”服务分工；三是发展农产品电子商务，依托电子商务平台实现“四流”服务协同；四是在保证政府投入监管下，强化农产品流通的社会化服务力量。

第八章

研究结论与政策建议

一　主要研究结论

农产品流通组织化问题是一个具体而且内涵丰富的研究范畴，本书将农产品流通组织化始终作为一个动态过程，在构建中国农产品流通组织化评价指标体系的基础上，用大量的统计数据和调研数据描述与测度了农产品流通组织化的现状与所处阶段，从影响组织化水平的流通主体、过程和服务出发，主要研究了农产品流通组织主体的竞争、合作与协调，农产品流通过程的横向与纵向一体化以及农产品流通服务体系的优化。形成的主要结论有：

1. 农产品流通组织化有丰富的内涵。本书认为，农产品流通组织化是农产品流通主体之间的合作与协调，整合再造流通环节和流通渠道，不断优化农产品流通中资源配置的动态过程。其内涵主要体现在四个方面：农产品流通组织化是流通主体的竞合过程；农产品流通组织化是流通主体市场化与企业化的权衡；农产品流通组织化具有阶段性，是组织化程度由低水平向高水平发展的过程；农产品流通组织化是“自组织”与“他组织”共同作用的过程。提高农产品流通组织化程度的目的在于优化农产品流通市场结构，降低农产品流通成本，提高农产品流通效率，保证农产品流通市场信息畅通和农产品价格稳定，形成高效、畅通的农产品流通体系。

2. 农产品流通组织化评价模型是一个复杂的体系，包括农产品流通主体组织化、农产品流通过程组织化和农产品流通服务组织化三个子系统，在三个子系统之下又划分了10个二级指标和38个三级指标，构成了三个层次，基本上可以较全面地描述中国农产品流通组织化的主要方面。

在该指标体系中，指标权重通过专家咨询和层次分析法确定，当然在不同的农产品流通发展时期、不同的农产品品种或地区，在保证将流通主体的组织化作为评价重点的前提下，权重可以进行适当调整。该指标体系的设计既立足于中国农产品的流通现状，又对未来发展有预测和指导作用。

3. 中国农产品流通组织化水平可能要经过四个阶段，即农产品流通组织化水平初级阶段、中级阶段、较高阶段和完全组织化阶段。利用农产品流通组织化评价模型进行测算得出，目前，中国农产品流通组织化处于中级阶段。主要原因在于：农产品流通主体众多且分散；农产品流通过程流通成本高，缺乏效率；农产品流通服务组织化以政府投入为主，缺乏专业化的农产品社会服务组织。

4. 众多的农产品流通主体之间竞争与合作关系的演化是一个动态的、重复的博弈过程，是农产品流通组织化的结果。首先是影响每个农产品流通主体的行为和合作稳态的主要因素是合作的成本与收益，其次是代表共同利益和公平利益分配的长期契约和双方合作的信用和信心。在存在监督惩罚机制和利益分配机制等相关机制设计的情况下，博弈各方基于长远利益考虑，最终都会选择合作。农民专业合作组织、农产品经纪人等流通主体的存在都有利于农产品流通组织化中合作稳态机制的建立与持久。

5. 农产品流通组织化过程的本质是农产品流通协调机制的构建过程，农产品流通组织化的实现目标就是农产品流通协调机制下农产品体系的有序运行。农产品流通的协调机制是农产品流通主体为获得流通领域中的利益最大化而参与竞争并通过利益分配来协调自身与其他成员关系的过程。农产品流通协调机制应该包括三个维度：因竞合博弈而形成的契约关系下流通主体之间的各种组织模式；内部化下流通企业的纵向与横向组织一体化；政府调控与规制下的农产品流通组织化。

6. 提高组织程度成为改善农产品流通问题的关键，而组织程度提高的一个重要表现是组织一体化。依据新制度经济学和产业组织学派的组织一体化观点，农产品流通过程组织化的主要方式可以分为横向一体化和纵向一体化两种。农产品流通纵向一体化主要是纵向兼并和纵向约束，纵向约束相比于纵向兼并，是较为松散的一体化，而且方式呈现多样化，实施起来比较容易，关键是双方契约安排的稳定。农产品流通横向一体化主要是横向兼并、战略联盟，目前，农民专业合作社是较好的实践形式。

7. 农产品流通中的商流、物流、信息流和资金流“四流”服务优化是农产品现代流通服务体系优化的主要内容，也是提供农产品流通组织化水平的途径。目前，中国农产品流通服务存在的问题是“四流”服务之间难以协同，服务质量和服务效率都有待提高。优化农产品流通服务体系应在以政府投入为主的前提下，发展农产品流通服务的社会化力量，发挥农产品批发市场的“四流”服务一体化，合理专业化的“四流”服务分工以及发展农产品电子商务，依托电子商务平台实现“四流”服务协同。

二　提高农产品流通组织化程度的政策建议

（一）加快制定农产品流通的法律法规

政府对农产品市场的调控主要会依靠临时出台的一些单独的政策性文件，这些政策性文件在短期内往往会有所成效，但缺乏长期的统一性和有效性。美国、日本等发达国家对本国的农产品流通有比较完善的法律保护。比如，日本早在1921年就颁布了《中央批发市场法》，将中央批发市场的开设、管理、交易行为进行法律规范。随着日本批发市场地位的日益提高，又于1971年修订为《批发市场法》，将地方批发市场也纳入了法制轨道，在法律上确立了以批发市场流通为主的农产品流通制度。以后每隔5年修订一次，各地方政府和有关部门依照该法制定具体地方性法规和市场运行规则。[①] 目前，中国农产品流通法律法规体系还远称不上完善，政府应借鉴国外立法经验，从法律上规范农产品流通和交易行为，保护农产品流通主体的权益，促进农产品流通组织化。

第一，规范农产品市场交易的法律法规。应该借鉴日本等发达国家和地区农产品批发市场的发展经验，先制定“农产品批发市场管理条例”，在此基础上尽快出台“农产品批发市场法”，在市场准入、布局、规划、用地、交易规则、监管等方面作出规定，以此规制农产品批发市场交易中的不正当交易和不正当竞争。逐步建立制定和完善农产品流通中收购、运销、批发、零售等各环节的有关法律法规，构建有法可依、公平公正的农产品流通秩序。

第二，规范农产品流通主体的法律制度。农产品市场流通主体众多，

① 《日本农产品批发市场建设情况》，商务部网站，2012-01-06，http://www.mofcom.gov.cn/aarticle/i/dxfw/cj/201201/20120107916604.html。

如果对于他们的行为不加以规制，就会造成流通秩序的混乱。目前，中国已经出台《中华人民共和国农民专业合作社法》，明确了农民专业合作社的法律地位。接下来应该尽快出台关于农产品经纪人和农产品行业协会的法律制度，对农产品经纪人和行业协会的法律地位、市场准入、从业规范、行业自律等方面作出法律规定。

第三，其他与农产品流通密切相关的法律法规。如农产品价格、农产品流通标准、农产品信息、农产品质量安全、农产品知识产权和农产品地理标志保护等方面都需要相关的法律来约束和完善。

（二）加强农产品流通基础设施建设

农产品流通基础设施是农产品流通得以顺畅的物质和技术保证。在国际上，农产品流通基础设施大都属于政府公共财政领域。如法国政府每年用于改善农产品交通、储备、销售的设施建设的投入占到农业补贴的25%以上；韩国在1992—1997年实施了《改善农林渔业政策》，以政府无偿援助为主，投融资达417亿美元（相当于当时的4000亿人民币），其中用于兴建农产品流通和加工设施的资金占到13.2%。[①] 中国的农产品流通基础设施也应以政府的公共财政投入为主，在此基础上，可以鼓励社会投资、企业赞助或个人捐资等方式的投入。目前，政府在农产品流通基础设施建设方面，要在合理规划和布局上做好以下几点：

第一，要继续加大农村公路建设的投入。农村公路畅通是农产品流通畅通的基础保障。在统一规划的基础上，要有计划、有步骤、有重点地修建农村公路，对已建成的农村公路要建立农村公路养护管理长效机制，对在建的农村公路要保证施工进度与工程质量。特别是要增加对交通不便、运输条件落后的老、少、边、穷地区的支持力度，在这些地区，往往有优质的、特色的农产品，开发这些丰富的农产品资源离不开畅通的交通运输。农村公路建设的资金来源以政府公共财政投入为主的同时，可以出台优惠政策鼓励社会投资、企业赞助或个人捐资，形成多方式、多渠道的农村公路筹资机制。

第二，继续增加对农产品批发市场升级改造的财税支持。将农产品批

① 黄克强：《农产品流通基础设施：政府是重要投资主体》，2013-02-05，http://blog.sina.com.cn/s/blog_8a22f1550101gd7l.html。

发市场建设作为公益性建设项目，在硬件建设方面，通过投资入股、产权回购回租、公建配套或直补与贴息的方式，加大对农产品批发市场的加工、储藏、保鲜、排污、物流配送等配套设施建设和农药残留检验检测系统、信息系统和电子结算系统的建设支持，引导市场向安全卫生、统一高效的运行方向发展。在软件建设方面，对农产品批发市场的建设要有统一规划，建立健全农产品批发市场的规章制度和管理规范，在农产品准入、标准化、交易方式等方面做到有章可循。在税收方面，把农产品批发市场作为公益性设施给予减免税，在土地使用税、房产税、营业税等方面予以优惠，并适当降低所得税税率，通过对农产品批发市场的日常经营补贴，使批发市场降低、减免市场经营者的摊位费、管理费和货车停车费，避免其他手段的变相收费，鼓励直接对市场经营者进行补贴。

第三，加大农产品物流设施和物流技术建设支持。以政府投入为主，在农产品主产地、集散中心，建设专业化的现代农产品仓储中心或物流配送中心，统一协调农产品运输、储存、装卸、搬运、包装、配送、分销等一系列物流活动；在农产品主销地，建立农产品展示中心、专营店或直销店等零售终端，配备冷藏和检验检测等设备，鼓励建立农产品品牌。以国家发改委的《农产品冷链物流发展规划》为指导，对农产品冷链系统建设加以政策支持，加快冷链物流基础设施建设，建成提供全程冷链物流服务的规模化、现代化的跨区域冷链物流配送中心。

第四，完善农产品零售市场布局。对农贸市场的交易厅棚、冷藏保鲜、卫生、安全、公共服务等基础设施项目的建设和改造加大投入的同时，应加快推进以农贸市场、标准化菜市场和生鲜超市等为主体，以流动售菜车、周末蔬菜直销市场等时段直销网点为补充的城乡农产品零售终端网络建设。①

第五，政府要加强对农产品市场的调控。政府的调控一方面要保护农户利益，允许农产品价格有合理上涨的空间；另一方面要降低农产品流通成本，保证农产品流通领域中利益分配的透明与公平。主要应该从三个方面进行调控：继续加强农产品信息建设，及时发布农产品市场信息；继续

① 参见《商务部关于贯彻落实〈中共中央国务院关于加快发展现代农业中进一步增强农村发展活力的若干意见〉的实施意见》，2013-02-25，http：//www.mofcom.gov.cn/article/b/d/201302/20130200035785.shtml。

健全和完善重要农产品储备制度，加强对中央、地方两级储备肉的管理，建立和完善冬春蔬菜储备制度；对鲜活农产品市场的调控可以综合运用储备调节、区域调剂、进出口及加工贮藏等手段。[①]

（三）继续扶持农产品流通主体的组织化运作

中国农产品流通主体众多，长期以来农产品流通主体处于组织分散化的经营状态。提高农产品流通组织化程度要继续扶持农产品流通主体的组织化运作。对农产品流通主体的政策扶持应在以市场机制为主的前提下，针对不同的流通主体有所差异。

第一，对于规模大、实力强的流通主体，包括农产品加工企业、物流企业、批发和零售企业等，应引导鼓励它们之间实施兼并重组和跨区域联合合作，延伸完善农产品产业链，促进规模化和集约化经营，提高产业集中度，这有利于农产品流通产业的结构优化和流通组织化的加强。在政策扶持下，有实力有条件的农产品流通企业可以通过购买、控股的方式实现对上、下游农产品流通企业的纵向兼并，形成一个更大的企业整体经营农产品的流通体；对于多数农产品流通企业纵向一体化的选择是纵向约束，如农产品龙头企业在上游建立生产基地中心、与农户或合作社签订农业订单，在下游大力发展农产品连锁店、直营店、专卖店，通过契约安排实现对农产品上、下游供应链的控制。另外，大型农产品流通企业可以根据自身的发展方向将一些小流通企业进行同地区或跨地区的横向并购，组成核心竞争力强大的企业集团，提升农产品流通产业集中度。农产品流通企业之间还可以通过合资、股权投资形成股权式联盟，也可以通过合同等方式形成契约式联盟，通过联合与合作提高农产品流通的组织化程度。

第二，扶持规模不大但专业化强的流通主体的规模化发展。一是扶持培育农产品专业化第三方物流企业，特别是冷链物流企业，在税收、贷款政策上给予优惠，鼓励企业通过兼并重组、投资合作等方式开展共同配送和统一配送，提供一体化的仓储、运输、包装、加工等增值服务，提高物流服务水平。二是要在政策和资金上大力支持农民专业合作社的发展，支

---

① 参见商务部等七部门联合召开电视电话会议贯彻落实《国务院办公厅关于加强鲜活农产品流通体系建设的意见》，2011-12-26，http：//www.mofcom.gov.cn/article/difang/shaanxi/201112/20111207899572.shtml。

持有产业优势和特色的农民专业合作社向规模化、规范化、专业化发展，支持农民专业合作社之间的横向联合和合作，加强与农产品批发市场、加工企业等下游流通主体的产销衔接，对于带动力强、影响力大的农民专业合作社应引导其与同类合作社的重组兼并。三是对于特色专业化的农产品市场要依据产业优势和地域特色统一规划、合理布局，提升市场服务质量。

第三，直接支持活跃在产地间或销地间的中小农产品流通主体。一是引导农户加入或成立农民专业合作组织，不断提高农户进入市场的组织化程度。二是扶持、发展农产品经纪人队伍，特别是来自农村的经纪人，肯定他们在农产品流通中的重要中介作用，政府对农产品经纪人应进行专业培训，加强农产品经纪人协会建设，鼓励农产品经纪人实行公司化经营，提高农产品经纪人的组织化程度。三是对于分散在各大农产品市场里的中小农产品批发商户和零售商户，要引导它们进行规范化交易和现代化交易，培育它们做大做强，必要的时候可以直接给予补贴。

（四）引导农产品流通方式创新

中国传统的农产品流通渠道要经过农产品收购、运输、批发和零售等复杂环节，而且各环节之间往往缺乏有效衔接，造成了农产品流通过程中的巨大浪费。因此创新和发展现代农产品流通方式是对传统的农产品流通渠道的再造和整合，能够大大缩短农产品流通环节，提高农产品流通效率和农产品流通组织化水平。

第一，通过建立农产品物流中心以整合农产品流通系统。目前，中国的农产品物流中心多是在原来的农产品批发市场的基础上建立起来的，往往存在物流设施落后、物流作业处理功能弱的不足。今后的农产品物流中心建设要在科学合理的规划布局下，以专业化的第三方农产品物流企业建设为主体，将农产品物流中心打造成集农产品信息流、商流、物流、资金流“四流合一”的，融农产品检验、质量追溯、包装、冷藏、粗加工、运输、配送、信息收集与发布、电子商务交易、电子结算等功能于一体的现代化的农产品集散中心、冷链物流配送中心、农产品物流信息中心和检验检测中心。

第二，继续发展大型连锁超市主导的“农超对接”[①] 流通模式。“农超对接”通过大型连锁超市与农民专业合作社的产销对接，可以减少流通环节，提高农产品流通组织化程度，是中国鲜活农产品流通模式的发展趋势。对于“农超对接”模式的发展要因地制宜，循序渐进，一是对具备条件的合作社，要支持农产品的标准化生产，提高合作社在这种模式下的谈判地位；二是要支持零售商和大型超市减免农产品的入场费、管理费，真正降低农产品的流通费用。在中国以农产品批发市场流通为主的农产品流通体制下，除了“农超对接”模式，还应同时发展“农批对接”、“批超对接”模式，发挥农产品批发市场的集散优势。一方面，中国农产品批发市场的数量多，可以减少农民专业合作社与超市对接的寻找成本；另一方面，超市也可以有更多样化的农产品品种选择。

第三，推进农产品“直供直销”模式。农产品“直供直销”模式是省去农产品中间流通环节，生产者直接与消费者见面的新型流通方式。“直供直销”模式与传统意义上的农户将农产品拿到市场上售卖不同，是农产品流通过程的一体化整合，可以提高流通组织化的程度。目前大中城市周边农民自发组织在社区或街道开设的流动售菜车、周末蔬菜直销市场等受到城市居民的欢迎，但是这种直销形式往往随意性太强，难以保证农产品的质量，而且增加了农民的销售成本。未来农产品“直供直销”模式的发展应发挥农民专业合作社和农产品流通企业的作用，一是由农民专业合作社或流通企业统一组织流动售菜车、周末蔬菜直销市场、早晚市等流动市场，负责其有序运行；二是通过在城市社区设立农产品直销店、连锁专卖店、自营超市直接销售农产品，并且随着这种社区直营店网络规模的扩大和社会影响的提升，将来可以发展电子商务，进行网上销售；三是推广以与集中消费单位建立稳定合作关系为重点的直接配送模式，积极推动“农校对接”、“农餐对接”等形式，鼓励农民专业合作社与学校、酒店、大型企业等单位建立长期稳定的产销关系。

第四，继续发展农产品连锁经营和电子商务。中国从 2005 年起扶持农产品连锁经营，主要支持四种连锁经营方式：一是依托现有大型连锁综

---

① 2008 年 12 月 11 日，商务部、农业部联合下发了《关于开展农超对接试点工作的通知》，对“超市 + 基地”的鲜活农产品流通模式进行推广，引导大型连锁超市直接与鲜活农产品产地的农民专业合作社实现产销对接。

合超市发展农产品连锁经营；二是支持农产品批发市场开办农产品超市，实现批零兼营；三是支持农产品流通龙头企业到城市开办农产品连锁超市或发展便利店；四是支持大型农产品物流配送中心建设以冷藏和低温仓储、运输为主的农产品冷链系统。① 今后可以在此基础上，支持以农民专业合作社为主体的农产品连锁经营，推进农产品品牌建设。另外，随着农产品生产和流通标准化的推进，农产品电子商务也有巨大的发展前景。电子商务可以实现农产品从田间到餐桌的直接对接，通过电子商务平台和专业化的物流公司将农产品送到消费者手中。

三　进一步的研究方向

受制于笔者的研究能力和学术水平，以及资料的欠缺和调研时间范围的局限，虽然在书写作过程中不懈地研究学习理论与方法，尽可能联系中国农产品流通的实际，但可能无法排除“盲人摸象”的片面认识。所以，对于本书的研究是否全面客观反映了农产品流通组织化问题，以及是否能够对农产品流通理论的完善与发展有所贡献，笔者内心依然是忐忑不安的。在研究当中，笔者感觉以下几个方面有所欠缺，这也是以后进一步研究的方向。

1. 缺乏有关农产品流通业和鲜活农产品的基本统计资料，这样，在选取评价指标时，一些对农产品流通组织的衡量有重要价值但没有权威数据来源的指标就只能删除，加之国内外缺乏有价值的相关文献借鉴，所以对农产品流通组织化的定量评价远没有达到完善和成熟，在指标的遴选、权重的分别、目标值和临界值的确定等方面必然存在不足。由于统计资料中历史数据和地区数据的缺失，农产品流通组织化评价模型的应用只选取了一年的全国数据，只能评价现阶段的流通组织化程度，无法揭示中国农产品流通组织化程度的变化，也无法对不同地区的组织化程度作横向比较，这是模型构建的不足。由于本书对农产品流通组织化问题只进行一般性研究，很多指标的衡量都是综合的均值，农产品的种类特性、流通环节、生产区域等各方面的差异在评价系统中体现较少，实际上这些差异可

---

① 参看商务部、财政部、税务总局《关于开展农产品连锁经营试点的通知》，2012-12-9，http：//csl. chinawuliu. com. cn/html/19885825. html。

能是影响流通组织化的重要因素。今后对于农产品流通组织化评价体系的构建还有待继续论证与完善。

2. 对于农产品流通主体组织化问题的研究依然不足。本书仅选取了农户、农民专业合作社、农产品经纪人和农产品流通企业这四个流通主体作为评价主体组织化的内容，不可避免地会忽视其他对组织化有重大影响和作用的流通主体。实际上，中国目前农产品流通领域中活跃着众多的流通主体，包括农户、农产品批发商、零售商、运销商、经纪人等个体，也包括农民专业合作社、农产品批发企业、零售企业、物流企业、中介服务公司等组织。众多流通主体的组织化问题无法在本书中得到全部体现，今后要继续研究农产品流通主体的分类与差异，研究它们之间的整合、合作与协调。

3. 实证分析不够。本书对于农产品流通组织化、一体化和农产品流通服务优化的研究理论层面的规范分析较多，由于受制于统计资料的难以获得和笔者实地调研的不足，仅仅用案例法进行经验实证，未能对所做结论进行计量分析和验证。

4. 政府的制度安排无疑会对农产品流通组织化产生积极的促进与激励作用，但在农产品流通组织化的研究中，笔者几乎没有论及政府的行为，仅在书末为政府提出几点政策建议。虽然笔者强调农产品流通组织化是在市场经济下的“自组织”过程，但政府的外力无疑会对农产品流通组织化方向产生影响。政府制度安排与市场化机制的制度安排有着怎样的关联互动性？对农产品流通组织化有着怎样不同的影响？这些是另外需要研究的问题。提高农产品流通组织化程度的实践可能是一个不断试错的过程，因为在中国农产品流通体制中有许多无法直接在国际经验中找到借鉴的地方或者那些先进经验并不适用于中国农产品流通。

除了这些方面的问题外，在农产品流通组织过程中有一些技术性问题远远超出了笔者的论述能力，还有一些现时未能认识到但可能在将来会发现的问题，所有这些问题的存在都是今后的研究动力和方向。

附录1

农产品流通组织化程度评价调查问卷

尊敬的专家，您好！这是一次学术性的研究问卷，我们真诚地希望您给我们提供帮助，以了解您对农产品流通组织化影响因素重要程度的主观评价。由于调查的结果将直接影响到该项研究的结论和质量，因此恳请您细心填写。

一 问题描述

此调查问卷以农产品流通组织化为调查目标，对其多种影响因素使用层次分析法进行分析。层次模型如附图1.1所示。

二 问卷说明

此调查问卷的目的在于确定农产品流通组织化各影响因素之间相对权重。调查问卷根据层次分析法（AHP）的形式设计。这种方法是在同一个层次对影响因素的重要性进行两两比较。衡量尺度划分为五个等级，分别是绝对重要、十分重要、比较重要、稍微重要、同样重要，分别对应9，7，5，3，1的数值。靠左边的衡量尺度表示左列因素与右列因素的重要程度，靠右边的衡量尺度表示右列因素与左列因素的重要程度。根据您的看法，在对应方格中打勾即可。如果您觉得这五个级别不能精确地表达您对某个比较问题的看法，例如，您认为您对一个比较的看法应该介于十分重要和比较重要之间，那么您可以通过在十分重要和比较重要两个方格之间画圈来表达您的看法。

示例：您认为对一辆汽车而言是安全性重要，还是价格重要？如果您认为一辆汽车的安全性相对于价格十分重要，那么请在左侧（十分重要）下边的方格里打勾。

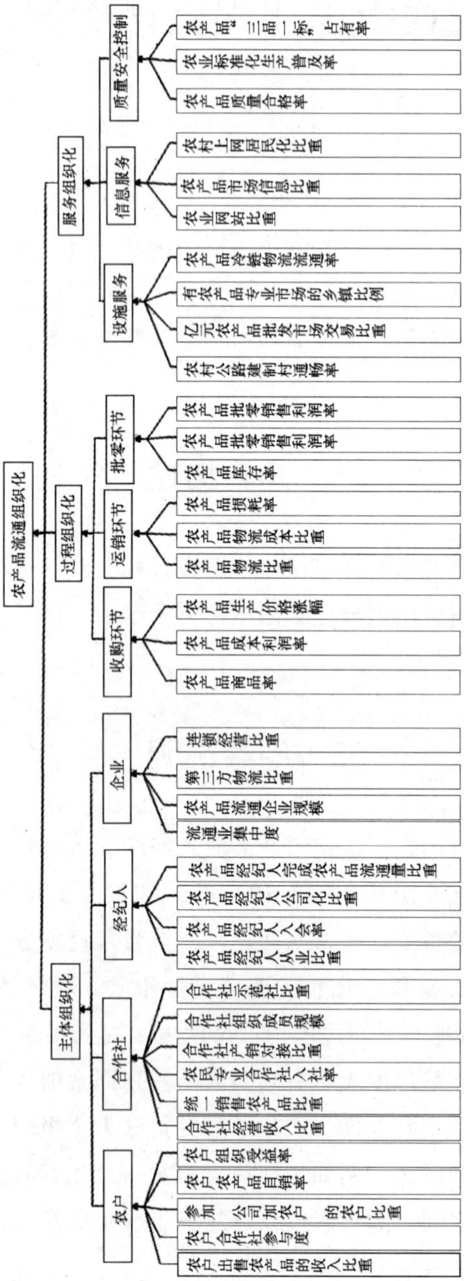

附图1.1 层次模型图

样表　　　对于汽车，各评价影响因素的相对重要程度

A	评价尺度									B
	9	7	5	3	1	3	5	7	9	
安全性		√								价格

注：衡量尺度划分为5个等级，分别是绝对重要、十分重要、比较重要、稍微重要、同样重要，分别对应9，7，5，3，1的数值。

三　问卷内容

● 第二层要素

■ 评估“农产品流通组织化”的相对重要性

影响因素	说明
主体组织化	包括农户、合作社、经纪人、流通企业的组织化
过程组织化	包括收购环节、运销环节、批零环节的组织化
服务组织化	包括流通设施服务、信息服务、质量安全控制的组织化

下列各组比较要素，对于“农产品流通组织化”的相对重要性如何？

A	评价尺度									B
	9	7	5	3	1	3	5	7	9	
主体组织化										过程组织化
主体组织化										服务组织化
过程组织化										服务组织化

● 第三层要素

■ 评估“农产品流通主体组织化”的相对重要性

影响因素	说明
农户	包括农户出售农产品的收入比重、农户流通合作组织参与度、参加“公司+农户”的农户比重、农户农产品自销率、农户组织受益率五个指标
合作社	包括农民专业合作社经营收入比重、合作社统一销售成员农产品比重、农民专业合作社入社（会）率、合作社产销对接比重、合作社组织成员规模、合作社示范社比重六个指标

影响因素	说明
经纪人	包括农产品经纪人从业比重、农产品经纪人入会率、农产品经纪人公司化比重、农产品经纪人完成的农产品流通量比重四个指标
企业	包括农产品流通业集中度、农产品流通企业规模、农产品第三方物流比重、农产品连锁经营比重、农产品电子商务比重五个指标

下列各组比较要素，对于“农产品流通主体组织化”的相对重要性如何？

A	评价尺度									B
	9	7	5	3	1	3	5	7	9	
农户										合作社
农户										经纪人
农户										企业
合作社										经纪人
合作社										企业
经纪人										企业

■ 评估“农产品流通过程组织化”的相对重要性

影响因素	说明
收购环节	包括农产品商品率、农产品成本利润率、农产品生产价格涨幅三个指标
运销环节	包括农产品物流比重、农产品物流成本比重、农产品损耗率三个指标
批零环节	包括农产品库存率、农产品批零利润率、农产品零售价格涨幅三个指标

下列各组比较要素，对于“农产品流通过程组织化”的相对重要性如何？

A	评价尺度									B
	9	7	5	3	1	3	5	7	9	
收购环节										运销环节
收购环节										批零环节
运销环节										批零环节

■　评估“农产品流通服务组织化”的相对重要性

影响因素	说明
流通设施服务	包括农村公路建制村通畅率、有农产品专业市场的乡镇比例、亿元农产品批发市场交易比重、农产品冷链物流流通率四个指标
流通信息服务	包括农业网站比重、农产品市场信息比重、农村上网居民比重三个指标
质量安全控制	包括农产品质量合格率、农业标准化生产普及率、农产品“三品一标”占有率三个指标

下列各组比较要素，对于“农产品流通服务组织化”的相对重要性如何？

A	评价尺度									B
	9	7	5	3	1	3	5	7	9	
设施服务										信息服务
设施服务										质量安全控制
信息服务										质量安全控制

●　第四层要素

■　评估“农户组织化”的相对重要性

影响因素	说明
农户出售农产品的收入比重	农户出售农业、林业、渔业、牧业产品的收入占农业总收入的比重
农户流通合作组织参与度	农户加入农民流通合作组织的数量占农户总数的比重
参加“公司加农户”的农户比重	通过“公司+农户”模式生产和销售农产品的农户数量占农户总数的比重
农户农产品自销率	自产自销农产品的农户数量占农户总数的比重影响因素
农户组织受益率	农户从农民合作组织中所获收入占农民总收入的比重

下列各组比较要素，对于“农户组织化”的相对重要性如何？

A	评价尺度									B
	9	7	5	3	1	3	5	7	9	
农户出售农产品的收入比重										农户合作社参与度
农户出售农产品的收入比重										参加“公司加农户”的农户比重
农户出售农产品的收入比重										农户农产品自销率
农户出售农产品的收入比重										农户组织受益率
农户合作社参与度										参加“公司加农户”的农户比重
农户合作社参与度										农户农产品自销率
农户合作社参与度										农户组织受益率
参加“公司加农户”的农户比重										农户农产品自销率
参加“公司加农户”的农户比重										农户组织受益率
农户农产品自销率										农户组织受益率

■ 评估“合作社组织化”的相对重要性

影响因素	说明
统一销售农产品比重	通过农民专业合作社统一销售的农产品总值占农业总产值的比重
合作社经营收入比重	农民专业合作社经营收入占农村经济总收入的比重，
农民专业合作社入社率	加入农民专业合作社联合社（会）的合作社比率
合作社产销对接比重	农民专业合作社通过与下游企业建立稳定产销关系的合作社数量占合作社总数的比重
合作社组织成员规模	农民专业合作社拥有成员的平均数
合作社示范社比重	农民专业合作社中规模较大、运作规范的合作社比率

下列各组比较要素，对于“合作社组织化”的相对重要性如何？

A	评价尺度									B
	9	7	5	3	1	3	5	7	9	
统一销售农产品比重										合作社经营收入比重
统一销售农产品比重										农民专业合作社入社率
统一销售农产品比重										合作社产销对接比重
统一销售农产品比重										合作社组织成员规模
统一销售农产品比重										合作社示范社比重
合作社经营收入比重										农民专业合作社入社率

续表

A	评价尺度									B
	9	7	5	3	1	3	5	7	9	
合作社经营收入比重										合作社产销对接比重
合作社经营收入比重										合作社组织成员规模
合作社经营收入比重										合作社示范社比重
农民专业合作社入社率										合作社产销对接比重
农民专业合作社入社率										合作社组织成员规模
农民专业合作社入社率										合作社示范社比重
合作社产销对接比重										合作社组织成员规模
合作社产销对接比重										合作社示范社比重
合作社组织成员规模										合作社示范社比重

■ 评估“农产品经纪人组织化”的相对重要性

影响因素	说明
农产品经纪人从业比重	农产品经纪人总数占乡村从业人员总数的比重
农产品经纪人入会率	农村经纪人加入农产品经纪人协会的比率
农产品经纪人公司化比重	隶属农产品经纪公司的经纪人数量占农产品经纪人总量的比重
完成农产品流通量比重	由农产品经纪人完成的农产品总值占农产品销售总量的比重

下列各组比较要素，对于“农产品经纪人组织化”的相对重要性如何？

A	评价尺度									B
	9	7	5	3	1	3	5	7	9	
农产品经纪人从业比重										农产品经纪人入会率
农产品经纪人从业比重										农产品经纪人公司化比重
农产品经纪人从业比重										完成农产品流通量比重
农产品经纪人入会率										农产品经纪人公司化比重
农产品经纪人入会率										完成农产品流通量比重
农产品经纪人公司化比重										完成农产品流通量比重

■ 评估“农产品流通企业组织化”的相对重要性

影响因素	说明
流通业集中度	全国前10—20家农产品流通企业的市场份额
农产品流通企业规模	限额以上农产品流通企业的平均从业人数
第三方物流比重	农产品第三方物流额占农产品物流总额的比重
连锁经营比重	通过各种连锁超市销售的农产品占农产品流通总量的比重

下列各组比较要素，对于“农产品流通企业组织化”的相对重要性如何？

A	评价尺度									B
	9	7	5	3	1	3	5	7	9	
流通业集中度										农产品流通企业规模
流通业集中度										第三方物流比重
流通业集中度										连锁经营比重
农产品流通企业规模										第三方物流比重
农产品流通企业规模										连锁经营比重
第三方物流比重										连锁经营比重

■ 评估“农产品收购环节组织化”的相对重要性

影响因素	说明
农产品商品率	农产品商品量占农产品总产量的百分比
农产品成本利润率	农产品生产净利润与总成本费用的比值
农产品生产价格涨幅	反映一定时期内，农产品生产者出售农产品价格水平变动趋势及幅度的相对数

下列各组比较要素，对于“农产品收购环节组织化”的相对重要性如何？

A	评价尺度									B
	9	7	5	3	1	3	5	7	9	
农产品商品率										农产品成本利润率
农产品商品率										农产品生产价格涨幅
农产品成本利润率										农产品生产价格涨幅

■ 评估“农产品运销环节组织化”的相对重要性

影响因素	说明
农产品物流比重	农产品物流占社会物流总额的比例
农产品物流成本比重	农产品流通中物流成本占农产品物流总额的比重
农产品损耗率	一定时期内农产品损耗量占农产品流通总量的比重

下列各组比较要素，对于“农产品运销环节组织化”的相对重要性如何？

A	评价尺度									B
	9	7	5	3	1	3	5	7	9	
农产品物流比重										农产品物流成本比重
农产品物流比重										农产品损耗率
农产品物流成本比重										农产品损耗率

■　评估“农产品批零环节组织化”的相对重要性

影响因素	说明
农产品库存率	农产品库存总额占农产品销售总额的比重
农产品批零销售利润率	农产品批发和零售环节的利润与销售额之比
农产品零售价格涨幅	一定时期内农产品零售价格相对上期农产品零售价格的变动率

下列各组比较要素，对于“农产品批零环节组织化”的相对重要性如何？

A	评价尺度									B
	9	7	5	3	1	3	5	7	9	
农产品库存率										农产品批零销售利润率
农产品库存率										农产品零售价格涨幅
农产品批零销售利润率										农产品零售价格涨幅

■　评估“农产品流通设施服务”的相对重要性

影响因素	说明
农村公路建制村通畅率	农村公路通畅的建制村数量占全国建制村的比重
亿元农产品批发市场交易比重	亿元以上农产品批发市场的交易额占农产品市场交易总额的比重
有农产品专业市场的乡镇比例	有农产品专业市场的乡镇占乡镇总数的比例
农产品冷链物流流通率	农产品冷链物流占农产品物流总额的比重

下列各组比较要素，对于“农产品流通设施服务”的相对重要性如何？

A	评价尺度									B
	9	7	5	3	1	3	5	7	9	
农村公路建制村通畅率										亿元农产品批发市场交易比重
农村公路建制村通畅率										有农产品专业市场的乡镇比例
农村公路建制村通畅率										农产品冷链物流流通率
亿元农产品批发市场交易比重										有农产品专业市场的乡镇比例
亿元农产品批发市场交易比重										农产品冷链物流流通率
有农产品专业市场的乡镇比例										农产品冷链物流流通率

■　评估“农产品流通信息服务”的相对重要性

影响因素	说明
农业网站比重	农业网站占我国网站总数的比例
农产品市场信息比重	涉及农产品供求、价格、交易等市场信息占农业信息的比重
农村上网居民比重	农村居民的上网人数占农村居民总数的比例

下列各组比较要素，对于“农产品流通信息服务”的相对重要性如何？

A	评价尺度									B
	9	7	5	3	1	3	5	7	9	
农业网站比重										农产品市场信息比重
农业网站比重										农村上网居民比重
农产品市场信息比重										农村上网居民比重

■　评估“农产品质量安全控制”的相对重要性

影响因素	说明
农产品质量合格率	判定为符合质量安全标准的样品数量占全部抽检样品数的百分比
农业标准化生产普及率	在农业生产过程中实施产前、产中、产后全过程的标准化、规范化管理的比重
农产品“三品一标”占有率	通过“三品一标”产地认定占食用农产品产地总面积的比重

下列各组比较要素，对于“农产品质量安全控制”的相对重要性如何？

A	评价尺度									B
	9	7	5	3	1	3	5	7	9	
农产品质量合格率										农业标准化生产普及率
农产品质量合格率										农产品“三品一标”占有率
农业标准化生产普及率										农产品“三品一标”占有率

非常感谢您的参与。问卷结束，谢谢合作！

附录 2

各专家对评价指标赋权的详细数据

标度类型：1—9　群决策——专家数据集结方法：各专家排序向量加权几何平均

1.1 专家 ID：1；专家权重：0.1429——农产品流通组织化　判断矩阵一致性比例：0.0825；对总目标的权重：1.0000

农产品流通组织化	主体组织化	过程组织化	服务组织化	Wi
主体组织化	1.0000	6.0000	5.0000	0.7286
过程组织化	0.1667	1.0000	2.0000	0.1626
服务组织化	0.2000	0.5000	1.0000	0.1088

1.2 专家 ID：1；专家权重：0.1429——主体组织化　判断矩阵一致性比例：0.0247；对总目标的权重：0.7286

主体组织化	农户	合作社	经纪人	企业	Wi
农户	1.0000	6.0000	4.0000	1.0000	0.4061
合作社	0.1667	1.0000	0.5000	0.2000	0.0659
经纪人	0.2500	2.0000	1.0000	0.1667	0.0986
企业	1.0000	5.0000	6.0000	1.0000	0.4294

1.3 专家 ID：1；专家权重：0.1429——过程组织化　判断矩阵一致性比例：0.0019；对总目标的权重：0.1626

过程组织化	收购环节	运销环节	批零环节	Wi
收购环节	1.0000	0.5000	0.1429	0.0977
运销环节	2.0000	1.0000	0.2500	0.1870
批零环节	7.0000	4.0000	1.0000	0.7153

1.4 专家 ID：1；专家权重：0.1429——服务组织化　判断矩阵一致性比例：0.0036；对总目标的权重：0.1088

服务组织化	设施服务	信息服务	质量安全控制	Wi
设施服务	1.0000	0.5000	0.2000	0.1220
信息服务	2.0000	1.0000	0.3333	0.2297
质量安全控制	5.0000	3.0000	1.0000	0.6483

1.5 专家 ID：1；专家权重：0.1429——农户　判断矩阵一致性比例：0.0579；对总目标的权重：0.2959

农户	农户出售农产品的收入比重	农户合作社参与度	参加“公司加农户”的农户比重	农户农产品自销率	农户组织受益率	Wi
农户出售农产品的收入比重	1.0000	0.5000	4.0000	3.0000	3.0000	0.2628
农户合作社参与度	2.0000	1.0000	7.0000	5.0000	5.0000	0.4758
参加“公司加农户”的农户比重	0.2500	0.1429	1.0000	0.5000	0.3333	0.0529
农户农产品自销率	0.3333	0.2000	2.0000	1.0000	3.0000	0.1227
农户组织受益率	0.3333	0.2000	3.0000	0.3333	1.0000	0.0858

1.6 专家 ID：1；专家权重：0.1429——合作社　判断矩阵一致性比例：0.0597；对总目标的权重：0.0480

合作社	统一销售农产品比重	合作社经营收入比重	农民专业合作社入社率	合作社产销对接比重	合作社组织成员规模	合作社示范社比重	Wi
统一销售农产品比重	1.0000	0.3333	4.0000	2.0000	2.0000	1.0000	0.1664
合作社经营收入比重	3.0000	1.0000	7.0000	4.0000	4.0000	3.0000	0.3986
农民专业合作社入社率	0.2500	0.1429	1.0000	0.1429	1.0000	0.1429	0.0378

续表

合作社	统一销售农产品比重	合作社经营收入比重	农民专业合作社入社率	合作社产销对接比重	合作社组织成员规模	合作社示范社比重	Wi
合作社产销对接比重	0.5000	0.2500	7.0000	1.0000	2.0000	0.3333	0.1151
合作社组织成员规模	0.5000	0.2500	1.0000	0.5000	1.0000	0.2500	0.0629
合作社示范社比重	1.0000	0.3333	7.0000	3.0000	4.0000	1.0000	0.2193

1.7 专家 ID：1；专家权重：0.1429——经纪人　判断矩阵一致性比例：0.0050；对总目标的权重：0.0718

经纪人	农产品经纪人从业比重	农产品经纪人入会率	农产品经纪人公司化比重	经纪人完成农产品流通量比重	Wi
农产品经纪人从业比重	1.0000	0.5000	3.0000	2.0000	0.2625
农产品经纪人入会率	2.0000	1.0000	7.0000	3.0000	0.5077
农产品经纪人公司化比重	0.3333	0.1429	1.0000	0.5000	0.0783
经纪人完成农产品流通量比重	0.5000	0.3333	2.0000	1.0000	0.1515

1.8 专家 ID：1；专家权重：0.1429——企业　判断矩阵一致性比例：0.0490；对总目标的权重：0.3129

企业	流通业集中度	流通企业规模	第三方物流比重	连锁经营比重	Wi
流通业集中度	1.0000	5.0000	0.5000	1.0000	0.2736
流通企业规模	0.2000	1.0000	0.3333	0.2500	0.0782
第三方物流比重	2.0000	3.0000	1.0000	1.0000	0.3405
连锁经营比重	1.0000	4.0000	1.0000	1.0000	0.3077

1.9 专家 ID：1；专家权重：0.1429——收购环节　判断矩阵一致性比例：0.0311；对总目标的权重：0.0159

收购环节	农产品商品率	农产品成本利润率	农产品生产价格涨幅	Wi
农产品商品率	1.0000	7.0000	6.0000	0.7582
农产品成本利润率	0.1429	1.0000	0.5000	0.0905
农产品生产价格涨幅	0.1667	2.0000	1.0000	0.1512

1.10 专家 ID：1；专家权重：0.1429——运销环节　判断矩阵一致性比例：0.0136；对总目标的权重：0.0304

运销环节	农产品物流比重	农产品物流成本比重	农产品损耗率	Wi
农产品物流比重	1.0000	0.2000	0.1429	0.0751
农产品物流成本比重	5.0000	1.0000	0.5000	0.3332
农产品损耗率	7.0000	2.0000	1.0000	0.5917

1.11 专家 ID：1；专家权重：0.1429——批零环节　判断矩阵一致性比例：0.0000；对总目标的权重：0.1163

批零环节	农产品库存率	批零销售利润率	农产品零售价格涨幅	Wi
农产品库存率	1.0000	5.0000	1.0000	0.4545
批零销售利润率	0.2000	1.0000	0.2000	0.0909
农产品零售价格涨幅	1.0000	5.0000	1.0000	0.4545

1.12 专家 ID：1；专家权重：0.1429——设施服务　判断矩阵一致性比例：0.0016；对总目标的权重：0.0133

设施服务	农村公路建制村通畅率	亿元农产品批发市场交易比重	有农产品专业市场的乡镇比例	农产品冷链物流流通率	Wi
农村公路建制村通畅率	1.0000	0.2000	1.0000	0.3333	0.0990
亿元农产品批发市场交易比重	5.0000	1.0000	5.0000	2.0000	0.5182
有农产品专业市场的乡镇比例	1.0000	0.2000	1.0000	0.3333	0.0990
农产品冷链物流流通率	3.0000	0.5000	3.0000	1.0000	0.2838

1.13 专家ID：1；专家权重：0.1429——信息服务　判断矩阵一致性比例：0.0036；对总目标的权重：0.0250

信息服务	农业网站比重	农产品市场信息比重	农村上网居民比重	Wi
农业网站比重	1.0000	0.1667	1.0000	0.1297
农产品市场信息比重	6.0000	1.0000	5.0000	0.7324
农村上网居民比重	1.0000	0.2000	1.0000	0.1378

1.14 专家ID：1；专家权重：0.1429——质量安全控制　判断矩阵一致性比例：0.0516；对总目标的权重：0.0706

质量安全控制	农产品质量合格率	标准化生产普及率	"三品一标"占有率	Wi
农产品质量合格率	1.0000	5.0000	5.0000	0.7089
标准化生产普及率	0.2000	1.0000	2.0000	0.1786
"三品一标"占有率	0.2000	0.5000	1.0000	0.1125

2.1 专家ID：2；专家权重：0.1429——农产品流通组织化　判断矩阵一致性比例：0.0000；对总目标的权重：1.0000

农产品流通组织化	主体组织化	过程组织化	服务组织化	Wi
主体组织化	1.0000	3.0000	6.0000	0.6667
过程组织化	0.3333	1.0000	2.0000	0.2222
服务组织化	0.1667	0.5000	1.0000	0.1111

2.2 专家ID：2；专家权重：0.1429——主体组织化　判断矩阵一致性比例：0.0750；对总目标的权重：0.6667

主体组织化	农户	合作社	经纪人	企业	Wi
农户	1.0000	5.0000	3.0000	1.0000	0.3800
合作社	0.2000	1.0000	0.3333	0.2500	0.0694
经纪人	0.3333	3.0000	1.0000	0.1667	0.1234
企业	1.0000	4.0000	6.0000	1.0000	0.4273

2.3 专家 ID：2；专家权重：0.1429——过程组织化　判断矩阵一致性比例：0.0000；对总目标的权重：0.2222

过程组织化	收购环节	运销环节	批零环节	Wi
收购环节	1.0000	1.0000	0.2500	0.1667
运销环节	1.0000	1.0000	0.2500	0.1667
批零环节	4.0000	4.0000	1.0000	0.6667

2.4 专家 ID：2；专家权重：0.1429——服务组织化　判断矩阵一致性比例：0.0088；对总目标的权重：0.1111

服务组织化	设施服务	信息服务	质量安全控制	Wi
设施服务	1.0000	0.5000	0.3333	0.1634
信息服务	2.0000	1.0000	0.5000	0.2970
质量安全控制	3.0000	2.0000	1.0000	0.5396

2.5 专家 ID：2；专家权重：0.1429——农户　判断矩阵一致性比例：0.0882；对总目标的权重：0.2533

农户	农户出售农产品的收入比重	农户合作社参与度	参加“公司加农户”的农户比重	农户农产品自销率	农户组织受益率	Wi
农户出售农产品的收入比重	1.0000	0.2000	3.0000	4.0000	3.0000	0.2276
农户合作社参与度	5.0000	1.0000	7.0000	3.0000	3.0000	0.4845
参加“公司加农户”的农户比重	0.3333	0.1429	1.0000	0.3333	0.5000	0.0583
农户农产品自销率	0.2500	0.3333	3.0000	1.0000	1.0000	0.1162
农户组织受益率	0.3333	0.3333	2.0000	1.0000	1.0000	0.1135

2.6 专家 ID：2；专家权重：0.1429——合作社 判断矩阵一致性比例：0.0865；对总目标的权重：0.0462

合作社	统一销售农产品比重	合作社经营收入比重	农民专业合作社入社率	合作社产销对接比重	合作社组织成员规模	合作社示范社比重	Wi
统一销售农产品比重	1.0000	0.5000	4.0000	4.0000	3.0000	3.0000	0.2733
合作社经营收入比重	2.0000	1.0000	6.0000	3.0000	2.0000	3.0000	0.3282
农民专业合作社入社率	0.2500	0.1667	1.0000	4.0000	0.2500	0.5000	0.0703
合作社产销对接比重	0.2500	0.3333	0.2500	1.0000	0.3333	0.2500	0.0465
合作社组织成员规模	0.3333	0.5000	4.0000	3.0000	1.0000	1.0000	0.1504
合作社示范社比重	0.3333	0.3333	2.0000	4.0000	1.0000	1.0000	0.1314

2.7 专家 ID：2；专家权重：0.1429——经纪人 判断矩阵一致性比例：0.0287；对总目标的权重：0.0822

经纪人	农产品经纪人从业比重	农产品经纪人入会率	农产品经纪人公司化比重	经纪人完成农产品流通量比重	Wi
农产品经纪人从业比重	1.0000	0.5000	0.3333	0.1429	0.0673
农产品经纪人入会率	2.0000	1.0000	1.0000	0.2000	0.1363
农产品经纪人公司化比重	3.0000	1.0000	1.0000	0.1667	0.1441
经纪人完成农产品流通量比重	7.0000	5.0000	6.0000	1.0000	0.6523

2.8 专家 ID：2；专家权重：0.1429——企业　判断矩阵一致性比例：0.0106；对总目标的权重：0.2849

企业	流通业集中度	农产品流通企业规模	第三方物流比重	连锁经营比重	Wi
流通业集中度	1.0000	7.0000	5.0000	3.0000	0.5806
农产品流通企业规模	0.1429	1.0000	0.5000	0.2500	0.0663
第三方物流比重	0.2000	2.0000	1.0000	0.5000	0.1213
连锁经营比重	0.3333	4.0000	2.0000	1.0000	0.2318

2.9 专家 ID：2；专家权重：0.1429——收购环节　判断矩阵一致性比例：0.0053；对总目标的权重：0.0370

收购环节	农产品商品率	农产品成本利润率	农产品生产价格涨幅	Wi
农产品商品率	1.0000	8.0000	5.0000	0.7510
农产品成本利润率	0.1250	1.0000	0.5000	0.0872
农产品生产价格涨幅	0.2000	2.0000	1.0000	0.1618

2.10 专家 ID：2；专家权重：0.1429——运销环节　判断矩阵一致性比例：0.0088；对总目标的权重：0.0370

运销环节	农产品物流比重	农产品物流成本比重	农产品损耗率	Wi
农产品物流比重	1.0000	0.5000	2.0000	0.2970
农产品物流成本比重	2.0000	1.0000	3.0000	0.5396
农产品损耗率	0.5000	0.3333	1.0000	0.1634

2.11 专家 ID：2；专家权重：0.1429——批零环节　判断矩阵一致性比例：0.0036；对总目标的权重：0.1481

批零环节	农产品库存率	批零销售利润率	农产品零售价格涨幅	Wi
农产品库存率	1.0000	0.3333	0.2000	0.1095
批零销售利润率	3.0000	1.0000	0.5000	0.3090
农产品零售价格涨幅	5.0000	2.0000	1.0000	0.5816

2.12 专家 ID：2；专家权重：0.1429——设施服务　判断矩阵一致性比例：0.0574；对总目标的权重：0.0182

设施服务	农村公路建制村通畅率	亿元农产品批发市场交易比重	有农产品专业市场的乡镇比例	农产品冷链物流流通率	Wi
农村公路建制村通畅率	1.0000	0.5000	2.0000	0.3333	0.1638
亿元农产品批发市场交易比重	2.0000	1.0000	3.0000	2.0000	0.4013
有农产品专业市场的乡镇比例	0.5000	0.3333	1.0000	0.2500	0.0974
农产品冷链物流流通率	3.0000	0.5000	4.0000	1.0000	0.3375

2.13 专家 ID：2；专家权重：0.1429——信息服务　判断矩阵一致性比例：0.0036；对总目标的权重：0.0330

信息服务	农业网站比重	农产品市场信息比重	农村上网居民比重	Wi
农业网站比重	1.0000	0.5000	3.0000	0.3090
农产品市场信息比重	2.0000	1.0000	5.0000	0.5816
农村上网居民比重	0.3333	0.2000	1.0000	0.1095

2.14 专家 ID：2；专家权重：0.1429——质量安全控制　判断矩阵一致性比例：0.0136；对总目标的权重：0.0600

质量安全控制	农产品质量合格率	标准化生产普及率	“三品一标”占有率	Wi
农产品质量合格率	1.0000	5.0000	7.0000	0.7396
标准化生产普及率	0.2000	1.0000	2.0000	0.1666
“三品一标”占有率	0.1429	0.5000	1.0000	0.0938

3.1 专家 ID：3；专家权重：0.1429——农产品流通组织化　判断矩阵一致性比例：0.0707；对总目标的权重：1.0000

农产品流通组织化	主体组织化	过程组织化	服务组织化	Wi
主体组织化	1.0000	3.0000	4.0000	0.6144
过程组织化	0.3333	1.0000	3.0000	0.2684
服务组织化	0.2500	0.3333	1.0000	0.1172

3.2 专家 ID：3；专家权重：0.1429——主体组织化　判断矩阵一致性比例：0.0805；对总目标的权重：0.6144

主体组织化	农户	合作社	经纪人	企业	Wi
农户	1.0000	1.0000	0.5000	0.5000	0.1693
合作社	1.0000	1.0000	1.0000	1.0000	0.2395
经纪人	2.0000	1.0000	1.0000	0.3333	0.2164
企业	2.0000	1.0000	3.0000	1.0000	0.3748

3.3 专家 ID：3；专家权重：0.1429——过程组织化　判断矩阵一致性比例：0.0000；对总目标的权重：0.2684

过程组织化	收购环节	运销环节	批零环节	Wi
收购环节	1.0000	2.0000	0.5000	0.2857
运销环节	0.5000	1.0000	0.2500	0.1429
批零环节	2.0000	4.0000	1.0000	0.5714

3.4 专家 ID：3；专家权重：0.1429——服务组织化　判断矩阵一致性比例：0.0516；对总目标的权重：0.1172

服务组织化	设施服务	信息服务	质量安全控制	Wi
设施服务	1.0000	4.0000	0.5000	0.3445
信息服务	0.2500	1.0000	0.2500	0.1085
质量安全控制	2.0000	4.0000	1.0000	0.5469

3.5 专家 ID：3；专家权重：0.1429——农户　判断矩阵一致性比例：0.0747；对总目标的权重：0.1040

农户	农户出售农产品的收入比重	农户合作社参与度	参加“公司加农户”的农户比重	农户农产品自销率	农户组织受益率	Wi
农户出售农产品的收入比重	1.0000	0.2000	4.0000	3.0000	3.0000	0.2213
农户合作社参与度	5.0000	1.0000	7.0000	4.0000	3.0000	0.4992
参加“公司加农户”的农户比重	0.2500	0.1429	1.0000	0.3333	0.5000	0.0535
农户农产品自销率	0.3333	0.2500	3.0000	1.0000	2.0000	0.1298
农户组织受益率	0.3333	0.3333	2.0000	0.5000	1.0000	0.0961

3.6 专家 ID：3；专家权重：0.1429——合作社　判断矩阵一致性比例：0.0733；对总目标的权重：0.1471

合作社	统一销售农产品比重	合作社经营收入比重	农民专业合作社入社率	合作社产销对接比重	合作社组织成员规模	合作社示范社比重	Wi
统一销售农产品比重	1.0000	0.3333	4.0000	3.0000	2.0000	1.0000	0.1828
合作社经营收入比重	3.0000	1.0000	6.0000	4.0000	3.0000	3.0000	0.3803
农民专业合作社入社率	0.2500	0.1667	1.0000	0.1667	1.0000	0.1667	0.0419
合作社产销对接比重	0.3333	0.2500	6.0000	1.0000	2.0000	0.3333	0.1076
合作社组织成员规模	0.5000	0.3333	1.0000	0.5000	1.0000	0.2500	0.0678
合作社示范社比重	1.0000	0.3333	6.0000	3.0000	4.0000	1.0000	0.2196

3.7 专家 ID：3；专家权重：0.1429——经纪人　判断矩阵一致性比例：0.0116；对总目标的权重：0.1330

经纪人	农产品经纪人从业比重	农产品经纪人入会率	农产品经纪人公司化比重	经纪人完成农产品流通量比重	Wi
农产品经纪人从业比重	1.0000	0.5000	4.0000	3.0000	0.3000
农产品经纪人入会率	2.0000	1.0000	6.0000	4.0000	0.5046
农产品经纪人公司化比重	0.2500	0.1667	1.0000	0.5000	0.0728
经纪人完成农产品流通量比重	0.3333	0.2500	2.0000	1.0000	0.1225

3.8 专家 ID：3；专家权重：0.1429——企业　判断矩阵一致性比例：0.0574；对总目标的权重：0.2303

企业	流通业集中度	流通企业规模	第三方物流比重	连锁经营比重	Wi
流通业集中度	1.0000	3.0000	0.5000	0.5000	0.2166
流通企业规模	0.3333	1.0000	0.5000	0.5000	0.1251
第三方物流比重	2.0000	2.0000	1.0000	1.0000	0.3292
连锁经营比重	2.0000	2.0000	1.0000	1.0000	0.3292

3.9 专家 ID：3；专家权重：0.1429——收购环节　判断矩阵一致性比例：0.0025；对总目标的权重：0.0767

收购环节	农产品商品率	农产品成本利润率	农产品生产价格涨幅	Wi
农产品商品率	1.0000	7.0000	6.0000	0.7641
农产品成本利润率	0.1429	1.0000	1.0000	0.1149
农产品生产价格涨幅	0.1667	1.0000	1.0000	0.1210

3.10 专家 ID：3；专家权重：0.1429——运销环节　判断矩阵一致性比例：0.0088；对总目标的权重：0.0383

运销环节	农产品物流比重	农产品物流成本比重	农产品损耗率	Wi
农产品物流比重	1.0000	0.5000	0.3333	0.1634
农产品物流成本比重	2.0000	1.0000	0.5000	0.2970
农产品损耗率	3.0000	2.0000	1.0000	0.5396

3.11 专家 ID：3；专家权重：0.1429——批零环节　判断矩阵一致性比例：0.0036；对总目标的权重：0.1534

批零环节	农产品库存率	批零销售利润率	农产品零售价格涨幅	Wi
农产品库存率	1.0000	0.3333	0.2000	0.1095
批零销售利润率	3.0000	1.0000	0.5000	0.3090
农产品零售价格涨幅	5.0000	2.0000	1.0000	0.5816

3.12 专家ID：3；专家权重：0.1429——设施服务　判断矩阵一致性比例：0.0688；对总目标的权重：0.0404

设施服务	农村公路建制村通畅率	亿元农产品批发市场交易比重	有农产品专业市场的乡镇比例	农产品冷链物流流通率	Wi
农村公路建制村通畅率	1.0000	1.0000	0.5000	0.5000	0.1672
亿元农产品批发市场交易比重	1.0000	1.0000	2.0000	0.5000	0.2364
有农产品专业市场的乡镇比例	2.0000	0.5000	1.0000	0.5000	0.1988
农产品冷链物流流通率	2.0000	2.0000	2.0000	1.0000	0.3976

3.13 专家ID：3；专家权重：0.1429——信息服务　判断矩阵一致性比例：0.0000；对总目标的权重：0.0127

信息服务	农业网站比重	农产品市场信息比重	农村上网居民比重	Wi
农业网站比重	1.0000	1.0000	3.0000	0.4286
农产品市场信息比重	1.0000	1.0000	3.0000	0.4286
农村上网居民比重	0.3333	0.3333	1.0000	0.1429

3.14 专家ID：3；专家权重：0.1429——质量安全控制　判断矩阵一致性比例：0.0000；对总目标的权重：0.0641

质量安全控制	农产品质量合格率	标准化生产普及率	“三品一标”占有率	Wi
农产品质量合格率	1.0000	2.0000	2.0000	0.5000
标准化生产普及率	0.5000	1.0000	1.0000	0.2500
“三品一标”占有率	0.5000	1.0000	1.0000	0.2500

4.1 专家ID：4；专家权重：0.1429——农产品流通组织化　判断矩阵一致性比例：0.0176；对总目标的权重：1.0000

农产品流通组织化	主体组织化	过程组织化	服务组织化	Wi
主体组织化	1.0000	2.0000	3.0000	0.5499
过程组织化	0.5000	1.0000	1.0000	0.2402
服务组织化	0.3333	1.0000	1.0000	0.2098

4.2 专家 ID：4；专家权重：0.1429——主体组织化　判断矩阵一致性比例：0.0077；对总目标的权重：0.5499

主体组织化	农户	合作社	经纪人	企业	Wi
农户	1.0000	3.0000	1.0000	1.0000	0.3110
合作社	0.3333	1.0000	0.5000	0.5000	0.1270
经纪人	1.0000	2.0000	1.0000	1.0000	0.2810
企业	1.0000	2.0000	1.0000	1.0000	0.2810

4.3 专家 ID：4；专家权重：0.1429——过程组织化　判断矩阵一致性比例：0.0088；对总目标的权重：0.2402

过程组织化	收购环节	运销环节	批零环节	Wi
收购环节	1.0000	0.3333	0.5000	0.1634
运销环节	3.0000	1.0000	2.0000	0.5396
批零环节	2.0000	0.5000	1.0000	0.2970

4.4 专家 ID：4；专家权重：0.1429——服务组织化　判断矩阵一致性比例：0.0707；对总目标的权重：0.2098

服务组织化	设施服务	信息服务	质量安全控制	Wi
设施服务	1.0000	3.0000	0.3333	0.2684
信息服务	0.3333	1.0000	0.2500	0.1172
质量安全控制	3.0000	4.0000	1.0000	0.6144

4.5 专家 ID：4；专家权重：0.1429——农户　判断矩阵一致性比例：0.0835；对总目标的权重：0.1710

农户	农户出售农产品的收入比重	农户合作社参与度	参加“公司加农户”的农户比重	农户农产品自销率	农户组织受益率	Wi
农户出售农产品的收入比重	1.0000	0.3333	2.0000	3.0000	3.0000	0.2404
农户合作社参与度	3.0000	1.0000	5.0000	3.0000	2.0000	0.4132
参加“公司加农户”的农户比重	0.5000	0.2000	1.0000	0.3333	0.5000	0.0741

续表

农户	农户出售农产品的收入比重	农户合作社参与度	参加“公司加农户”的农户比重	农户农产品自销率	农户组织受益率	Wi
农户农产品自销率	0. 3333	0. 3333	3. 0000	1. 0000	2. 0000	0. 1549
农户组织受益率	0. 3333	0. 5000	2. 0000	0. 5000	1. 0000	0. 1174

4.6 专家 ID：4；专家权重：0. 1429——合作社　判断矩阵一致性比例：0. 0919；对总目标的权重：0. 0698

合作社	统一销售农产品比重	合作社经营收入比重	农民专业合作社入社率	合作社产销对接比重	合作社组织成员规模	合作社示范社比重	Wi
统一销售农产品比重	1. 0000	0. 5000	3. 0000	2. 0000	1. 0000	1. 0000	0. 1672
合作社经营收入比重	2. 0000	1. 0000	3. 0000	3. 0000	4. 0000	3. 0000	0. 3410
农民专业合作社入社率	0. 3333	0. 3333	1. 0000	0. 2000	1. 0000	0. 1667	0. 0548
合作社产销对接比重	0. 5000	0. 3333	5. 0000	1. 0000	3. 0000	0. 3333	0. 1351
合作社组织成员规模	1. 0000	0. 2500	1. 0000	0. 3333	1. 0000	0. 3333	0. 0766
合作社示范社比重	1. 0000	0. 3333	6. 0000	3. 0000	3. 0000	1. 0000	0. 2254

4.7 家 ID：4；专家权重：0. 1429——经纪人　判断矩阵一致性比例：0. 0688；对总目标的权重：0. 1545

经纪人	农产品经纪人从业比重	农产品经纪人入会率	农产品经纪人公司化比重	经纪人完成农产品流通量比重	Wi
农产品经纪人从业比重	1. 0000	0. 5000	0. 5000	1. 0000	0. 1650
农产品经纪人入会率	2. 0000	1. 0000	1. 0000	1. 0000	0. 2775
农产品经纪人公司化比重	2. 0000	1. 0000	1. 0000	4. 0000	0. 3925
经纪人完成农产品流通量比重	1. 0000	1. 0000	0. 2500	1. 0000	0. 1650

4.8 专家ID：4；专家权重：0.1429——企业　判断矩阵一致性比例：0.0653；对总目标的权重：0.1545

企业	流通业集中度	流通企业规模	第三方物流比重	连锁经营比重	Wi
流通业集中度	1.0000	3.0000	0.3333	0.5000	0.1787
流通企业规模	0.3333	1.0000	0.3333	0.2500	0.0868
第三方物流比重	3.0000	3.0000	1.0000	0.5000	0.3095
连锁经营比重	2.0000	4.0000	2.0000	1.0000	0.4250

4.9 专家ID：4；专家权重：0.1429——收购环节　判断矩阵一致性比例：0.0088；对总目标的权重：0.0393

收购环节	农产品商品率	农产品成本利润率	农产品生产价格涨幅	Wi
农产品商品率	1.0000	3.0000	2.0000	0.5396
农产品成本利润率	0.3333	1.0000	0.5000	0.1634
农产品生产价格涨幅	0.5000	2.0000	1.0000	0.2970

4.10 专家ID：4；专家权重：0.1429——运销环节　判断矩阵一致性比例：0.0088；对总目标的权重：0.1296

运销环节	农产品物流比重	农产品物流成本比重	农产品损耗率	Wi
农产品物流比重	1.0000	0.3333	0.5000	0.1634
农产品物流成本比重	3.0000	1.0000	2.0000	0.5396
农产品损耗率	2.0000	0.5000	1.0000	0.2970

4.11 专家ID：4；专家权重：0.1429——批零环节　判断矩阵一致性比例：0.0176；对总目标的权重：0.0713

批零环节	农产品库存率	批零销售利润率	农产品零售价格涨幅	Wi
农产品库存率	1.0000	0.3333	0.2500	0.1220
批零销售利润率	3.0000	1.0000	0.5000	0.3196
农产品零售价格涨幅	4.0000	2.0000	1.0000	0.5584

4.12 专家ID：4；专家权重：0.1429——设施服务　判断矩阵一致性比例：0.0171；对总目标的权重：0.0563

设施服务	农村公路建制村通畅率	亿元农产品批发市场交易比重	有农产品专业市场的乡镇比例	农产品冷链物流流通率	Wi
农村公路建制村通畅率	1.0000	2.0000	0.5000	0.5000	0.1930
亿元农产品批发市场交易比重	0.5000	1.0000	0.3333	0.5000	0.1233
有农产品专业市场的乡镇比例	2.0000	3.0000	1.0000	1.0000	0.3592
农产品冷链物流流通率	2.0000	2.0000	1.0000	1.0000	0.3245

4.13 家ID：4；专家权重：0.1429——信息服务　判断矩阵一致性比例：0.0088；对总目标的权重：0.0246

信息服务	农业网站比重	农产品市场信息比重	农村上网居民比重	Wi
农业网站比重	1.0000	0.3333	0.5000	0.1634
农产品市场信息比重	3.0000	1.0000	2.0000	0.5396
农村上网居民比重	2.0000	0.5000	1.0000	0.2970

4.14 家ID：4；专家权重：0.1429——质量安全控制　判断矩阵一致性比例：0.0176；对总目标的权重：0.1289

质量安全控制	农产品质量合格率	标准化生产普及率	“三品一标”占有率	Wi
农产品质量合格率	1.0000	4.0000	3.0000	0.6250
标准化生产普及率	0.2500	1.0000	0.5000	0.1365
“三品一标”占有率	0.3333	2.0000	1.0000	0.2385

5.1 专家ID：5；专家权重：0.1429——农产品流通组织化　判断矩阵一致性比例：0.0904；对总目标的权重：1.0000

农产品流通组织化	主体组织化	过程组织化	服务组织化	Wi
主体组织化	1.0000	1.0000	5.0000	0.4979
过程组织化	1.0000	1.0000	2.0000	0.3669
服务组织化	0.2000	0.5000	1.0000	0.1352

5.2 专家 ID：5；专家权重：0.1429——主体组织化　判断矩阵一致性比例：0.0650；对总目标的权重：0.4979

主体组织化	农户	合作社	经纪人	企业	Wi
农户	1.0000	0.1429	0.2500	0.2500	0.0589
合作社	7.0000	1.0000	5.0000	1.0000	0.4662
经纪人	4.0000	0.2000	1.0000	0.5000	0.1524
企业	4.0000	1.0000	2.0000	1.0000	0.3224

5.3 专家 ID：5；专家权重：0.1429——过程组织化　判断矩阵一致性比例：0.0516；对总目标的权重：0.3669

过程组织化	收购环节	运销环节	批零环节	Wi
收购环节	1.0000	0.1429	0.1429	0.0650
运销环节	7.0000	1.0000	2.0000	0.5736
批零环节	7.0000	0.5000	1.0000	0.3614

5.4 专家 ID：5；专家权重：0.1429——服务组织化　判断矩阵一致性比例：0.0624；对总目标的权重：0.1352

服务组织化	设施服务	信息服务	质量安全控制	Wi
设施服务	1.0000	0.1429	0.2000	0.0719
信息服务	7.0000	1.0000	3.0000	0.6491
质量安全控制	5.0000	0.3333	1.0000	0.2790

5.5 专家 ID：5；专家权重：0.1429——农户　判断矩阵一致性比例：0.0797；对总目标的权重：0.0293

农户	农户出售农产品的收入比重	农户合作社参与度	参加“公司加农户”的农户比重	农户农产品自销率	农户组织受益率	Wi
农户出售农产品的收入比重	1.0000	0.1429	0.2000	0.2000	0.2000	0.0429
农户合作社参与度	7.0000	1.0000	1.0000	2.0000	0.5000	0.2453

续表

农户	农户出售农产品的收入比重	农户合作社参与度	参加“公司加农户”的农户比重	农户农产品自销率	农户组织受益率	Wi
参加“公司加农户”的农户比重	5.0000	1.0000	1.0000	0.5000	1.0000	0.1996
农户农产品自销率	5.0000	0.5000	2.0000	1.0000	0.3333	0.1841
农户组织受益率	5.0000	2.0000	1.0000	3.0000	1.0000	0.3281

5.6 专家ID：5；专家权重：0.1429——合作社　判断矩阵一致性比例：0.0654；对总目标的权重：0.2322

合作社	统一销售农产品比重	合作社经营收入比重	农民专业合作社入社率	合作社产销对接比重	合作社组织成员规模	合作社示范社比重	Wi
统一销售农产品比重	1.0000	0.2500	4.0000	2.0000	2.0000	0.5000	0.1404
合作社经营收入比重	4.0000	1.0000	6.0000	4.0000	4.0000	3.0000	0.4049
农民专业合作社入社率	0.2500	0.1667	1.0000	0.1429	1.0000	0.1667	0.0395
合作社产销对接比重	0.5000	0.2500	7.0000	1.0000	2.0000	0.3333	0.1143
合作社组织成员规模	0.5000	0.2500	1.0000	0.5000	1.0000	0.2500	0.0625
合作社示范社比重	2.0000	0.3333	6.0000	3.0000	4.0000	1.0000	0.2384

5.7 专家ID：5；专家权重：0.1429——经纪人　判断矩阵一致性比例：0.0943；对总目标的权重：0.0759

经纪人	农产品经纪人从业比重	农产品经纪人入会率	农产品经纪人公司化比重	经纪人完成农产品流通量比重	Wi
农产品经纪人从业比重	1.0000	3.0000	0.2500	0.2000	0.1143
农产品经纪人入会率	0.3333	1.0000	0.2500	0.2000	0.0660
农产品经纪人公司化比重	4.0000	4.0000	1.0000	0.3333	0.2791
经纪人完成农产品流通量比重	5.0000	5.0000	3.0000	1.0000	0.5406

5.8 专家 ID：5；专家权重：0.1429——企业　判断矩阵一致性比例：0.0764；对总目标的权重：0.1605

企业	流通业集中度	流通企业规模	第三方物流比重	连锁经营比重	Wi
流通业集中度	1.0000	5.0000	0.3333	0.2000	0.1398
流通企业规模	0.2000	1.0000	0.2000	0.1429	0.0506
第三方物流比重	3.0000	5.0000	1.0000	1.0000	0.3621
连锁经营比重	5.0000	7.0000	1.0000	1.0000	0.4475

5.9 专家 ID：5；专家权重：0.1429——收购环节　判断矩阵一致性比例：0.0825；对总目标的权重：0.0239

收购环节	农产品商品率	农产品成本利润率	农产品生产价格涨幅	Wi
农产品商品率	1.0000	5.0000	4.0000	0.6738
农产品成本利润率	0.2000	1.0000	0.3333	0.1007
农产品生产价格涨幅	0.2500	3.0000	1.0000	0.2255

5.10 专家 ID：5；专家权重：0.1429——运销环节　判断矩阵一致性比例：0.0516；对总目标的权重：0.2105

运销环节	农产品物流比重	农产品物流成本比重	农产品损耗率	Wi
农产品物流比重	1.0000	0.1429	0.1429	0.0650
农产品物流成本比重	7.0000	1.0000	0.5000	0.3614
农产品损耗率	7.0000	2.0000	1.0000	0.5736

5.11 专家 ID：5；专家权重：0.1429——批零环节　判断矩阵一致性比例：0.0036；对总目标的权重：0.1326

批零环节	农产品库存率	批零销售利润率	农产品零售价格涨幅	Wi
农产品库存率	1.0000	0.2000	0.1667	0.0836
批零销售利润率	5.0000	1.0000	1.0000	0.4443
农产品零售价格涨幅	6.0000	1.0000	1.0000	0.4721

5.12 专家 ID：5；专家权重：0.1429——设施服务　判断矩阵一致性比例：0.0788；对总目标的权重：0.0097

设施服务	农村公路建制村通畅率	亿元农产品批发市场交易比重	有农产品专业市场的乡镇比例	农产品冷链物流流通率	Wi
农村公路建制村通畅率	1.0000	6.0000	5.0000	4.0000	0.6076
亿元农产品批发市场交易比重	0.1667	1.0000	0.5000	0.5000	0.0829
有农产品专业市场的乡镇比例	0.2000	2.0000	1.0000	3.0000	0.1921
农产品冷链物流流通率	0.2500	2.0000	0.3333	1.0000	0.1173

5.13 专家 ID：5；专家权重：0.1429——信息服务　判断矩阵一致性比例：0.0136；对总目标的权重：0.0877

信息服务	农业网站比重	农产品市场信息比重	农村上网居民比重	Wi
农业网站比重	1.0000	2.0000	7.0000	0.5917
农产品市场信息比重	0.5000	1.0000	5.0000	0.3332
农村上网居民比重	0.1429	0.2000	1.0000	0.0751

5.14 专家 ID：5；专家权重：0.1429——质量安全控制　判断矩阵一致性比例：0.0000；对总目标的权重：0.0377

质量安全控制	农产品质量合格率	标准化生产普及率	“三品一标”占有率	Wi
农产品质量合格率	1.0000	1.0000	5.0000	0.4545
标准化生产普及率	1.0000	1.0000	5.0000	0.4545
“三品一标”占有率	0.2000	0.2000	1.0000	0.0909

6.1 专家 ID：6；专家权重：0.1429——农产品流通组织化　判断矩阵一致性比例：0.0025；对总目标的权重：1.0000

农产品流通组织化	主体组织化	过程组织化	服务组织化	Wi
主体组织化	1.0000	3.0000	7.0000	0.6817
过程组织化	0.3333	1.0000	2.0000	0.2158
服务组织化	0.1429	0.5000	1.0000	0.1025

6.2 专家 ID：6；专家权重：0.1429——主体组织化　判断矩阵一致性比例：0.0740；对总目标的权重：0.6817

主体组织化	农户	合作社	经纪人	企业	Wi
农户	1.0000	0.3333	0.2000	0.2000	0.0655
合作社	3.0000	1.0000	0.3333	0.3333	0.1465
经纪人	5.0000	3.0000	1.0000	0.3333	0.2884
企业	5.0000	3.0000	3.0000	1.0000	0.4995

6.3 专家 ID：6；专家权重：0.1429——过程组织化　判断矩阵一致性比例：0.1757；对总目标的权重：0.2158

过程组织化	收购环节	运销环节	批零环节	Wi
收购环节	1.0000	5.0000	7.0000	0.7147
运销环节	0.2000	1.0000	5.0000	0.2185
批零环节	0.1429	0.2000	1.0000	0.0668

6.4 专家 ID：6；专家权重：0.1429——服务组织化　判断矩阵一致性比例：0.0000；对总目标的权重：0.1025

服务组织化	设施服务	信息服务	质量安全控制	Wi
设施服务	1.0000	1.0000	3.0000	0.4286
信息服务	1.0000	1.0000	3.0000	0.4286
质量安全控制	0.3333	0.3333	1.0000	0.1429

6.5 专家 ID：6；专家权重：0.1429——农户　判断矩阵一致性比例：0.0693；对总目标的权重：0.0447

农户	农户出售农产品的收入比重	农户合作社参与度	参加“公司加农户”的农户比重	农户农产品自销率	农户组织受益率	Wi
农户出售农产品的收入比重	1.0000	3.0000	0.3333	3.0000	0.2000	0.1263
农户合作社参与度	0.3333	1.0000	0.2000	3.0000	0.2000	0.0735
参加“公司加农户”的农户比重	3.0000	5.0000	1.0000	5.0000	0.3333	0.2663

续表

农户	农户出售农产品的收入比重	农户合作社参与度	参加“公司加农户”的农户比重	农户农产品自销率	农户组织受益率	Wi
农户农产品自销率	0.3333	0.3333	0.2000	1.0000	0.1429	0.0443
农户组织受益率	5.0000	5.0000	3.0000	7.0000	1.0000	0.4896

6.6 专家ID：6；专家权重：0.1429——合作社　判断矩阵一致性比例：0.0930；对总目标的权重：0.0999

合作社	统一销售农产品比重	合作社经营收入比重	农民专业合作社入社率	合作社产销对接比重	合作社组织成员规模	合作社示范社比重	Wi
统一销售农产品比重	1.0000	0.3333	3.0000	0.3333	0.3333	0.2000	0.0725
合作社经营收入比重	3.0000	1.0000	3.0000	0.3333	1.0000	0.3333	0.1367
农民专业合作社入社率	0.3333	0.3333	1.0000	0.3333	0.3333	0.3333	0.0547
合作社产销对接比重	3.0000	3.0000	3.0000	1.0000	3.0000	3.0000	0.3415
合作社组织成员规模	3.0000	1.0000	3.0000	0.3333	1.0000	0.3333	0.1367
合作社示范社比重	5.0000	3.0000	3.0000	0.3333	3.0000	1.0000	0.2578

6.7 专家ID：6；专家权重：0.1429——经纪人　判断矩阵一致性比例：0.0740；对总目标的权重：0.1966

经纪人	农产品经纪人从业比重	农产品经纪人入会率	农产品经纪人公司化比重	经纪人完成农产品流通量比重	Wi
农产品经纪人从业比重	1.0000	0.3333	0.2000	0.2000	0.0655
农产品经纪人入会率	3.0000	1.0000	0.3333	0.3333	0.1465
农产品经纪人公司化比重	5.0000	3.0000	1.0000	0.3333	0.2884
经纪人完成农产品流通量比重	5.0000	3.0000	3.0000	1.0000	0.4995

6.8 专家ID：6；专家权重：0.1429——企业　判断矩阵一致性比例：0.0000；对总目标的权重：0.3405

企业	流通业集中度	流通企业规模	第三方物流比重	连锁经营比重	Wi
流通业集中度	1.0000	1.0000	3.0000	3.0000	0.3750
流通企业规模	1.0000	1.0000	3.0000	3.0000	0.3750
第三方物流比重	0.3333	0.3333	1.0000	1.0000	0.1250
连锁经营比重	0.3333	0.3333	1.0000	1.0000	0.1250

6.9 专家ID：6；专家权重：0.1429——收购环节　判断矩阵一致性比例：0.0000；对总目标的权重：0.1543

收购环节	农产品商品率	农产品成本利润率	农产品生产价格涨幅	Wi
农产品商品率	1.0000	1.0000	3.0000	0.4286
农产品成本利润率	1.0000	1.0000	3.0000	0.4286
农产品生产价格涨幅	0.3333	0.3333	1.0000	0.1429

6.10 专家ID：6；专家权重：0.1429——运销环节　判断矩阵一致性比例：0.0370；对总目标的权重：0.0472

运销环节	农产品物流比重	农产品物流成本比重	农产品损耗率	Wi
农产品物流比重	1.0000	0.2000	0.3333	0.1047
农产品物流成本比重	5.0000	1.0000	3.0000	0.6370
农产品损耗率	3.0000	0.3333	1.0000	0.2583

6.11 专家ID：6；专家权重：0.1429——批零环节　判断矩阵一致性比例：0.0000；对总目标的权重：0.0144

批零环节	农产品库存率	批零销售利润率	农产品零售价格涨幅	Wi
农产品库存率	1.0000	1.0000	3.0000	0.4286
批零销售利润率	1.0000	1.0000	3.0000	0.4286
农产品零售价格涨幅	0.3333	0.3333	1.0000	0.1429

6.12 专家ID：6；专家权重：0.1429——设施服务　判断矩阵一致性比例：0.0805；对总目标的权重：0.0439

设施服务	农村公路建制村通畅率	亿元农产品批发市场交易比重	有农产品专业市场的乡镇比例	农产品冷链物流流通率	Wi
农村公路建制村通畅率	1.0000	3.0000	0.3333	0.3333	0.1612
亿元农产品批发市场交易比重	0.3333	1.0000	0.3333	0.3333	0.0930
有农产品专业市场的乡镇比例	3.0000	3.0000	1.0000	2.0000	0.4369
农产品冷链物流流通率	3.0000	3.0000	0.5000	1.0000	0.3089

6.13 专家ID：6；专家权重：0.1429——信息服务　判断矩阵一致性比例：0.0516；对总目标的权重：0.0439

信息服务	农业网站比重	农产品市场信息比重	农村上网居民比重	Wi
农业网站比重	1.0000	0.3333	0.5000	0.1571
农产品市场信息比重	3.0000	1.0000	3.0000	0.5936
农村上网居民比重	2.0000	0.3333	1.0000	0.2493

6.14 专家ID：6；专家权重：0.1429——质量安全控制　判断矩阵一致性比例：0.0370；对总目标的权重：0.0146

质量安全控制	农产品质量合格率	标准化生产普及率	“三品一标”占有率	Wi
农产品质量合格率	1.0000	0.3333	3.0000	0.2583
标准化生产普及率	3.0000	1.0000	5.0000	0.6370
“三品一标”占有率	0.3333	0.2000	1.0000	0.1047

7.1 专家ID：专家7；专家权重：0.1429——农产品流通组织化　判断矩阵一致性比例：0.0036；对总目标的权重：1.0000

农产品流通组织化	主体组织化	过程组织化	服务组织化	Wi
主体组织化	1.0000	3.0000	5.0000	0.6483
过程组织化	0.3333	1.0000	2.0000	0.2297
服务组织化	0.2000	0.5000	1.0000	0.1220

7.2 专家ID：专家7；专家权重：0.1429——主体组织化　判断矩阵一致性比例：0.0537；对总目标的权重：0.6483

主体组织化	农户	合作社	经纪人	企业	Wi
农户	1.0000	5.0000	5.0000	1.0000	0.4457
合作社	0.2000	1.0000	3.0000	0.5000	0.1475
经纪人	0.2000	0.3333	1.0000	0.2500	0.0716
企业	1.0000	2.0000	4.0000	1.0000	0.3352

7.3 专家ID：专家7；专家权重：0.1429——过程组织化　判断矩阵一致性比例：0.0053；对总目标的权重：0.2297

过程组织化	收购环节	运销环节	批零环节	Wi
收购环节	1.0000	0.2500	1.0000	0.1603
运销环节	4.0000	1.0000	5.0000	0.6908
批零环节	1.0000	0.2000	1.0000	0.1488

7.4 专家ID：专家7；专家权重：0.1429——服务组织化　判断矩阵一致性比例：0.0053；对总目标的权重：0.1220

服务组织化	设施服务	信息服务	质量安全控制	Wi
设施服务	1.0000	0.5000	0.2000	0.1283
信息服务	2.0000	1.0000	0.5000	0.2764
质量安全控制	5.0000	2.0000	1.0000	0.5954

7.5 专家ID：专家7；专家权重：0.1429——农户　判断矩阵一致性比例：0.0160；对总目标的权重：0.2889

农户	农户出售农产品的收入比重	农户合作社参与度	参加“公司加农户”的农户比重	农户农产品自销率	农户组织受益率	Wi
农户出售农产品的收入比重	1.0000	0.5000	4.0000	3.0000	3.0000	0.2636
农户合作社参与度	2.0000	1.0000	7.0000	5.0000	5.0000	0.4773
参加“公司加农户”的农户比重	0.2500	0.1429	1.0000	0.5000	0.3333	0.0531
农户农产品自销率	0.3333	0.2000	2.0000	1.0000	1.0000	0.0988
农户组织受益率	0.3333	0.2000	3.0000	1.0000	1.0000	0.1072

7.6 专家 ID：7；专家权重：0.1429——合作社　判断矩阵一致性比例：0.0539；对总目标的权重：0.0956

合作社	统一销售农产品比重	合作社经营收入比重	农民专业合作社入社率	合作社产销对接比重	合作社组织成员规模	合作社示范社比重	Wi
统一销售农产品比重	1.0000	1.0000	1.0000	4.0000	1.0000	0.5000	0.1660
合作社经营收入比重	1.0000	1.0000	2.0000	4.0000	1.0000	0.5000	0.1864
农民专业合作社入社率	1.0000	0.5000	1.0000	5.0000	3.0000	0.5000	0.1844
合作社产销对接比重	0.2500	0.2500	0.2000	1.0000	0.3333	0.3333	0.0494
合作社组织成员规模	1.0000	1.0000	0.3333	3.0000	1.0000	0.5000	0.1318
合作社示范社比重	2.0000	2.0000	2.0000	3.0000	2.0000	1.0000	0.2820

7.7 专家 ID：7；专家权重：0.1429——经纪人　判断矩阵一致性比例：0.0079；对总目标的权重：0.0464

经纪人	农产品经纪人从业比重	农产品经纪人入会率	农产品经纪人公司化比重	经纪人完成农产品流通量比重	Wi
农产品经纪人从业比重	1.0000	2.0000	1.0000	0.3333	0.1807
农产品经纪人入会率	0.5000	1.0000	0.5000	0.2000	0.0946
农产品经纪人公司化比重	1.0000	2.0000	1.0000	0.2500	0.1682
经纪人完成农产品流通量比重	3.0000	5.0000	4.0000	1.0000	0.5566

7.8 专家 ID：7；专家权重：0.1429——企业　判断矩阵一致性比例：0.0000；对总目标的权重：0.2173

企业	流通业集中度	流通企业规模	第三方物流比重	连锁经营比重	Wi
流通业集中度	1.0000	4.0000	2.0000	2.0000	0.4444
流通企业规模	0.2500	1.0000	0.5000	0.5000	0.1111
第三方物流比重	0.5000	2.0000	1.0000	1.0000	0.2222
连锁经营比重	0.5000	2.0000	1.0000	1.0000	0.2222

7.9 专家ID：7；专家权重：0.1429——收购环节　判断矩阵一致性比例：0.0000；对总目标的权重：0.0368

收购环节	农产品商品率	农产品成本利润率	农产品生产价格涨幅	Wi
农产品商品率	1.0000	2.0000	2.0000	0.5000
农产品成本利润率	0.5000	1.0000	1.0000	0.2500
农产品生产价格涨幅	0.5000	1.0000	1.0000	0.2500

7.10 专家ID：7；专家权重：0.1429——运销环节　判断矩阵一致性比例：0.0000；对总目标的权重：0.1587

运销环节	农产品物流比重	农产品物流成本比重	农产品损耗率	Wi
农产品物流比重	1.0000	0.5000	0.1667	0.1111
农产品物流成本比重	2.0000	1.0000	0.3333	0.2222
农产品损耗率	6.0000	3.0000	1.0000	0.6667

7.11 专家ID：7；专家权重：0.1429——批零环节　判断矩阵一致性比例：0.0068；对总目标的权重：0.0342

批零环节	农产品库存率	批零销售利润率	农产品零售价格涨幅	Wi
农产品库存率	1.0000	3.0000	0.3333	0.2426
批零销售利润率	0.3333	1.0000	0.1429	0.0879
农产品零售价格涨幅	3.0000	7.0000	1.0000	0.6694

7.12 专家ID：7；专家权重：0.1429——设施服务　判断矩阵一致性比例：0.0171；对总目标的权重：0.0157

设施服务	农村公路建制村通畅率	亿元农产品批发市场交易比重	有农产品专业市场的乡镇比例	农产品冷链物流流通率	Wi
农村公路建制村通畅率	1.0000	0.5000	1.0000	0.3333	0.1343
亿元农产品批发市场交易比重	2.0000	1.0000	2.0000	0.3333	0.2259
有农产品专业市场的乡镇比例	1.0000	0.5000	1.0000	0.2500	0.1250
农产品冷链物流流通率	3.0000	3.0000	4.0000	1.0000	0.5149

7.13 专家ID：7；专家权重：0.1429——信息服务　判断矩阵一致性比例：0.0068；对总目标的权重：0.0337

信息服务	农业网站比重	农产品市场信息比重	农村上网居民比重	Wi
农业网站比重	1.0000	0.3333	3.0000	0.2426
农产品市场信息比重	3.0000	1.0000	7.0000	0.6694
农村上网居民比重	0.3333	0.1429	1.0000	0.0879

7.14 专家ID：7；专家权重：0.1429——质量安全控制　判断矩阵一致性比例：0.0121；对总目标的权重：0.0726

质量安全控制	农产品质量合格率	标准化生产普及率	"三品一标"占有率	Wi
农产品质量合格率	1.0000	5.0000	7.0000	0.7471
标准化生产普及率	0.2000	1.0000	1.0000	0.1336
"三品一标"占有率	0.1429	1.0000	1.0000	0.1194

附录 3

数目与农户竞合利润差额之关系说明

证明：当农户数量为 n 时，且不合作（竞争）时每个农户的利润为 $\pi_i^* = \dfrac{(a-c)^2}{(n+1)^2 b}$，合作时每个农户的利润为 $\pi_i = \dfrac{(a-c)^2}{4nb}$，而且当 n 超过 5 个时，数目越大，选择竞争的利润与合作的利润越接近，农户竞争的可能性就越大。

证明过程如下：

假设农户数量为 n，第 i 个农户的产量为 q_i，得：$Q = \sum_{i=1}^{n} q_i$，

则市场出清时该农产品的市场价格为：$P = a - bQ = a - b\sum_{i=1}^{n} q_1$；

第 i 个农户的成本为：$C_i = cq_i$，

第 i 个农户的利润函数为：$\pi_i = pq_i - cq_i = (a - b\sum_{i=1}^{n} q_i)q_i - cq_i$。

当农户之间是竞争关系时，根据各自利润最大化原则，对上述利润函数 q_i 求一阶偏导，令其等于零，得：

$$\frac{\partial \pi_i}{\partial q_i} = 0$$

由归纳法可以证明，上式可以化为方程组，以矩阵表示为：

$$\begin{pmatrix} 2 & 1 & \cdots & 1 & 1 & \\ 1 & 2 & \cdots & 1 & 1 & \\ 1 & 1 & 2 & \cdots & 1 & \\ \vdots & \vdots & \vdots & \vdots & \vdots & \vdots \\ 1 & 1 & 1 & \cdots & 2 & \end{pmatrix} \begin{pmatrix} q_1 \\ q_2 \\ q_3 \\ \vdots \\ q_n \end{pmatrix} = \frac{a-c}{b} \times \begin{pmatrix} 1 \\ 1 \\ 1 \\ \vdots \\ 1 \end{pmatrix}$$

由线性代数分析可知，该方程组有唯一非零解，解 n 个线性的反应函数，可以得到每个农户使自身利润最大化的产量为：

$$q_i^* = \frac{a-c}{(n+1)b}$$

社会总产量为：

$$Q = nq^* = \frac{n(a-c)}{(n+1)b}$$

这样每个农户的利润为：

$$\pi_i^* = Pq_i^* - cq_i^* = \frac{(a-c)^2}{(n+1)^2 b}$$

当农户之间是合作关系时，则所有农户成为一个利益整体（唯一的垄断者），利润为：

$$\pi = pQ - cQ = (a-bQ)Q - cQ$$

求上述利润函数的一阶导数，令其等于零，得到：

$$\frac{\mathrm{d}\pi}{\mathrm{d}Q} = a - c - 2bQ = 0$$

得利润最大化时的产量为：$Q^* = \frac{a-c}{2b}$

最大利润为：$\pi^* = \frac{(a-c)^2}{4b}$

这样 n 个农户，每个农户的利润为总利润的 $1/n$，得到：

$$\pi_i = \frac{(a-c)^2}{4nb}$$

最后比较合作与竞争时利润的差额：

$$\pi_i - \pi_i^* = \frac{(a-c)^2}{4nb} - \frac{(a-c)^2}{(n+1)^2 b} = \frac{(a-c)^2}{b}\left(\frac{1}{4n} - \frac{1}{(n+1)^2}\right)$$

下面利用列举归纳法证明，当 n 超过5个时，数目越大，选择竞争的利润与合作利润越接近，农户竞争的可能性就越大（假设 $\frac{(a-c)^2}{b} = 1$）。

观察 $\Delta\pi = \frac{1}{4n} - \frac{1}{(n+1)^2}$ 差的变化：

当 $n=1$ 时，$\Delta\pi = 0.0000$

当 $n=2$ 时，$\Delta\pi = 0.0139$

当 $n=3$ 时，$\Delta\pi = 0.0208$

当 $n=4$ 时，$\Delta\pi = 0.0225$

当 $n=5$ 时，$\triangle\pi=0.0222$

当 $n=6$ 时，$\triangle\pi=0.0213$

当 $n=7$ 时，$\triangle\pi=0.0201$

当 $n=8$ 时，$\triangle\pi=0.0189$

当 $n=9$ 时，$\triangle\pi=0.0178$

当 $n=10$ 时，$\triangle\pi=0.0167$

……

可以看出，当农户数目小于等于 5 时，随着农户数目的增加，合作的利润与竞争的利润差额越大；当厂商数目大于 5 时，随着厂商数目的增加，合作的利润与竞争的利润差额越来越小；现实中的农户数量显然不止 5 个，因此众多的农户之间倾向于竞争关系。

结论是，众多的农户在一次性博弈中，最后的博弈结果是双方都选择竞争。

参考文献

马克思：《资本论》第1、2、3卷，人民出版社1975年版。

安玉发：《发展新型产销对接模式，稳定鲜活农产品价格——“农超对接”及流通渠道多元化的思考》，《中国农民合作社》2011年第8期。

奥利弗·E. 威廉姆森：《资本主义经济制度》，上海商务印书馆2002年版。

奥利弗·E. 威廉姆森：《资本主义经济制度：论企业签约与市场签约》，上海商务印书馆2004年版。

蔡荣等：《果蔬市场流通效率与制度设计——基于交易费用视角和SCM理论的分析》，《生态经济》2007年第7期。

曹家为：《我国流通组织和流通渠道的设计与选择》，《中国流通经济》2003年第5期。

曹子坚等：《构建合同农业中农户—企业利益联结的稳态机制》，《农村经济》2009年第9期。

陈佳贵：《企业管理学大辞典》，经济科学出版社2000年版。

陈家涛：《基于博弈论视角的农户合作行为分析》，《经济问题》2010年第3期。

陈璐等：《我国农产品流通的法律研究》，《商业研究》2008年第2期。

陈乃武等：《提高农民进入流通组织化程度初探》，《农业经济问题》1992年第4期。

崔传义等：《以批发市场为中心组织鲜活农产品流通——对寿光蔬菜批发市场的考察》，《中国农村经济》1993年第2期。

崔鹏等：《农产品流通唤减负》，《人民日报》2010年6月21日第10版。

崔雪冬：《完善农产品流通信息服务体系的对策探讨》，《农业经济》2012

年第6期。

戴松军：《组织化——农村市场发展的关键》，《市场经济导报》1997年第8期。

丹尼斯·卡尔顿等：《现代产业组织》，上海三联书店、上海人民出版社1998年版。

邓俊淼等：《供应链管理下鲜活农产品流通模式的探讨》，《商业研究》2006年第23期。

邓若鸿等：《新型农产品流通服务体系的协同模式研究》，《系统工程理论与实践》2006年第7期。

丁华：《“四流”协同理念在新型农产品流通模式打造中的体现》，《经济经纬》2007年第3期。

杜红梅：《农产品流通组织创新研究》，湖南农业大学2004年硕士学位论文。

杜红平等：《果品流通效率评价指标构建及改善建议》，《商业时代》2009年第1期。

冯伟：《我国农产品流通模式与体系建设分析》，《农村金融研究》2011年第11期。

冯中越：《我国农产品流通协调机制的构建》，《北京工商大学学报》（社会科学版）2011年第9期。

高春风：《自组织理论下的农村社区发展研究》，中国农业大学出版社2009年版。

郭崇义等：《基于流通实力的农产品流通模式选择及优化》，《北京工商大学学报》（社会科学版）2009年第7期。

韩立民等：《基于AHP的水产品流通效率研究》，《中国渔业经济》2011年第3期。

韩喜艳等：《稳定农产品价格：基于补贴流通的思路》，《中国流通经济》2012年第7期。

韩喜艳：《中国农产品批发市场建设与发展战略问题的思考》，天津财经大学2005年硕士学位论文。

洪涛：《流通产业经济学》，经济管理出版社2011年版。

胡定寰等：《“农超对接”的机遇和挑战》，《中国农民合作社》2009年第1期。

黄春玲:《农产品流通组织创新的途径和对策——基于市场结构理论和组织创新的成本收益分析》,《生产力研究》2007 年第 1 期。

黄璜:《合作进化模型综述》,《北京大学学报》(自然科学版) 2011 年第 1 期。

黄珺等:《中国农户合作行为的博弈分析和现实阐释》,《中国软科学》2005 年第 12 期。

黄志坚等:《公司与农户契约行为的演化博弈稳定性分析》,《农村经济》2006 年第 9 期。

金炳华:《马克思主义哲学大辞典》,上海辞书出版社 2003 年版。

金发忠:《关于农产品质量安全几个热点问题的理性思考》,《农业质量标准》2005 年第 1 期。

靳伟:《商流、物流、资金流、信息流的关系》,《中国物流与采购》2002 年第 10 期。

康芒斯:《制度经济学》上、下册,上海商务印书馆 2006 年版。

柯炳生:《健全农产品市场体系,提高农产品流通效率》,《农村合作经济经营管理》2003 年第 2 期。

寇荣等:《 论农产品流通效率的分析框架》,《中国流通经济》2008 年第 5 期。

库尔特·多普菲:《演化经济学:纲领与范围》,高等教育出版社 2004 年版。

黎元生等:《论农产品流通组织创新中的政府职能及行为边界》,《福建论坛》(人文社会科学版) 2004 年第 12 期。

黎元生:《农产品流通组织创新研究》,福建师范大学 2002 年博士学位论文。

李春海:《制约农产品流通效率的制度瓶颈及其削减》,《财贸研究》2005 年第 3 期。

李国祥:《古汉语常用词词典》,崇文书局 2006 年版。

李慧:《农产品高损耗难题,怎么办?》,《光明日报》2012 年 7 月 5 日第 10 版。

李圣军:《鲜活农产品流通链条的构建模式及发展趋势》,《农业展望》2010 年第 7 期。

李颋:《基于新兴古典经济学的分工理论述评》,《兰州学刊》2010 年第

3 期。
李晓锦:《基于物流中心发展专业化农产品物流体系》,《中国农业科技导报》2006 年第 6 期。
廖盖隆等:《马克思主义百科要览》下卷,人民日报出版社 1993 年版。
林文益:《生产、商品生产和商品流通的关系》,《商业经济研究》1992 年第 6 期。
刘凤芹:《不完全合约与履约障碍——以订单农业为例》,《经济研究》2003 年第 4 期。
刘福仁等:《现代农村经济辞典》,辽宁人民出版社 1991 年版。
刘洋:《纵向一体化理论述评》,《华南理工大学学报》(社会科学版)2002 年第 1 期。
刘振铭:《农产品流通过程中参与主体的利益分配研究》,福建农林大学 2010 年硕士学位论文。
吕斌:《蔬菜供应链整合研究——以福州为例》,福建农林大学 2010 年博士学位论文。
罗必良等:《市场化进程中的组织制度创新》,广东经济出版社 1999 年版。
马凤才:《农产品流通通道与流通效率研究》,沈阳农业大学 2008 年博士学位论文。
马锐等:《指标评价体系中关于指标权重确定方法的研究》,《计算机科学》2009 年第 8 期。
马歇尔:《经济学原理》,商务印书馆 1965 年版。
曼昆:《经济学原理》,北京大学出版社 1999 年版。
曼瑟尔·奥尔森:《集体行动的逻辑》,陈郁等译,上海三联书店、上海人民出版社 1995 年版。
梅忠鹤:《关于马克思的流通费用理论》,《合肥工业大学学报》(文科版)1986 年第 1 期。
孟枫平:《联盟博弈在农业产业链合作问题中的应用》,《农业经济问题》2004 年第 5 期。
莫衡等:《当代汉语词典》,上海辞书出版社 2001 年版。
欧结敏:《横向一体化、市场力量与技术创新的关系》,华南理工大学 2012 年博士学位论文。

欧阳小迅等:《我国农产品流通效率的度量及其决定因素:2000—2009》,《农业技术经济》2011年第2期。
彭芬:《基于博弈论的农产品对接组织竞合关系分析》,《北京交通大学学报》(社会科学版)2012年第1期。
彭星闾等:《市场与农业产业化》,经济管理出版社2000年版。
乔根·W. 威布尔:《演化博弈论》,上海三联书店、上海人民出版社2007年版。
秦志华等:《中国农村工作大辞典》,警官教育出版社1993年版。
沙文:《学习马克思关于流通时间和流通费用的理论》,《财会通讯》1982年第9期。
盛革:《我国农产品现代流通服务体系的协同优化设计》,《管理评论》2009年第8期。
盛洪:《现代制度经济学》上卷,中国发展出版社2009年版。
斯蒂格利茨:《经济学》上册,中国人民大学出版社2000年版。
宋宪萍等:《西方流通组织理论研究述评》,《人民论坛·学术前沿》2011年第2期。
宋宪萍:《马克思的流通组织理论及其现代应用》,《中国流通经济》2010年第12期。
宋宪萍:《分工与流通组织的演进》,北京理工大学出版社2011年版。
苏威:《关于提升农产品流通效率的思考——基于农产品批发市场建设视角》,《商业时代》2012年第13期。
隋姝妍:《浅析我国"农超对接"制约因素及消除措施》,《陕西农业科学》2010年第6期。
隋姝妍等:《试论农民专业合作社在农产品流通中的作用》,《农村经济》2010年第8期。
孙剑:《我国农产品流通效率测评与演进趋势——基于1998—2009年面板数据的实证分析》,《中国流通经济》2011年第5期。
孙维峰:《纵向一体化理论研究》,《生产力研究》2009年第19期。
泰勒尔:《产业组织理论》,中国人民大学出版社1997年版。
谭爱花等:《我国农业现代化评价指标体系的设计》,《干旱区资源与环境》2011年第10期。
谭本艳等:《创新批发市场经营模式,提高农副产品流通效率》,《宏观经济管理》2009 年第 11 期。
谭向勇等：《北京市主要农产品流通效率研究》，中国物资出版社 2008 年版。
田野等：《我国农产品现代流通体系构建》，《中国流通经济》2012 年第 10 期。
万杰等：《河北省鲜活农产品物流系统调研与优化研究》，《河北工业大学学报》2007 年第 6 期。
王彬：《鲜活农产品流通模式与流通效率的实证研究》，江南大学 2008 年博士学位论文。
王宏宇：《寒地黑土区农产品流通法律保障问题研究——兼论我国农产品流通法律的完善》，《安徽农业科学》2011 年第 20 期。
王洪等：《唐诗百科大辞典》，光明日报出版社 1990 年版。
王杰：《第五讲：流通时间和流通费用》，《理论学习》1982 年第 3 期。
王琳娜等：《电子商务的功能架构与运作模式》，《合作经济与科技》2011 年第 6 期。
王松柏、魁奈的《经济表》，《成都大学学报》（社会科学版）1982 年第 5 期。
王先甲等：《有限理性下的演化博弈与合作机制研究》，《系统工程理论与实践》2011 年第 10 期。
王秀清：《市场发育与蔬菜产地变动》，中国农业大学 1995 年博士学位论文。
卫志民：《20 世纪产业组织理论的演进与最新前沿》，《国外社会科学》2002 年第 5 期。
温琦：《我国农业生产经营组织化：理论基础与实践方略》，西南财经大学 2009 年博士学位论文。
沃德曼等：《产业组织理论与实践》，机械工业出版社 2009 年版。
吴中宝等：《流通产业组织化程度的测度分析》，《商业经济与管理》2008 年第 12 期。
夏春玉等：《流通理论在经济学中的回归：一个学说史的考察》，《商业经济与管理》2011 年第 8 期。
夏春玉：《马克思的流通理论及其评价》，《当代经济科学》1997 年第 3 期。

项朝阳：《农民专业合作社作用的再认识——基于流通的视角》，《中国农民合作社》2011 年第 11 期。

肖艳丽：《中国农产品流通中的合作关系与合作意愿分析》，《中国经济问题》2012 年第 3 期。

熊会兵等：《“农超对接”实施条件与模式分析》，《农业经济问题》2011 年第 2 期。

徐斌：《纵向一体化选择的动因：理论与模型》，《经济问题探索》2010 年第 1 期。

徐从才：《流通组织创新：传统流通组织的改造与新型流通产业集团的发展》，《财贸研究》1991 年第 6 期。

徐从才：《现代商品流通：转型与发展》，人民出版社 2000 年版。

徐复等：《古代汉语大词典》，上海辞书出版社 2007 年版。

徐丽艳：《我国现有农产品流通渠道模式分析》，《商业研究》2010 年第 8 期。

徐顺暖：《基于企业演化原理的纵向一体化分析》，浙江工商大学 2010 年硕士学位论文。

徐亚非：《农产品的流通特性与政府对农产品流通的管理》，《经济问题探索》1992 年第 2 期。

许行惯：《努力提高农产品生产和流通的组织化程度》，《商业经济与管理》1991 年第 1 期。

亚当·斯密：《国富论》，华夏出版社 2009 年版。

杨宝宏等：《提高生鲜农产品流通效率的探讨——深圳“布吉模式”的启示》，《物流技术》2009 年第 2 期。

杨明洪：《农业产业化经营组织形式演进：一种基于内生交易费用的理论解释》，《中国农村经济》2002 年第 10 期。

杨青松：《农产品流通模式研究》，中国社会科学院 2011 年博士学位论文。

杨为民：《中国蔬菜供应链结构优化研究》，中国农业科学院 2006 年博士学位论文。

杨小凯等：《新兴古典经济学与超边际分析》，社会科学文献出版社 2003 年版。

杨小凯：《经济学：新兴古典与新古典框架》，社会科学文献出版社 2003

年版。
袁永友等:《中部地区农产品流通服务体系优化探讨》,《武汉科技学院学报》2009 年第 11 期。
约翰·福斯特、斯坦利·梅特卡夫:《演化经济学前沿:竞争自组织与创新政策》,高等教育出版社 2005 年版。
约翰·梅纳德·史密斯:《演化与博弈论》,复旦大学出版社 2008 年版。
张德化等:《发达国家农产品流通组织的比较与启示》,《北方经贸》2005 年第 4 期。
张德化等:《我国农产品流通组织功能创新初探》,《福建论坛》(经济社会版)2003 年第 7 期。
张东岭等:《论终生教育的自组织》,《继续教育》2003 年第 7—8 期。
张可成:《我国农产品品牌建设:理论与实践》,山东农业大学 2009 年博士学位论文。
张立华:《“农超对接”流通模式对农产品价格的影响分析》,《价格理论与实践》2010 年 8 期。
张满林等:《农产品流通组织创新:动因与方向》,《商业研究》2011 年第 4 期。
张五常:《经济组织与交易成本》,约翰·伊特韦尔:《新帕尔格雷夫经济学大辞典》第 2 卷,经济科学出版社 1996 年版。
张一粱:《“企业 + 农户”主体的非对称性所致问题解析》,《华东经济管理》2005 年第 11 期。
张瑜等:《农民专业合作组织的联盟博弈分析》,《学习与实践》2010 年第 4 期。
章志平:《新型农产品流通组织创新之研究》,《农业考古》2010 年第 6 期。
赵玻等:《发展合作组织,提高农产品流通效率》,《宏观经济管理》2008 年第 12 期。
赵晓飞等:《论“农户—龙头企业”的农产品渠道关系稳定性——基于演化博弈视角的分析》,《经济与管理》2008 年第 2 期。
赵英霞:《供应链视角下的农产品物流发展研究》,中国物资出版社 2010 年版。
赵宗锋:《企业中层管理实用培训教材》,中国水利水电出版社 2009

年版。
朱·富登博格：《博弈论》，中国人民大学出版社 2010 年版。
朱峰等：《构建农产品现代流通服务体系的思考》，《宏观经济管理》2011 年第 9 期。
祝映莲等：《现代农产品流通模式优化研究》，《商业时代》2010 年第 1 期。
邹薇：《康芒斯制度经济学的重新研究》，《经济科学》1996 年第 3 期。
Alchian, A. & Demsetz. "Production, Information Costs, and Economic Organization." *American Economic Review*, Vol. 62 (1972).
Andrew Fearne, et al. "Success Factors in the Fresh Produce Supply Chain: Insights from the UK." *Supply Chain Management*, 1999, 4 (3): 120-128.
Arrow, K. J. "The Rate of Discount for Long-term Public Investment." *Energy and the Environment: A Risk Benefit Approach. Pergamon.* New York, 1976: 113-141.
Aruoma, O. I. "The Impact of Food Regulation on the Food Supply Chain." *Toxicology*, 2006 (221): 119-127.
Avenel, E., et al. "Vertical Foreclosure, Technological Choice and Entry on the Intermediate Market." *Journal of Economics and Management Strategy*, 9 (2): 211-230.
Bain. J. *Industrial Organization.* New York: John Wiley & Sons, 1968: 360-362.
Bengt Holmstrom. "Moral Hazard in Teams." *The Bell Journal of Economics*, Vol. 13, No. 2 (Autumn, 1982): 324-340.
Brandenburger, A. M., & Barry J. Nalebuff. *Coopetition: A Revolutionary Mindset that Combines Competition and Cooperation in the Marketplace.* Boston: Harvard Business School Press, 1996.
C. M. Palmer. "Building Effective Alliances in the Meat Supply Chain: Lessons from the UK." *Supply Chain Management*, 1996, 1 (3): 9-11.
Carlton, D. W. "Vertical Integration in Competitive Markets under Uncertainty." *The Journal of Industrial Economics*, 1979, 27 (3): 189-209.

Dahlman, C. J. "The Problem of Externality." *Journal of Law and Economics*, 1979, 22 (1): 141-162.

Day, R. H. " Disequilibrium Economic Dynamics—A Post Schumpeterian Contribution." *Journal of Economic Behavior and Organization*, 1984, Vol. 5: 57-76.

Dorsey, S. G. Measuring the Impact of Integration and Diversification on Firm Value in the Food Industry . Kansas State University, 2006.

Eric Avenel, et al. , "Vertical Foreclosure, Technological Choice, and Entry on the Intermediate Market . " *Journal of Economics & Management Strategy*, Wiley Blackwell, 2000, 9 (2): 211-230.

Franks, S. D, et al. "Transaction Cost as Determinant of Vertical Coordination in the U. S. Food Industries . " *American Journal of Agricultural Economics*, 1992, (10).

Friedman, D. "Evolutionary Games in Economics. " *Econo-metrical*, 1991 (59): 637-666.

Golan, et al. Food Safety Innovation in theUnited States: Evidence from the Meat Industry. Economic Research Service, U. S. Department of Agriculture, Agricultural Economic Report, Number 831, 2004.

H. Haken. Synergetics: an Introduction: Non-Equilibrium Phase Transition and Self-Organization in Phycsics, Chemistry, and Biology. Springer-Verlag, 1983.

Kennett, J. , Fulton, M. , Pauline, M. , Harvey, B. "Supply Chain Management: The Case of an UK Baker Preserving the Identity of Canadian Milling Wheat . " *Supply Chain Management*, 1998, 3 (3): 157-166.

Kliebenstein, J. B. , et al. "Contracting and Vertical Coordination in the United States Pork Industry . " *American Journal of Agricultural Economics*, 1995, (75): 1213-1218.

Lages, C. , et al. "The Relqual Scale: A Measure of Relationship Quality in Export Market Ventures . " *Journal of Business Research*, 2005, (58): 1040-1048.

Loasby, B. J. "Knowledge, learning, andEnterprise . " In J. Wiseman (ed.). *Beyond Positive Economics*? London: MacMillan, 1983: 104-121.

Martin, A. Nowak. "Five Rules for the Evolution of Cooperation ." *Science*, 2006, 314 (9): 1560-1563.

Matthew, R. "Psychology and Economics." *Journal of Economics Literature*, 1998, 47 (2): 11-46.

Mighell, R. L. et al. "Vertical Coordination in Agriculture." USDA-ERS AGEC Report, 1963, (19).

Miguel Alberto Carriquiry. Supply Chain Management of Differentiated Agricultural Products under Imperfect Information. A dissertation Submitted to the Ggraduate Faculty in Partial Fulfillment of the Requirements for the Degree of Doctor of Philosophy. Iowa State University, 2004.

Omar Ahumada, et al. " Tactical Planning of the Production and Distribution of Fresh Agricultural Products under Uncertainty." *Agricultural Systems*, 2012, (112): 17-26.

Omar Ahumada, et al. "Operational Model for Planning the Harvest and Distribution of Perishable Agricultural Products ." *International Journal of Production Economics*, 2011, Vol. 133 (2): 677-687.

Padula, G. , et al. "Untangling the Rise of Coopetition: The Intrusion of Competition in a Cooperative Game Structure ." *International Studies of Management and Organization*, 2007, 37 (1): 32-53.

Ronald H. Coase. "The Nature of the Firm." *Economic*, n. s. 1937, 9 (4).

Ronald H. Coase. "The Problem of Social Costs." *Law and Economics*, Volume 3, October, 1960.

Ronald H. Coase. "The Nature of the Firm: Origin." *Journal of Law, Economics, Organization*, spring, 1988. Vol. 4, No. 1, 4.

Stigler, G. J. "Mergers and Preventive and its Rust Policy." *University of Pennsylvania Law Review*, 1955, (11): 176- 184.

Stigler, G. J. "The Division of Labor is Limited by the Extent of the Market ." *The Journal of Political Economy*, 1951, (6): 185-193.

Tirole, J. The Theory of Industrial Organization . MIT Press, 1988: 170, 173-176, 182-183.

Williamson, O. E. " Economies as an Antitrust Defense: The Welfare Tradeoffs." *The American Economic Review*, 1968, 58 (1): 18-36.

Williamson, Oliver E. "The Vertical Integration of Production: Market Fail Considerations." *The American Economics Review*, 1971, (2): 12-23.

Wilson, N. "The Supply Chains of Perishable Products in Northern Europe." *British Food Journal*, 1996, 98 (6): 9-15.

后　记

本书是在我的博士论文的基础上修改而成的，完稿于 2015 年 1 月，距博士毕业已有一年半时间。将博士论文整理出书，内心有些忐忑不安，因为时时会想起论文答辩时各位老师的意见，唯恐在书稿修改中有所遗漏和疏忽，也总会想起博士论文写作过程中的快乐和艰辛。

从博士论文提笔到成稿经历了一年半的时间，这个过程是一个不断思考、否定和肯定的艰辛过程。如今，伴随着这篇毕业论文的最终成稿，之前紧张不安和彷徨复杂的心情稍稍有所平复。然而对于本书研究中存在的缺陷和不足，笔者内心依然深感忐忑和遗憾，这也是将来进一步研究的动力和方向。回想从博士论文选题到搜集资料，从初稿到修改再到最终的定稿，我得到了许多人的帮助，没有他们的帮助，就没有今天的成稿。

首先要感谢我的导师李锁平研究员，攻读博士学位的三年时间里，无论是在北京还是在潍坊，时时都受到恩师的教导、鼓励和关心。李老师在学习上严格要求，学术上言传身教，从论文选题到完稿的整个写作过程都得到了李老师的亲切鼓励和悉心的指导，小到标点，大到章节，无一不凝聚着导师的心血。李老师为人随和谦逊、胸怀坦荡、治学严谨，使我受益匪浅、终生难忘。在本书付梓之际，谨向导师致以最诚挚的谢意！

感谢中国农业科学院农经所的王济民研究员、李先德研究员、李宁辉研究员、薛桂霞研究员、黄德林研究员，农业发展银行的杜彦坤研究员，中央民族大学的张建平教授等在我博士论文的选题、中期考核中所给予的指导。感谢研究生院的所有老师为我们博士课程学习提供的服务和帮助，特别是学位办的罗长富处长和王海峰老师。感谢农科院的刘志澄研究员、农业部的钱克明司长、国际食物政策研究所的樊胜根教授和陈志钢研究员、北京农委的李成贵研究员、中国人民大学的唐忠教授和农科院财务局孙东升研究员等在我博士论文答辩中提出的宝贵意见。感谢农经所王艳老师为我博士学习所提供的细致服务，尤其使我在远离北京的期间里，能够及时得到相关的信息，避免了学习进程的延误。

感谢潍坊学院、潍坊学院经济管理学院的领导和同事对我读博所给予的支持。特别要感谢我的同事李晓君副教授为我提供的一个办公桌，让我可以在安静的角落里安心读书写作；还有周桂芹老师在我答辩期间，代我上课，为我分担教学任务。感谢潍坊市农业局、商业局、寿光市农业局、寿光农产品物流园、田苑果菜有限公司、寒亭益民合作社、众合潍县萝卜专业合作社联合社等单位在调研中所提供的宝贵数据和给予的帮助。

感谢博士三年来结识的所有同学，他们是唐欣、王哲、程燕、玛琳、江晶、赵姜、陈琼、梁丹辉、李铁林、张振敏、邵世磊等，同窗三年，我们相互鼓励，相互支持，结下了深厚的友谊。同学情谊弥足珍贵，我将一生珍藏。

感谢我的父母、公婆和家人。我的父母和公婆都是地道的农民，他们虽在学术上不能给予我指导，但是在我读博期间，帮我照顾孩子、料理家务，给予了最大的安慰和支持。特别要感谢我的丈夫刘伟，他和我并肩作战，在生活上照顾我，在精神上鼓励我，在学术上我们共同探讨、争论；他还要忍受我撰写论文期间的压力和焦躁，可以说，没有他的支持和相伴，就没有我论文完稿的今天。还有我那刚上小学的儿子特别懂事，在我笔耕的时候极少打扰我的思路。为了安静写作，暑假和寒假我都把他放在老家，没能好好照顾和督促他，对此我深怀愧疚和遗憾，希望将来会好好补偿他。时至今日博士论文出版成书，我的小女儿也已满 7 个月了，感谢天使般的她降临到我身边。每天下课回家能够看到两个孩子的笑脸，工作再累再忙，我也感到特别幸福和满足。

感谢我书中参考的所有文献的作者，对在参考文献中已列出和未能列出的所有作者一并表示感谢，感谢他们的前期研究和成果为我带来了写作思路和灵感。

另外，本书的出版得到了潍坊学院博士科研基金的资助，以及潍坊学院及其经济管理学院的大力支持，在此表示特别感谢。

韩喜艳
2015 年 1 月 20 日

本书得到潍坊学院博士科研基金项目“农产品流通组织化研究”（2014BS25）、2014年潍坊市社会科学规划重点研究课题的资助